Visual C++ 2.0:

A Developer's Guide

Visual C++ 2.0:

A Developer's Guide

Alex Leavens

M&T Books
A Division of MIS:Press
A Subsidiary of Henry Holt and Company, Inc.
115 West 18th Street
New York, New York 10011

© 1995 by Alex Leavens

Printed in the United States of America

All rights reserved. No part of this book may be reproduced or transmitted in any form or by any means, electronic or mechanical, including photocopying, recording, or by any information storage and retrieval system, without prior written permission from the Publisher. Contact the Publisher for information on foreign rights.

Limits of Liability and Disclaimer of Warranty
The Author and Publisher of this book have used their best efforts in preparing the book and the programs contained in it. These efforts include the development, research, and testing of the theories and programs to determine their effectiveness.

The Author and Publisher make no warranty of any kind, expressed or implied, with regard to these programs or the documentation contained in this book. The Author and Publisher shall not be liable in any event for incidental or consequential damages in connection with, or arising out of, the furnishing, performance, or use of these programs.

Library of Congress Cataloging-in-Publication Data

Leavens, Alex.
    Visual C++ 2.0 : a developer's guide / Alex Leavens.
      p. cm.
    Includes index.
    ISBN 1-55851-416-3
    1. C++ (Computer program language). 2. Microsoft Visual C++. I. Title
QA76.73.C153L44   1995   95-13812
005.265—dc20   CIP

98 97 96 95   4 3 2 1

Editor-in-Chief: Paul Farrell
Managing Editor: Cary Sullivan
Development Editor: Michael Sprague
Production Editor: Eileen Mullin
Copy Edit Manager: Shari Chappell
Copy Editor: Joanna Arnott

To my radiant wife Shirley Ann Russell. She knows why.
And to my sons, Miles and Sloan, thank you.

Table of Contents

Introduction to the Second Edition xv

Why This Book is for You xix

Introduction. xxi

Chapter 1: Programming: A Brief History and Style Guide . . 1
    Develop a System 1
        Header Files and Source Code 16
    Step 2: Get a Development Environment 17
    Step 3: Understanding What You are Building 19
    Step 4: Build a Shell Prototype 20
    Step 5: Throw It Away 22
    Summary 23

Chapter 2: Designing and Compiling Using the IDE 25
    Building a Project from Scratch 26
        Choosing Interface Objects 26
        The Common Dialogs 26
        Using the Common Dialog File Open 27
        Choosing Document Types 36
    Upgrading an Existing Project to Use the IDE 38
        Other Things to Watch for 45
    Summary 45

Chapter 3: C++, MFC, and Bare Metal—An Introductory Guide 47
The Benefits of C++ 47
Reusable Code Objects 47
Polymorphism 48
Object Class Approaches 49
Object Classes off the Shelf: MFC 3.0 50
Listing 3.1: Mouser.cpp 50
Listing 3.2: Mouser.h 53
Listing 3.3: Mouser.def 54
Listing 3.4: Mousedoc.h 55
Listing 3.5: Mousedoc.app 55
Listing 3.6: Mousevw.h 57
Listing 3.7: Mousevw.cpp 58
Listing 3.8: Mainfrm.h 62
Listing 3.9: Mainfrm.cpp 63
Listing 3.10: Stdafx.h 65
Listing 3.11: Stdafx.cpp 65
Listing 3.12: Mouser.mak 66
Listing 3.13: Mouser.rc 69
Listing 3.14: Resource.h 75
Listing 3.15: Mousedoc.h 79
Listing 3.16: Mousedoc.cpp 80
Listing 3.17: Mousevw.h 84
Listing 3.18: Mousevw.cpp 85
Object Classes: A Homegrown Approach 100
A Bitmap Object Class 100
Listing 3.19: Bitmap.hpp 100
Listing 3.20: Bitmap.cpp 105
Listing 3.21: Compatdc.hpp 111
Listing 3.22: Compatdc.cpp 123
Building on Existing Work 129
Summary 131

Table of Contents

Chapter 4: Drawing in the Non-Client Area 133
The Non-Client Area of a Window 133
    Listing 4.1: Ticker.h 134
    Listing 4.2: Ticker.cpp 135
    Listing 4.3: Mainfrm.h 138
    Listing 4.4: Mainfrm.cpp 139
    Listing 4.5: Tickedoc.h 144
    Listing 4.6: Tickedoc.cpp 145
    Listing 4.7: Tickevw.h 147
    Listing 4.8: Tickevw.cpp 148
    Listing 4.9: Resource.h 149
    Listing 4.10: Stdafx.h 151
    Listing 4.11: Stdafx.cpp 151
    Listing 4.12: Ticker.rc 151
    Listing 4.13: Ticker.def 156
    Listing 4.14: Ticker.mak 157
Hooking Up Non-Standard MFC Messages 160
Drawing in the Non-Client Area 162
    Figuring Out Where To Draw 163
Attaching a Menu To Your Bitmap 167
    Listing 4.15: Ticker.h 167
    Listing 4.16: Ticker.cpp 168
    Listing 4.17: Mainfrm.h 171
    Listing 4.18: Mainfrm.cpp 172
    Listing 4.19: Tickedoc.h 182
    Listing 4.20: Tickedoc.cpp 183
    Listing 4.21: Tickevw.h 185
    Listing 4.22: Tickevw.cpp 186
    Listing 4.23: Stdafx.h 193
    Listing 4.24: Stdafx.cpp 193
    Listing 4.25: Ticker.def 193
    Listing 4.26: Ticker.rc 194
    Listing 4.27: Resource.h 199

    Listing 4.28: Ticker.mak 199
  Creating a Pop-Up Menu 204
  Summary 208

Chapter 5: Window Hooks and How to Use Them 209
  A Few More Words about Hooks 210
  Defining a Hook Callback 213
    Listing 5.1: Hookmain.cpp 213
    Listing 5.2: Hookcall.cpp 215
    Listing 5.3: Hookcode.cpp 216
    Listing 5.4: Skelvars.cpp 221
    Listing 5.5: Hookdfn.hpp 222
    Listing 5.6: Skeleton.hpp 223
    Listing 5.7: Skelprot.hpp 224
    Listing 5.8: Skelextn.hpp 225
    Listing 5.9: Hook.def 226
    Listing 5.10: Hook.mak 227
  Setting up the Hooks 229
  Playing with Hooks: What It Does 230
  Multiple Hooks: Working on the Chain Gang 232
  Making It Talk: Choosing the Messages 232
  Playing the Sound 235
  Dynamic Linking 235
  Putting It All Together 238
    Listing 5.11: player.cpp 238
    Listing 5.12: player.h 241
    Listing 5.13: mainfrm.cpp 242
    Listing 5.14: mainfrm.h 243
    Listing 5.15: playedoc.cpp 244
    Listing 5.16: playedoc.h 246
    Listing 5.17: playevw.cpp 247
    Listing 5.18: playevw.h 248

Listing 5.19: stdafx.cpp 249
Listing 5.20: stdafx.h 249
Listing 5.21: hookprot.hpp 249
Listing 5.22: player.def 251
Listing 5.23: player.rc 251
Listing 5.24: resource.h 256
Listing 5.25: player.mak 256
Summary 260

Chapter 6: Custom Window Messages, Preventing Multiple Instances of an App, and Other Esoteric Subjects 263

User-Defined Messages 265
Listing 6.1: dskleton.cpp 266
Listing 6.2: Dsklinit.cpp 267
Listing 6.3: Dsklvars.cpp 268
Listing 6.4: message.cpp 268
Listing 6.5: Skeleton.hpp 271
Listing 6.6: Skeldfns.hpp 272
Listing 6.7: Msgprot.hpp 272
Listing 6.8: Skelextn.hpp 274
Listing 6.9: Skelincs.hpp 274
Listing 6.10: Skelprot.hpp 275
Listing 6.11: Cppres.rc 277
Listing 6.12: Cppstrng.h 277
Listing 6.13: Mesg_dll.def 277
Listing 6.14: Skeleton.rc 278
Listing 6.15: Mesg_dll.mak 278
Sickness, the Application that Infects Itself 284
Listing 6.16: Skeleton.cpp 285
Listing 6.17: Skelinit.cpp 291
Listing 6.18: Skelvars.cpp 294
Listing 6.19: Skeleton.hpp 295

Listing 6.20: Skeldfns.hpp 296
Listing 6.21: Skelextn.hpp 296
Listing 6.22: Skelincs.hpp 297
Listing 6.23: Skelprot.hpp 298
Listing 6.24: Msgprot.hpp 299
Listing 6.25: Cppstrng.h 300
Listing 6.26: Sickness.def 301
Listing 6.27: Sickness.mak 301
Listing 6.28: Skeleton.rc 303
Summary 309

Appendix A: Version 1.5 of Visual C++ 311

Appendix B: New Compiler Features in Release 2.0: Templates and Exceptions 351

Appendix C: OLE Custom Controls 383

Index 405

Acknowledgments

Although I'm primarily responsible for this book (and you can take that however you want to), many people were instrumental in creating it. Margot Owens Pagan, my long-suffering and extremely patient development editor, guided this book through its gestation and creation, nudging me for things that I was supposed to have gotten to her long ago. She has my deepest thanks. For the second edition, thanks to Michael Sprague for stewarding this through a long process and to Eileen Mullin for hounding me to make sure I got all the pieces that she needed.

Joanna Arnott, my copy editor, looked over my words and made sure they made sense. Thank you.

My peers in the industry, Alan Cooper, Peter Eden, Mike Geary, Kevin Goodman, Don Hackler, Dave Korn, Jason Loveman, (and lots of others who I've forgotten) have always made it interesting for me to be developing code. Thank you all for all your help through the years.

And most importantly, you, the reader of this book. Enjoy it! It's for you!

Introduction to the Second Edition

When I first set out to write this book (more than a year ago), it was shortly after the first version of Visual C++ had come out; as I was finishing the book, version 1.5 of Visual C++ was in its final beta test. That was the fall/winter of 1993.

Time certainly flies, doesn't it? When I sat down to write the updates for this book, version 2.0 of Visual C++ had just been released. (I missed the beta program this time; I must have been someplace else.) As with any new, big release, version 2.0 covers a lot of ground. Unlike books that try to cover every feature of the compiler, I try to concentrate on the things that I find useful as a professional programmer who actually makes a living writing code. My hope is that by focusing on these issues, then you, as either an amateur or professional developer, will find them useful and informative as well.

Many things in this book are as applicable now as the day that I wrote about them. In fact, some of them are *more* applicable. Chapter 1, "Programming: A Brief History & Style Guide," is probably more relevant now than the day I wrote it. Why is this? Simply because with the new visual development environments, I find that fewer and fewer programmers actually know how to write code! The new development environments allow you to put together the skeleton of an application very quickly; the problem is, for some programmers, they don't know how to go beyond that. When the visual development environment doesn't support what they want to do, they're lost.

My book can't cure this, of course, but it can help. With the proliferation of what I refer to as "monster classes" that do everything for everybody except wash the cat (and I'm sure that that's coming in version 2.x), I like to stress another form of C++ programming that I call "small C++." This consists of object classes that do not encompass everything. The classes that I encourage people to write do not solve everything; they solve one thing, and they solve it very well. In my dealings with people, I try to get them to think of C++ classes as boxes of encapsulated functionality that produce results. When you want a certain result, you can simply grab a box off the shelf. By encouraging the use of small classes, the cost of picking up the box isn't very high.

This book is also (quite obviously) about Visual C++ (version 2.0), so I have gone back and changed some things that were no longer relevant and added new things. One of the biggest changes that you'll find when you install Visual C++ version 2.0 is that it no longer supports the 16-bit Windows development environment.

"How's that?" I can hear some of you saying. If you install Visual C++ version 2.0 under Windows 3.1, Windows 3.11 or Windows for Workgroups 3.1x, then you will only be able to install version 1.51.

This irritated me to no end, as you might imagine. One of the big appeals of Visual C++ version 2.0 is the ability to develop 32-bit code. However, because you can't install it under Windows 3.x, you'll have to make some changes if you want to take advantage of the new version of the compiler.

Specifically, you'll need to install either Windows NT or Windows 95, which are both 32-bit operating systems, as opposed to Windows 3.x, which is a 16-bit operating system. (You can put Win32S on top of Win16, and run some 32-bit programs on Windows. Visual C++, however, isn't one of them).

This is Microsoft's not-very-subtle way of pushing you into the future. If you want to use the new features of Visual C++ version 2.0, then you are simply going to have to upgrade to a 32-bit operating system. At the time I was writing this, I had to test Visual C++ version 2.0 on the Beta 2 release of Windows 95, and some things didn't work. However, by the time Windows 95 is finally released, everything should work fine.

Going to 32 bits is not a bad idea. If, however, you have an existing body of code (especially a large one), it's not necessarily a good idea, either. There are some pitfalls in moving from a 16-bit to a 32-bit program involving changes to the Windows API and changes with the way pointers work.

Another thing Microsoft wants you to do is support OLE. In fact, if you're developing a commercial application, you won't be able to label it as a Windows 95 app without having OLE support in your application. As a result, Visual C++ has a new set of classes that make creating an application with built-in OLE support (albeit basic OLE support) very easy.

Whether this is a good idea is a different issue. I have to admit that I'm very ambivalent about OLE. On one hand, it's a very nice way to have full-featured functionality at your fingertips without having to necessarily write that functionality. With OLE, I can now have a full-featured word processor built into my app simply by hooking up with Microsoft Word for Windows.

On the other hand, it also requires that whoever buys (or uses) my program must also have Word for Windows installed on their system. Can you imagine putting something like this on your packaging: "Also requires Microsoft Word For Windows, sold separately"? To be honest, it's hard for me to see that as being a viable solution. For one thing, it limits me to selling to the market of people who already own Word For Windows; in essence, it reduces me to being a Word for Windows add-on. Nevertheless, if you have a requirement that your application provide OLE support, then the new version of MFC has what you need.

The C++ compiler itself has also been upgraded; version 2.0 of Visual C++ now supports two very important C++ constructs, *templates* and *exception handling*. Templates allow you to define an abstract class for the implementation of something, such as an array class, and then implement a specific *type* of that class, such as an array of integers, without having to explicitly define a class for the integer array class. Exception handling allows you to define behaviors that should occur when an *exception* occurs. This means that instead of having to write specialized error-handling code inside your program, you can write your code as though an error hasn't happened; if an error does occur, then your exception handler will deal with it. Templates and exception handling are discussed in Appendix B.

Finally, Microsoft has dramatically improved their IDE (integrated development environment). Some of the changes involve how you manage a project, which has been made much easier. This is discussed in Chapter 1. Additional changes involve the use of App Studio, which is no longer a separate application but an integrated piece of the IDE. This means that you don't have to leave the IDE and go to a separate tool to do your resource editing.

This is also discussed in detail in Chapter 1. Support has also been added for the creation of OLE Custom Controls, or OCXs, which are the planned successors to VBXs. I discuss OCXs in Appendix C.

Version 2.0 of Visual C++ is a very serious upgrade of version 1.x. It has a host of new compiler features and new support for features of the Windows development language, such as OLE and OCXs, which Microsoft wants you to support. It provides a strong base for the development of commercial-grade applications. Finally, it provides a good development environment for you to work with. Each of these features is covered in more detail in the book.

Why This Book is for You

If you're a programmer currently using C and C++ and you want to learn more about Visual C++ (version 2.0), then this book is for you. If you're already a C++ programmer who wants to learn more about programming under Windows, then this book is for you also.

Among other things, you can learn how some professional applications have manipulated the system in seemingly impossible ways. You'll learn how a message destined for one application can be intercepted (and altered) by another application.

For any company that is using (or plans to use) C++, this book will show you how to build world-class Windows applications using various Windows features, such as developing, defining, and maintaining Windows hooks; setting up multiple documents with multiple views; and defining system messages that will allow applications to communicate with one another.

Visual C++: A Developer's Guide also shows you how to use the new features and enhancements of Visual C++ version 2.0, including new features of the development IDE and new object classes. The disk that accompanies this book contains the code for all examples in the book, as well as the complete source code to UGLY (the Universal Graphics Library), which is a stand-alone set of object classes designed for Windows.

Introduction

As the first primitive computers were developed, the biggest problems programmers had to deal with were insects that would die inside the delicate innards of the vacuum-tubed behemoths that the programmers were attempting to control, wreaking havoc (hence the term *bugs*).

At this stage of the game, programs were hand-developed beasts, subject to change at any time, and quite rudimentary. Later, as computers became more sophisticated, programs increased in complexity, although space was still at a premium.

Zoom forward several decades, and we discover that although computers have increased enormously in speed, power, and complexity (as well as available space), programs (and the programmers who write them) are still doing it the way it's always been done: by hand, slowly, painfully, a step at a time.

Why is this? In part, it's because most programmers don't know any better. Although computers have been around for almost half a century, the typical programmer has been writing code for only a couple of years. He or she might be just out of school or may have moved to programming from some other field; whatever the reason, the average programmer has only been writing code for three years or so. And in another three years, he or she will have moved on (typically to management or sales). This means that the range of programming skills runs from six months to six years. As institutional memories go, this isn't very long.

I've been programming for more than 20 years, 16 of those professionally. This wealth of experience has allowed me to note a couple of things; first, programmers really *are* doing it the same way they were 20 years ago. The languages have changed, the interfaces have gotten prettier, the debuggers are orders of magnitude more powerful, but when all is said and done, code gets written this way:

- write some code
- compile it
- see whether it works
- try to figure out why it doesn't

A certain part of this is inevitable, of course. A program has to be written a line at a time, and the programmer is the one who has to do it. Nevertheless, we've reached a point where programming doesn't have to be a painful, step-at-a-time, hand-crafted process. There are tools and techniques to every programmer's life easier. In this book I'll show you some of them.

Programming: A Brief History and Style Guide

Programming is a messy job, but someone's got to do it. And sometimes that someone is going to be you. When the crunch is on, who does the boss turn to?

This doesn't mean, however, that you have to be hip deep in alligators all the time. There are several things you can do to make your programming life much easier. One of them is to develop a suitable framework within which to develop code.

Develop a System

One thing I've noticed about most programmers is that they don't have any sort of system to what they do. They tend to slap code together any old which-way. Function prototypes (when there are any) are just randomly placed at the beginning of source files, defines occur in no particular order and are not protected by a set of matching #ifndefs, and so on.

The first thing I teach my students when I'm doing a training class is the set of coding standards and methodologies that I've evolved over the years. I can hardly claim that it's unique to me; lots of people have contributed (actively and otherwise) to it over the years.

My coding conventions are really about style. Many of them are simply ways of making the code more aesthetically pleasing. Aside from the fact that I simply like clean-looking code, there's another, more important reason for it: it is easier to spot mistakes in code that's simple to follow.

Many programmers I know strive to make their code look like it is out of the C Puzzle Book: dense and indecipherable. I strive (and I encourage my students to strive) for clean, simple, elegant code. After all, the code itself is not what should be clever; it's the underlying algorithms that the code embodies.

Many of my coding conventions have also arisen out of years of experience. There is a whole class of bugs that can be avoided simply by using these techniques religiously. For example, you can avoid the problem of multiply included files by having the proper #ifndef and #defines at the beginning of each header file.

The following is a document that details the coding conventions for my company, ShadowCat Technologies.

```
ShadowCat Technologies Coding Conventions
=========================================

Overview
--------

This document describes the coding conventions that are used in writing most
of the C code that is either produced or used by ShadowCat Technologies
(henceforth ShadowCat).  It assumes that the reader is familiar with C code.
This document has been modified slightly to take into account the coding
conventions of Dynamic Software Design (henceforth DSD).  Any stylistic
differences between the two will be noted in the document.

23/Jun/92 - This document has been updated and revised to reflect
            new standards for naming and commenting, in both C and C++.
            In particular, commenting has been revised to reflect the
            new Microsoft convention ( //, as opposed to /* ), and
            a new section has been added regarding C++ conventions.
```

NOTE The Microsoft commenting style of // is *not* ANSI standard for C compilers. If you're planning on porting your code to other platforms (say UNIX) where you have only ANSI C compilers available, you'll need to use the older comment style of /* and */.

Chapter 1: Programming: A Brief History and Style Guide

Functions
=======

Function Naming Conventions

IMPORTANT: ShadowCat uses case to differentiate between various types of objects that a programmer will encounter in the code. In particular:

--> Function names always begin with a capital letter and have the first letter of each word of the function name capitalized.

--> Variable names always begin with a lowercase letter and have the first letter of each subsequent word capitalized.

For additional information and examples of naming conventions, see the section on "Naming Conventions."

Function Stylistic Conventions

Functions should be coded in the following fashion:

Each function should begin with a <form feed> (^L) so that in printouts each function will begin at the top of a page.

Every function should follow this general format:

(NB - Tab stops are 4 spaces and not 8) [ShadowCat]

(NB - Tab stops are 3 spaces) [DSD]

General Function Header Format

```
//--------------------------------------------
//
// FunctionName()
//     Description of the function's purpose
//
// Returns:
//     what the function returns (and why)
//
// Assumptions:
//     Any assumptions about the programming universe that
//     the function lives in that are important and/or not obvious.
//
//     'The variable gwHand contains the global handle to our window
//      data structures that contain the handles to currently open
//      windows.'
//
//

        void WINAPI
```

```
FunctionName ( VAR     var1,    // Short description of 1st variable
               VAR     var2,    // Short description of 2nd variable
               etc. )           // More variable descriptions here.
```

With the exception of the FunctionName(), any of the other elements (Parameters, Returns, Assumptions) can be left out, as long as doing so does not leave out critical information. Functions that return nothing, for example, will be defined as void so that it is acceptable (although not recommended) that the 'Returns' element can be eliminated. In general, however, it is advisable to have all elements of the function header present in each of your headers.

Example Function Header

```
//----------------------------------
//
// DrawCircleOnScreen()
//   This routine is responsible for actually drawing a circle on the
// screen in response to some input from some other part of the program
// (that is, a user input, or a system redraw call).
//
//
// Returns:
//     Nothing
//
// Assumptions:
//     This routine assumes that it can get a colored pen to draw with
// from a global array of pens, hPenList[], which must contain handles
// to the list of pens that are currently available.  There must be
// AT LEAST ONE pen available, or the routine will choke.
//

    void WINAPI

DrawCircleOnScreen ( HWND     hWnd,    // Window handle to draw into
                     HDC      hDC,     // DC to draw with
                     int      x,       // X coord of center of circle
                     int      y,       // Y Coord of center of circle
                     WORD     rad )    // Radius of circle (ALWAYS
                                       // POSITIVE)
{
    // Code here...
}
```

Function Definition Format

--> ALL FUNCTIONS MUST BE DECLARED. If a function does not return anything, it still must be declared 'void'. This is especially true for MS Windows

Chapter 1: Programming: A Brief History and Style Guide

programs, in which not only the function type should be declared, but whether the function is NEAR or FAR, and PASCAL or C.
(The use of WINAPI is also highly recommended for Windows code, as doing so will allow greater portability between platforms and memory models).

Note the example function definition:

```
//---------------------
//
// FunctionHeader...()
//

    void WINAPI

DrawCircleOnScreen ( HWND     hWnd,     // Window handle to draw into
                     HDC      hDC,      // DC used for drawing
                     int      x,        // X Coord of center of circle
                     int      y,        // Y Coord of center of circle
                     WORD     rad )     // Radius of circle (ALWAYS
                                        // POSITIVE)
where the call is defined as a void WINAPI call.
```

--> Each parameter for a function is defined IN the call list and not below it. This conforms with ANSI C guidelines. Parameter lists should NOT be declared externally to the function call itself. In addition, each variable of the parameter list should be on a separate line and tabbed so that the variables line up. If a variable needs commenting, the comment should follow it at the end of the line. Comments can run for several lines, but must line up with the first line, like so:

```
FunctionName ( VAR     var1,    // Really long and involved comment about
                                // what this variable is and why it is
                                // so important!!
```

Function Definition Prototype

```
    function type

FunctionName ( type     var1,    // Comment
               type     var2,    // Comment
               etc..... )
{
    internal variable list;      // Comments on internal
                                 // variables should follow
                                 // variable names

        //--------------------    <-Variable and code boundary
                                  marker (also used in
                                  temporary code segment
```

```
                        areas).  The boundary
                        marker consists of a
                        leading blank line,
                        the 'dash comment' and
                        a trailing blank line.
//
// If a comment for an assignment or other small piece of
// code is long, it should precede the code in this format.
//


//
// Assignment statements, conditionals, etc., should be coded
// with white space for legibility.
//

variable=assignment;         // Illegible code....
variable = assignment;       // Legible code

                        // Short comment style

                        // Alternative comment style for
                        // medium length comments.
                        // (Discouraged)

//
// Braces for conditional expressions go on separate
// lines than the conditional expression itself.  The
// closing brace should have a comment indicating what
// expression it is closing.  The one exception to this rule
// is where the closing brace is 'near enough' to the opening
// brace so that it is 'obvious' that the two braces are paired.
// Because code can change, however, it is recommended that the
// programmer always put the defining comment in.
//

if (condition)
{
     .
     .
     .
     Some code here....
     .
     .
     .

  while(foo)
  {
       ...Small amount of code...
```

Chapter 1: Programming: A Brief History and Style Guide

```
    }   // Note lack of definition of parent 'while(foo)'
      .
      .
      .
    More code here....
      .
      .
      .

}   // End of 'if (condition)'

//
// Note the use of a variable list/code section delimiter
// in this local variable area.
//

while(condition)
{
    int i;           // Loop variable (see 'Naming Conventions')
    int count;       // Count of # of loop executions
                             <--leading blank line
    //---------------------------------
                             <--trailing blank line
    count = 0;
    for (i = 0; i < 10; i++)
    {
        count++;
    } // End 'for (i = 0; i < 10; i++)'

}   // End 'while(condition)'

//
// Switch statements should also have the braces on
// separate lines for clarity. Alternatively, the opening brace
// can be on the same line as the switch, while the closing brace
// is on a separate line, although for consistency, this is
// discouraged.
//
// The default case should always be present, even if
// unused. The error handling macro ASSERT should be used in this
// case. When DEBUG is defined, the ASSERT macro will generate
// error trapping code.
//

switch(foo)
{           <<--- Bracket is on following line, directly underneath switch

  case XXXX:         // case: statements should be preceded and
                     // followed by at least one line of white space.
```

```
                        // This is the preferred format of 'case:'
                        // comments.

            break;

        default:         // Default case should never execute
            ASSERT("Default case executed in switch(foo) of FunctionName()");
            break;

    } // End 'switch(foo)'

    FunctionCall ( foo );    // Function call with short parameter list

    //
    // This is a function call that has a large parameter list.
    // Note that each parameter gets its own line, and a short
    // description of what that parameter does.
    // If the function is a system call, then the comments detailing
    // each parameter can be optionally left off. Nonsystem calls
    // (i.e. application specific calls) should always have the
    // comments present.  (If the code really is self documenting,
    // then it's OK to leave comments off, but anything not
    // blatantly obvious should be explained ).
    //

    AnotherFunction ( param1,       // Explanation of param 1
                      param2,       // Explanation of param 2
                      param3,       // Explanation of param 3
                      param4 );     // Explanation of param 4

    //
    // Note the lack of parameter explanation comments in this system
    // call.
    //

    SystemFunction ( param1,
              ( CAST ) param2,      // Note any special cases, however
              param3 );


} // End 'FunctionName()' [optional, recommended for long functions]
  // (Can be ignored if there is another header block immediately following
  // which will delimit the function. )
```

Naming Conventions

ShadowCat relies very heavily on alphabetical case to differentiate between various types of objects that a programmer will encounter in the code. In particular:

Chapter 1: *Programming: A Brief History and Style Guide*

--> Function names always begin with a capital letter and have the first letter of each word of the function name capitalized:

```
    MyFunctionName()       // Valid function name
    SinLookup()            // Valid Function name

    aBadFunctionName()     // Bad function name - 'a'
    ANOTHERBADFUNC()       // Bad function name - no case
```

--> Variable names always begin with a lowercase letter, and have the first letter of each subsequent word capitalized.

```
int      aVariableName;         // Good variable name
int      aGoodVariable;         // Good variable name

BOOL     WrongVariableName;     // Bad variable name - 'W'
                                // should be lowercase.

FLOAT    BADVARIABLE;           // Bad variable name - the entire
                                // variable name is uppercase.
```

--> For C++, there are several naming conventions:

```
    :: Class names follow the conventions of Function Names,
    :: i.e., First letter caps, lowercase subsequent. Examples:

    ObjectClass        // Good class name
    MyObject           // Good class name

    An_Object          // Bad - don't use underscores
    ANOBJECT           // Bad - all uppercase.

    :: Instance variables of objects follow other variable name
    :: conventions:

        ObjectClass    myObject;     // Good instance
        ObjectClass    MyOtherOb;    // Bad instance
```

NOTE: The variables:

```
  int     i, j, k;
```

are assumed to be loop variables, and do not need to be documented as such.

To reiterate, all variables are lowercase, with all words except the first one capitalized on the first letter. Variables should not contain underscores.

```
int        exampleVariable;
int        anIntVariable;
BOOL       BadVariable;              // Incorrect variable name, 'B' should
                                     // be 'b'.

WORD       bad_UnderScore_var;       // don't use underscores in variables

BOOL       ANOTHERBadVariable;       // Variables should be lowercase...
```

--> Defined constants (#defines) are all uppercase with underscores optional between words:

```
#define    GOODDEFINE              100
#define ANOTHER_GOOD_DEFINE        101

#define BadDefine                  102     /* Don't use this!! */
```

Groups of defines that are related should be grouped together with a preceding header defining their purpose and should be followed by another comment header that marks the close of the group.

```
//
// Defines that deal with our control buttons
//
//

#define    FIND_BUTTON             100
#define    PUT_BUTTON              101
#define    GET_BUTTON              102
   .
   .
   .
etc.

//
// End of defines that deal with our control buttons
//
```

File Headers

Files should have headers of the following format:

```
//
// FILENAME.EXT   <-All caps, or at least first letter cap
//
// Short description of what file contains.
//
// For .c files, should contain a variant of 'code for xxxx'
//
```

```
//      For .h files, should contain a variant of 'header file info'
//                or 'Stuff used by .c files in ....'
//
//      For .hpp files, should contain a variant of 'Foo object class
//                definition'...
//
//      For .cpp files, should contain a variant of 'Implementation
//                of member functions of the 'Foo' class'
//
// Copyright Information, for example:
//
// (C) Copyright 1492, 1493 by Spanish Softwerks, Inc.
//
//  Other trade secret or proprietary notices, for example:
//
//      Anyone using this code without permission will be
//      flogged with a limp noodle.
//
// Who written by, for example:
//    Written by Christopher Columbus
//
// Change log: (Note additions to the change log)
//
// Created: xx/Jan/88
// Revised: xx/Feb/88 - Adding more stuff.
//          xx/Mar/88 - Fixing bug in the xxx() routine.
//          etc.
//
// [DSD] - this change log is generated automatically by PVCS;  see
// shell header file for exact format.
//
//
// Important:
// ----------    Do NOT list functions that are contained in the
// file.  Although this can be of use, too many times the list of
// functions and the actual contents are different, and hence
// serve only to confuse newcomers to the code.
//
// [ShadowCat] For cases where this listing is useful to have, run
//
// 'makeflst.tos *.c'
//
// for a printout of what functions are in what files.  (Redirect to
// a disc or printer as desired).
//
// [DSD] does not yet have a solution to this problem.
//
//
```

Other Issues

All .h files MUST BE wrappered so that they will not blow up if included more than once. The wrapper name will be the name of the file, with two leading underscores, and a trailing underscore followed by the file extension (for example, "__FILE_HPP" for a .hpp file) For example:

```
//
// FOO.H
//    Demo .h file structure...
//
// Standard file header stuff
//

#ifndef __FOO_H

#define __FOO_H    // Define the constant immediately after testing
                   // for it.  This prevents problems caused by
                   // recursive inclusion (which you shouldn't
                   // be doing anyway, <grin>)
                   //
    .
    .
    .

Foo included stuff here...
    .
    .
    .
#endif        //  __FOO_H


<end of file>
```

C++ Coding Additions and Conventions

All library object classes go in the directory where the library exists. This library path is included into the compiler and linker path, but the libraries and the files are not put into your working directory (unless you're working on the library).

Each object class will get its own header file defining the class. (extension .hpp) Implementation code for the object class will go in the .cpp file (for example, the foo object class would have two files, foo.hpp for the class definition and foo.cpp for the class implementation.)

Chapter 1: *Programming: A Brief History and Style Guide*

Example object class header file:
===================================

```
//
// ObClass.hpp
//
//    Definition of the ObClass object class
//
// Written by Alex Leavens, for Spanish SoftwWerks
//
// (C) Copyright 1492, by Christopher Columbus
//
//   Prosecutors will be violated.
//

#ifndef     __OBCLASS_HPP

#define __OBCLASS_HPP

#ifdef __cplusplus      // This will keep the module from nuking the
                        // compiler if this file accidentally (or
                        // purposely) gets included in a .C file.


//----------------------
//
// AnObjectClass()
//
//   Defines a something or other
//   object class.
//

    class

AnObjectClass : public AnotherObjectClass
{
    //------------- PROTECTED -------------

    //
    // There WILL BE exactly ONE use of the word 'protected'
    // and ONE use of the word 'public' per class definition.
    // Protected variables come first, followed by protected
    // (for internal class use only) member functions.
    //
    // Next will come public member functions, headed by
    // the constructor and destructor of the class (if
    // needed).
    //
    // There will be NO public data members.  All data members
    // are accessed via Get() and Set() routines, which operate
```

```
            // on those members (that is, GetProtectedVariable().)
            //
            // (There can be exceptions to this: for example, you may have
            //  a pointer to another object class as a public data member;  this
            //  means that you can access directly all public members of that
            //  object class without having to wrapper each one in your outer
            //  class).
            //

            protected:

                WORD      aProtectedVariable;

        //-------------- PUBLIC -------------

            public:

              //-----------------------
              //
              // Constructors and destructors
              //

                AnObjectClass ( void );

                ~AnObjectClass ( void );

              //--------------------
              //
              // Other routines to manipulate an object class
              //
              // Implementation code normally belongs in
              // the .cpp file; however it is permissible
              // to put small, in-line functions in the
              // .hpp file.  (If the compiler gives warnings,
              // such as "For statements are not expanded in-line",
              // then such code needs to be moved out to the
              // .cpp file.)
              //

                    void WINAPI
            SetProtectedVariable ( WORD     newVar )
            {
                aProtectedVariable = newVar;
            }

              //-----------------------
              //
              // GetHandle()
              //
              //   Most objects should provide
```

```
            // the 'GetHandle()' member function.
            //
            // What this function returns will depend
            // on what the object class does, but
            // the developer can be assured that something
            // reasonable will be available via this
            // member function.
            //

                AnObject * WINAPI

            GetHandle ( void );

    };

    #endif      // __cplusplus

    #endif      // _OBCLASS_HPP
```

I realize that not everyone is going to follow these rules all the time; nevertheless, it is important to try and follow them as much as possible because it will make life for both yourself and others easier down the road. Remember the rule: "Code that you haven't looked at in six months is equivalent to code that someone else wrote." An ounce of documentation now can save pounds of frustration later on.

--alex

I get some typical responses to this document:

- "Everybody already knows this stuff." (If everybody already knows this stuff, then why aren't more people *doing* this stuff?)
- "There isn't time to document the code." (If you don't have time to do it right, how on earth are you going to have time to do it over?)
- "Good code is self-documenting." (I can show you lots of self-documenting code that is completely write-only, even to the author.)

Of the three responses, the second is the hardest to overcome; too many programmers I know have the "delivery schedule blinders"; that is, the product has to ship at the end of this day, week, month, year, or millennium. What these programmers seem to forget is that there is going to be life after the product shipment! And if the code has been rushed into production, life is going to be quite interesting (like the old Chinese curse, "May you live in interesting times"). Convincing these programmers that using code standards can save them later can be tough.

If they balk too much, I pull out this statistic, which I got from a firm specializing in tracking and understanding software metrics:

- Fixing it in development costs 5 cents
- Fixing it in debug costs 50 cents
- Fixing it in beta test costs $5.00
- Fixing it in the field (after shipment) costs $50.00

That's *four* orders of magnitude of cost between fixing it early and fixing it late. If that doesn't convince you to give coding standards a shot, probably nothing will.

Header Files and Source Code

Another thing that's important is to make sure that all the header files for any of your projects are included in one file, and then you should make sure that file is included in all of your source files. By ensuring that all your files are getting the same things, you can significantly cut down on problems that arise from different files getting different pieces at different times.

One class of bug often arises when you have different prototypes for functions in different files. File A, for example, thinks that the FooFunction() is a void NEAR PASCAL. File B, however, thinks that FooFunction() is a WORD FAR PASCAL. If the definitions for this function aren't commonly included, you'll never see a warning about this problem. This can lead to all sorts of difficult problems to track down later.

Instead, configure your include files like those shown in Figure 1.1. As you can see, any source file is going to include the one include file ALL.H. This one include file then includes all the other pieces that each source file will need.

One objection to this is that it's slower to compile, because each source file gets everything whether it needs it or not. This is certainly true. In fact, the whole point of building the include file this way is so that all source files get exactly the same thing, which will show inconsistencies between your files (if you have any). It is a bit slower, but this problem can be obviated by using precompiled headers for your project. This allows the headers to be compiled once and then kept in memory so that they don't have to be recompiled. This will cut down greatly on the compile time.

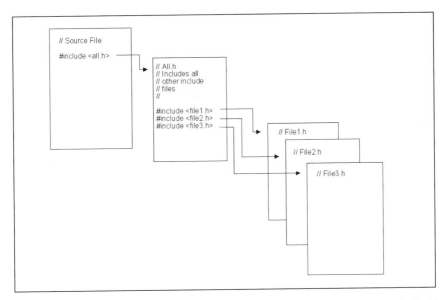

Figure 1.1 How to build include files for your project. Don't just litter include files throughout your source code; make them go through a central repository that can be included by all of your source files.

Another objection to the practice of having a single header file that is included in all your source files is that the make system (whether the IDE or an external makefile) cannot properly determine dependencies with this system. One change in a header file can trigger a full recompile, whether it's necessary or not. However, this may not be a bad thing. One problem is the degeneracy between dependency files; by forcing all your source files to use the same set of includes, you eliminate this problem.

I've also seen situations where there's a #define in one spot that didn't get picked up by the compiler as being a dependency. As a result, one source module was using one value, and another was using a different value. This kind of bug is incredibly hard to track down. Using a single set of source files eliminates this problem.

Step 2: Get a Development Environment

Now that you've been thoroughly coached regarding the way you write your code, it's time to tell you how to build your app. This might seem like the same thing, but it's not; the previous section (and my coding standards document) is really about how your code looks and feels. This section, in contrast, is how you go about actually building the overall program and its structure.

As you might expect, I have a few thoughts about this, too. First, don't throw everything in a great big directory. If your project has only a couple of source files and include files, throwing everything in one directory is not too bad. The object files will go there, as will the symbol file(s), the browser database file(s), and the .exe file, but that's still only a dozen or so files. But if your project gets a little bigger, then things become unwieldy. If your project gets a *lot* bigger, things quickly get unworkable. How unworkable? For one product that I developed, I had more than 400 files in that one directory (86 source files, 42 include files, 86 object files, 127 bitmaps, 51 cursors, 12 dialog files, 14 resources scripts, and 3 makefiles, for a grand total of 421 files). It was a nightmare.

The case tool that I chose to use for this project simply wouldn't let me specify an include file path, a resource file path, an object file path, and so on. The tool forced me to keep everything in that one big directory. After I shipped the first version of the product to our publisher, I broke everything down into subdirectories, as follows:

Directory	Files
MyProj	The base project directory, this holds the following four directories
/src	All .C and .CPP source files, project files, and makefiles
/inc	All include files, including .H, .HPP, .DEF, and others
/rez	All resource files (with the exception of include files, which go in '/inc'), including .BMP, .ICO, .RC, and others
/objs	All compiler-generated object files, .EXE files, .RES files, and so on

By splitting it this way, I was able to make my life much easier. I knew where all my files were, I wasn't inundated by directory listings, and stuff I didn't need to see (like object files) went someplace where I wouldn't see it unless I needed to. Because my application was also highly graphical, it allowed me to hide all my bitmaps and icons in another directory where, again, I could see them if I wanted to.

Another reason for doing it this way is if you have more than one person on a project, it's easier for everyone involved to keep track of where things are if those things are split into separate directories. Having everything in one place just causes confusion.

Look at Figure 1.2, which shows the new interface of Visual C++. You can see all the files in a particular project (in this case, it's my skeleton application, which I talk about in more detail later in the book). You can easily edit any of them by double-clicking on the file name. This is a new feature of Visual C++ 2.0. Previous versions made it much more difficult to manage the files in your project.

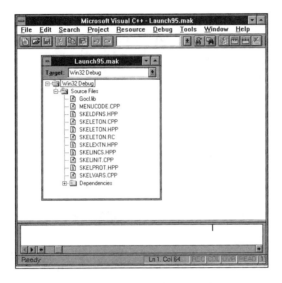

Figure 1.2 This is the new project manager for Visual C++ 2.0. You can see all the files in your project at a glance and view the dependencies for the project.

Step 3: Understanding What You are Building

On the face of it, this seems absurd. What am I building? I'm building a (fill in the blank). Unless this answer is fairly complete, however, you're not done. To understand what else is involved, let's make an analogy to building a house.

When you build a house, the first thing you need is a complete set of blueprints, which specifies everything about the house. Before you start pouring concrete or hammering nails, you have to know where you're going. The house is, in some ways, just a physical representation of the blueprint.

Some software companies have the same idea. You write a complete specification of the project, and then you implement it. The finished product is a software representation of the written specification.

Unlike houses, however, this doesn't always work. What looks great in the specification doesn't always work in a program. Specifying that the user will do *this* to accomplish *that* may sound good, but when you actually try it on the screen, it may not work.

Software is different than a house in one very great way, and that is its malleability. You don't like the way this works? It's very easy to change it in software. (On the other hand, if you don't like the way your bathroom looks, it may cost a lot of money to change where the bathtub is.)

Most of the time, then, you can expect your specification to be wrong (sometimes wildly wrong) about the way things are done. This doesn't mean you shouldn't have a specification (even if it's only a couple of sentences describing what your product does), but you should be prepared to change it, possibly drastically.

Step 4: Build a Shell Prototype

After you have an idea of what it is you're building, it's time to sit down and bring up a prototype. You can't judge how it's going to work from a paper specification (because paper doesn't have the same dynamic as a screen). This is where App Studio comes into play.

By using App Studio, you can bring up a prototype of your application extremely quickly. You can draw user interface elements on the screen and put stub code behind them and get an almost immediate feel for how your application is going to behave. This element of immediacy is one of the reasons for using App Studio initially. Because you've got something to look at, you can quickly tell whether the direction you're heading in is the right one.

In version 2.0, App Studio has been integrated directly into Visual C++ (see Figure 1.3). This means that you can directly edit your resources without stepping outside the development environment. This is very handy, because you can more quickly integrate the resources into your project.

With App Studio and Class Wizard you can get a pretty good prototype up and running without ever having to write a line of code. Use this to your advantage by fully laying out how you want your dialog boxes to look. Then use Class Wizard to generate stub code for the functionality you'll need. You can get a

Chapter 1: *Programming: A Brief History and Style Guide*

pretty good idea of how the app is going to behave (at least in terms of navigation) simply by compiling and running it. Because you'll be able to move around within your application, you can begin to see if what you're doing is on target. (Figure 1.4 shows the process of hooking up a class using Class Wizard).

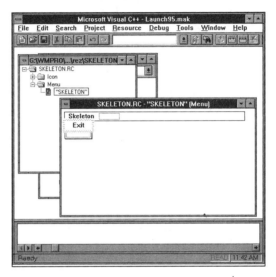

Figure 1.3 *The new version of App Studio, integrated into Visual C++. Having App Studio built in means that you can move back and forth between source files and resource files much more quickly and easily.*

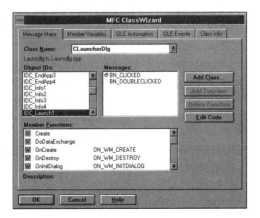

Figure 1.4 *Hooking up an MFC-generated app using Class Wizard. Because MFC takes care of all the mapping for you, you can simply choose the messages that you want to deal with and create code for them.*

Also new is the process of building a dialog-only application, which is now supported by AppWizard. You can build an application that has controls in the main window (really, just a dialog box), by clicking on a series of buttons showing what you want and where you want it. You can use this, too, to prototype small applications (I call them "applets"), such as a control panel or calculator. Don't ignore this feature if you have to build such a small application; having it right there can get you up and running in a matter of minutes.

Step 5: Throw It Away

After you have used App Studio to give you a pretty good idea of what exactly it is you want to build and how it's going to look, it's time to take the next step: throw it away. Chuck it, toss it, give it the old heave-ho, bury it, kill it, deep-six it, ash-can it, whatever language you want to use, the result is pretty much the same. It's time to give the thing the boot.

If you're an experienced developer, you've already done this a couple of times. But if you aren't (or if you have a boss who isn't), then you may be more skeptical. Why should you throw away this thing that you have just spent time and energy building?

The reason is that you have learned all you can from it. A prototype is just a learning experience. It's a place to find out what works and what doesn't. It's a way of finding out whether the ideas you have for your product are fully formed or only half-baked. It's also the place where you can do interface testing and see whether the ideas the marketing group had actually work.

In short, it's a lot of things, but one of the things it's not is a place for production code. You're learning things here, remember, not trying to start construction. (Auto companies spend millions of dollars every year building prototype cars that embody ideas for future cars, but which themselves will never see the light of day. Just because you don't have to form sheet metal to get your application up and running, don't be fooled into thinking that you can skip the "throwing away" part.)

A company I know of had a requirement that their engineers learn C++, Visual C++, the Microsoft Foundation Classes, Windows programming, and App Studio. They were to build a prototype with all reusable code. They were to do all this in five weeks for shipment six months later. Needless to say, this didn't happen.

If you force code reuse too early, then all you end up with is code that isn't ready for the big time. It takes time for code to be shaken out (one reason that you'll want to consider using a class library, discussed more in the next chapters), and it can't be rushed. One 80-hour week of programming does not equal two 40-hour weeks.

Summary

In this chapter we have looked at the steps that you should be taking in your development efforts (especially with regard to C++) to ensure your success. In particular, we have looked at why prototyping your application is a good thing and how it can enhance your chances of success. In the next chapter we get down to brass tacks and see how we can use the tools in Visual C++ to make prototyping quick and painless.

Designing and Compiling Using the IDE

In the preceding chapter, we took a look at some of the mechanics of building an application; in this chapter, we're going to actually build a simple application using the Visual C++ IDE (Integrated Development Environment). Visual C++ provides a very comprehensive set of tools for making application building easy, and we're going to explore how these tools can help you get your application up and running fast.

Before we begin, however, a few cautionary words are in order. Although it isn't necessary to have programmed in Windows before in order to use this book, it does help to have done so. The reason for this is simple: Visual C++ and the Microsoft Foundation Classes (MFC) do an awful lot of work to hide much of the labor involved in building a Windows application. This is not bad (much of this labor is tedious and repetitive). However, in the process of hiding much of the grunt work, the Classes also hide a great deal of how Windows works.

Without an understanding of how Windows itself works, it's very easy to reach a point where you have no idea what to do next. If MFC and Visual C++

don't provide an answer, then you won't know how to do it. For example, MFC provides a very nice tool ribbon for the top of your application, and it provides simple methods of attaching actions to the various buttons. But suppose you don't want to use the MFC tool ribbon? How you can you provide your own?

If you know Windows, you probably have already thought of two or three good answers; if you don't know Windows, it's a different story. That's why I recommend that if you don't know Windows, you learn it, outside of the Microsoft Foundation Classes. Doing so will provide you with a much greater level of expertise and knowledge.

Building a Project from Scratch

In Chapter 1, I whacked you pretty hard about what it was you're building. Now that you have (hopefully) gained a better understanding of exactly what you want your app to do, let's take a look at some of the pieces available to you to build it.

Choosing Interface Objects

One of the first steps in designing an app is deciding how it is going to interface with the user. I really hate the word *interface* because it's been used to death, but it really is appropriate here: how is your application going to communicate with the user, and how is the user going to communicate with your application?

For example, if your application deals with graphics a great deal, then you're probably going to want to give the user a way of accessing the Windows color palette, which means you'll want to use the Common Dialogs Color Palette object. Visual C++ gives you a very nice way of hooking up to it.

To better understand your choices, let's look at each of the common user-interface elements that Visual C++ provides, what they do, and why (and how) you would use them.

The Common Dialogs

Microsoft provided the Windows common dialogs in Windows 3.1 as a way of addressing many common actions. These common actions are as follows:

Chapter 2: Designing and Compiling Using the IDE

- Choosing colors
- Choosing a font
- Choosing a filename for opening or saving
- Choosing a printer
- Setting up a printer
- Finding and/or replacing text

Microsoft did this for two reasons. One is that by providing a convenient programmatic mechanism for performing these actions, it alleviated the need for you to write your own versions of these routines. Secondly, end users would see the same interface from product to product for various actions, and, as a result, they would be able to use the Windows system more easily.

Let's examine one of these common dialogs, the File Select common dialog (which is probably the most-used of all the common dialogs). Let's see how MFC and Visual C++ make this dialog easy to use.

Using the Common Dialog File Open

Using the Common Dialog File Open in your MFC app is incredibly easy; you simply instantiate a `CFileDialog` object, and you're done.

Of course, it's not quite *that* easy. For one thing, you'll need to add some support for the types of files that you want the user to see. In order to do that, we need to take a look at the OPENFILENAME structure that was defined for the 3.1 SDK:

```
typedef struct tagOPENFILENAME { /* ofn */
        DWORD       lStructSize;
        HWND        hwndOwner;
        HINSTANCE   hInstance;
        LPCSTR      lpstrFilter;
        LPSTR       lpstrCustomFilter;
        DWORD       nMaxCustFilter;
        DWORD       nFilterIndex;
        LPSTR       lpstrFile;
        DWORD       nMaxFile;
        LPSTR       lpstrFileTitle;
        DWORD       nMaxFileTitle;
        LPCSTR      lpstrInitialDir;
        LPCSTR      lpstrTitle;
        DWORD       Flags;
```

```
            UINT        nFileOffset;
            UINT        nFileExtension;
            LPCSTR      lpstrDefExt;
            LPARAM      lCustData;
            UINT        (CALLBACK* lpfnHook) (HWND, UINT, WPARAM, LPARAM);
            LPCSTR      lpTemplateName;
        }   OPENFILENAME;
```

By the way, this structure is used for both the File Open and the File Close dialog boxes.

You have to fill in some of the fields in this structure before you call the File Open dialog (or the `CFileDialog` class); other members are filled in by the dialog itself (based on user input). This means that you can query parts of the structure later in order to find out the results of the dialog.

Let's first look at the pieces that you fill in before you call the routine (or `.DoModal ()`, the `CDialog` member function that causes a dialog box to be displayed in the modal state).

`lStructSize`	This is the size of the structure in bytes. You can fill this in using `sizeof ( OPENFILENAME )`.
`hwndOwner`	This identifies the window that owns the dialog box. This window will be prevented from being topped onto the File Open box (that is, the File Open dialog will be modal with respect to this window). This field can either be a valid parent window or `NULL`.
`hInstance`	This field is used only if you're using a custom dialog box template (which is somewhat counterproductive, since the whole idea of the common dialogs is that they provide a common interface for people to use). If you are using a custom dialog box template, then this value should contain the instance handle of the app (or dll) that contains the custom template.
`lpstrFilter`	This field points to a buffer that contains a set of pairs of null-terminated strings that define the filter(s) that will be available to the user. The first string describes the filter to the user (i.e., "Source files (*.cpp)"); this is the string that is displayed at the bottom of the File Select dialog in the combo box. The second string specifies the filter pattern itself (i.e., "*.cpp"). You can define one or

more pairs of filter descriptors and filters; however, each element of the pair must be null-terminated, like so:

```
"Source files ( *.cpp )<NULL>*.cpp<NULL><NULL>"
```

The last element of the buffer must be *doubly* null-terminated. One way of building this string pair is by defining a static string, like so:

```
char    fFilters[]={ "Source Files ( *.cpp ) | *.cpp |
Include files ( *.h, *.hpp ) | *.h, *.hpp ||" };
```

and then replacing each instance of the vertical bar (|) with a NULL. If you leave the lpstrFilter parameter NULL, then the File Open dialog does not display any filters.

nFilterIndex — This specifies which set of filters pointed to by lpstrFilter will be used as the starting filter set. The first filter pair is index based 1 (not 0). In the example above, if you passed in a 1, then the default filter string would be "Source Files (*.cpp)", and the default filter would be "*.cpp".

lpstrFile — This is a pointer to a buffer that specifies the default file name that will be put in the edit control of the File Select dialog (typically, you would use this for a persistent file name (that is, save the file once, and use this the next time the file name is selected). If you don't need a default file selection, then the buffer that lpstrFile points to can contain a NULL. (If you don't pass in a buffer, however, you won't be able to retrieve the name of the file that the user selected.) Note that this buffer is filled by the File Select dialog with the fully qualified path and file name of the selected file. (To obtain just the file name, see lpstrFileTitle).

nMaxFile — This specifies the size, in bytes, of the buffer pointed to by the lpstrFile member. Since the File Select dialog won't ever return a string longer than 128 bytes, you don't need a buffer bigger than 128 (although it's unwise to use one smaller than 128 bytes). (Actually, the dialog can return more than 128 characters if you use the OFN_ALLOWMULTISELECT flag (see below). In this case you'd better be prepared to handle really big chunks of text.)

lpstrFileTitle   This points to a buffer that receives the title of the selected file. It is just the name of the file, without any path information (to retrieve the full name and path, see lpstrFile).

nMaxFileTitle   This specifies the maximum length, in bytes, of the string that can be copied into the lpstrFileTitle buffer. Given the fact that current program names follow the 8.3 convention (that is, 8 characters, a period, then 3 characters), this buffer doesn't need to be bigger than 15 characters or so. (You can fill this member using the sizeof operator).

lpstrInitialDir   This points to a string that specifies the initial file directory. If it's NULL, then the current directory is used. If the lpstrFile member contains a valid path, then that path will be used instead of this one.

lpstrTitle   This specifies the title of the dialog box. If this is NULL, then the default title is used (for example, 'Open' for File Open, and 'Save As...' for File Save, and so on).

Flags   This specifies various behaviors that the dialog will have. The following defines (which can be OR'd together) define the set of possible behaviors:

- OFN_ALLOWMULTISELECT This says that the dialog will let you select multiple files. This can be either really useful or very annoying to the user, depending on what your application is doing. If you do decide to let the user select multiple objects, then be ready to make your lpstrFile buffer much bigger. It's going to hold all the file names that the user selected. Each file is separated with a space from the one before (and after) it; in addition, you can have relative path names. As a result, you could conceivably end up with something like this as your list of files:

  c:\foo\foofile.icx foo2.icx ..\inc\foofile3.icx

- OFN_CREATEPROMPT If a specified file does not exist and this flag is set, then the dialog box procedure will generate a message box telling the user that the file doesn't exist and will allow the user to create it. (This flag automatically sets the OFN_PATHMUSTEXIST and OFN_FILEMUSTEXIST flags.)

- OFN_ENABLEHOOK Enables the hook function specified in the lpfnHook member.
- OFN_ENABLETEMPLATE Remember what I said before about not using a custom dialog template? Well, in case you wanted to anyway, here's where you would. If you set this flag, then the dialog that comes up is specified by the lpTemplateName (which gives the name of the dialog box template) and the hInstance (which specifies the instance handle from which the template should be loaded) members.
- OFN_ENABLETEMPLATEHANDLE You can specify this flag, which says that not only are you going to provide your own dialog box template, but you have already loaded it and that the handle to it is specified by the hInstance member.
- OFN_FILEMUSTEXIST This flag specifies that the user can type only the names of existing files in the File Name edit control (above the file select list box). If the flag is on and the user types an invalid file name, the dialog automatically displays an error alert.
- OFN_HIDEREADONLY This hides the Read Only check box.
- OFN_NOCHANGEDIR This forces the dialog box to reset the current directory to what it was when the dialog box was created.
- OFN_NOREADONLYRETURN This specifies that the file returned will not have the Read Only attribute set and will not be in a write-protected directory.
- OFN_OVERWRITEPROMPT (Used by the Save As... dialog only.) This causes the Save As... dialog to generate a message if a file is selected that already exists.

The user then decides whether to overwrite the file. If the user chooses to overwrite the file, then the return from the Save As... dialog will be as if the user pressed the **OK** button; otherwise, the return will be as if the user pressed the **CANCEL** button.

- OFN_PATHMUSTEXIST This is essentially the same thing as OFN_FILEMUSTEXIST, but with respect to paths. Users can only type a valid path name; if they fail to do so, then an error alert is displayed.

- OFN_READONLY This causes the Read Only check box to be initially checked when the dialog box is created. At the end of the dialog box procedure, the state of the Read Only check box is specified by this flag; thus, you can query this bit at the end of the dialog to see whether the file is read only.

- OFN_SHOWHELP This causes the dialog box to show the **Help** push button. The hwndOwner must not be NULL if this option is specified.

nFileOffset — This specifies a zero-based offset from the beginning of the path to the file name specified by the string in the buffer to which lpstrFile points. For example, if lpstrFile points to the string, "d:\foo1\foo2\file.bmp", this member contains the value 13.

Here's an example of the File dialog in action:

```
void CMainDlgWindow::OnOpenFile()
{
    char    fFilter[] = { "Source files (*.cpp) | *.cpp | All Files (*.*) | *.* ||"
};

    //
    // Here we're going to create a file Open
    // dialog class, and then cause it to occur
    // by calling '.DoModal'
    //

    CFileDialog  cFooFile ( TRUE,
                            "*.cpp",
```

Chapter 2: Designing and Compiling Using the IDE

```
                    NULL,
                    NULL,
                    fFilter );

    cFooFile.DoModal();

}
```

The `OnOpenFile()` member of the CMainDlgWindow was created using App Studio and Class Wizard.

Note that an obvious drawback of this scheme is the fact that once this member function finishes, our File Dialog object goes away. In order to get persistent file objects, it is necessary to create a member variable of type `CFileDialog *` in the following manner. From the file `commfile.h` (which defines the derived dialog box class):

```
//------------------------------------------------------------------
// CMainDlgWindow : The main window for the Commfile application
//------------------------------------------------------------------
class CMainDlgWindow : public CDialog
{

private:

public:
      CMainDlgWindow();

      CFileDialog *           cFoo;

      .
      .
```

You can see that we now have a pointer to a Common File Dialog object, `cFoo`. We use this differently from the standard declaration.

Using the new method of a `CFileDialog` pointer, the file `commfile.cpp` looks like the following:

```
#include <afxwin.h>
#include <afxdlgs.h>
#include <afxext.h>
#include "resource.h"
#include "resrcl.h"
#include "Commfile.h"
```

```cpp
///////////////////////////////////////////////////////////////////////
// ThisApp: Just creating this application object runs the whole application.
///////////////////////////////////////////////////////////////////////
CCommfileApp ThisApp;

static      char       fFilter[] = { "Source files (*.cpp) | *.cpp | All Files
                                     (*.*) | *.* ||" };


///////////////////////////////////////////////////////////////////////
// InitInstance:
// When any App object is created, this member function is automatically
// called. Any data may be set up at this point.
//
// Also, the main window of the application should be created and shown here.
// Return TRUE if the initialization is successful.
///////////////////////////////////////////////////////////////////////
BOOL CCommfileApp::InitInstance()
{
    m_pMainWnd = new CMainDlgWindow();

    SetClassWord(m_pMainWnd->m_hWnd,GCW_HICON,
            (WORD)LoadIcon(AFX_IDI_STD_FRAME));

    return TRUE;
}


//-------------------------------------------------------------------
// CMainDlgWindow constructor:
// Create the dialog box using the definition in the dialog template
//-------------------------------------------------------------------
CMainDlgWindow::CMainDlgWindow()
{
     //
    // Here we're going to create a file Open
    // dialog class, and then cause it to occur
    // by calling '.DoModal'
    //

    cFoo = new CFileDialog ( TRUE,
                            "*.cpp",
                            NULL,
                            NULL,
                            fFilter );

    Create(MAIN_DLG_WINDOW);         // Create the Main Dialog Window
}
```

Chapter 2: Designing and Compiling Using the IDE

```
void CMainDlgWindow::OnClose()
{
        DestroyWindow();            // Destroy the dialog box window

        delete cFoo;                // Delete common file dialog object

        delete this;                // Delete 'this' dialog box object

        PostQuitMessage(0);         // End the application
}

BEGIN_MESSAGE_MAP(CMainDlgWindow, CDialog)
    //{{AFX_MSG_MAP(CMainDlgWindow)
    ON_WM_CLOSE()
    ON_COMMAND(ID_EXIT, OnExit)
    ON_COMMAND(ID_OPEN_FILE, OnOpenFile)
    //}}AFX_MSG_MAP
END_MESSAGE_MAP()

void CMainDlgWindow::OnExit()
{
        OnClose();                  // Do the OnClose member function
}

void CMainDlgWindow::OnOpenFile()
{
        cFoo->DoModal();            // This causes the File Select
                                    // dialog to come up, and
                                    // processes all interactions
                                    // with it.

}
```

Note that we created the `CFileDialog` in the parent dialog's constructor; this gives us a single instance of a `CFileDialog`, no matter how many times we call it. We also use the `CMainDlgWindow`'s destructor to clean up our `CFileDialog`, by doing a `delete` on it there. (In C++, you always need to do a `delete` on an object that you obtain via a `new` call. I didn't do that the first time I wrote the code, and I wound up leaving small chunks of memory lying around.)

The use of the dialog is still the same, via the member function `DoModal()`, although we have to use the `->` calling style, because what we have is a pointer to a `CFileDialog()`.

Choosing Document Types

In addition to common dialogs, which provide a modularized set of support pieces for your application, you have to decide (pretty early on) whether you want your application to be a single document interface (SDI) or a multiple document interface (MDI) (see Figures 2.1 and 2.2 for illustrations of SDI and MDI apps).

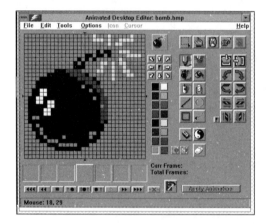

Figure 2.1 An SDI (single document interface) application. This is an icon editor. The tools on the right side of the app's main window work on the image on the left side. In order to work with a different image, you have to load it into the editing space, which causes the first image to be overwritten.

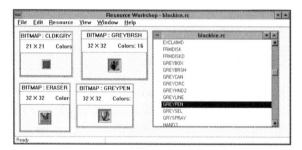

Figure 2.2 An MDI (multiple document interface) application. This is Peter Eden's Resource Workshop, which has an MDI for editing icons (among other things). (Actually, you can see that in this case they're bitmaps, but the idea is the same.) Instead of having to save an old image before loading a new one (as you do with my icon editor), you can simply switch among several different editing images.

Chapter 2: Designing and Compiling Using the IDE

An MDI is one that most people are familiar with (in Visual C++, both the IDE and App Studio have a multiple document interface). It provides you with a way of opening multiple documents that have some basic connection; in Resource Workshop, for example, all the items that you can open are forms of resources. In Visual C++'s IDE, you can open different types of source files and see the results of your compilation.

If there's one thing that characterizes MDI applications overall, it's general purpose. Because you can (generally) open many related (but different) documents at a time, the MDI application provides you with methods of dealing with all of them. SDI applications, because they concentrate on doing one thing rather than a great many things, tend to be more streamlined. (This is not to say that an SDI app will necessarily do a given task better than an MDI app; I'm simply pointing out that the focus is different.)

Questions to ask yourself when deciding whether to use SDI or MDI should go something like this:

- Are users of the app going to want to be able to work with more than one object (icon, text file, whatever) at a time?

- Is this app going to be a special-purpose or general-purpose app? (For example, it probably doesn't makes sense to have an MDI telecommunications app; people generally don't run multiple telecommunications sessions simultaneously because most people don't have multiple data lines.)

- Will it cause confusion if the user of the app is focused on only a single document at a time? In some applications, such as a graphics layout program, the user is unlikely to be switching between multiple documents frequently. In other apps, such as a word processor, the user may often have different documents that he or she wants to switch between.

- Is the application a palm tree? (See Figure 2.3.)

Figure 2.3 *A palm tree.*

These questions are the kind of thing you should be asking yourself when determining whether to use MDI or SDI. And don't be shy about asking actual users.

Upgrading an Existing Project to Use the IDE

Up to now, we have been looking at projects that were essentially created from scratch; no work was involved in upgrading the project to fit into Visual C++. But what if you have an existing project?

The transition process can be easy or difficult, depending on the size of the project and several other factors. In my case, I wanted to convert a fairly small project, my Universal Graphics Library, to MFC for use as a static library with several other MFC projects that I was working on.

UGLY, as I have come to call my Universal Graphics Library, includes a small set of classes for manipulating bitmaps, compatible DC's frame rects, and resource bitmaps. It consists of the following files:

Include files:

bitmap.hpp

bmbutton.hpp

boolean.hpp

brushes.hpp

compatdc.hpp

cplus.hpp

frames.hpp

gocl.hpp

list.hpp

pens.hpp

pmorph.hpp

resbmp.hpp

Source files:

bitmap.cpp

bmbutton.cpp

compatdc.cpp

list.cpp

resbmp.cpp

You can find the source code for UGLY on your source disk; I use it in several of the example programs later in this book because it greatly simplifies the task of creating, displaying, and managing graphics resources. However, the first thing I needed to do was to get it working with Visual C++.

The first step I took in converting UGLY was to create a subdirectory, UGLY, in my work directory. (All my projects are created in a working directory off the root of my development drive.) I then copied all the files listed above into that directory.

The first change I had to make was to `cplus.hpp`, which is the base include file for all the `.cpp` files. As you can see, I have commented out the line that says:

```
#include <windows.h>
```

and replaced it with

```
#include <afxwin.h>
```

I have also included the afx dialogs (`afxdlgs.h`) and the afx extensions (`afxext.h`). I needed to do this because all projects that are built under Visual C++ that use the Microsoft Foundation Classes use `afxwin.h` and not `windows.h`. `Afxwin.h` replaces `windows.h`, and has a number of alterations in it that make it suitable for use in C++ programs. The bottom line is that you can't mix modules that include `windows.h` with ones that use `afxwin.h`; they won't get along. This necessitated the change from one file to the other so that I could use my classes in MFC programs.

```
//
// CPLUS.HPP
//
// Generic header file for including things for
// all my bitmap button classes.
//
```

```
//#include <windows.h>          // Standard windows things

#include <afxwin.h>             // MFC related compile stuff
#include <afxdlgs.h>
#include <afxext.h>

#include <ugly.hpp>             // All the stuff the world needs...
```

Next, I removed some obsolete references in `bitmap.hpp`, which were forward references to a nonexistent object class. I also changed the comment style in a number of the files from the old format of

```
/*
 *
 *
 */
```

to the new format of

```
//
//
//
//
```

After these cosmetic changes, I sat down to the real task of cleaning up problems. One of the problems I encountered was this one, in the file `bmbutton.cpp`:

```
btnWnd = CreateWindow("BUTTON",    // Button class
            NULL,                  // No text string
            BS_OWNERDRAW |
            WS_CHILD |
            WS_VISIBLE,            // styles
            xSavePos,              // x position of button
            ySavePos,              // y position of button,
            ptSize.x,              // image size, x
            ptSize.y,              // image size, y
            hWnd,                  // Parent window handle
            selfID,                // Child window id
            saveInst,              // Module instance
            NULL);                 // extra data
```

This caused the compiler to generate the error: error C2664: 'CreateWindow' : cannot convert parameter 10 from 'const void __near *' to 'const struct

::HINSTANCE__ __near *'. I solved this problem by adding the cast (HINSTANCE) to the tenth parameter (because this is what the CreateWindow() call is expecting in that position). Now the call looks like this:

```
btnWnd = CreateWindow("BUTTON",        // Button class
          NULL,                         // No text string
          BS_OWNERDRAW |
          WS_CHILD |
          WS_VISIBLE,                   // styles
          xSavePos,                     // x position of button
          ySavePos,                     // y position of button,
          ptSize.x,                     // image size, x
          ptSize.y,                     // image size, y
          hWnd,                         // Parent window handle
          selfID,                       // Child window id
          (HINSTANCE) saveInst,         // Module instance
          NULL);                        // extra data
```

After several similar changes (including changing my standard loop variable i from an int to a WORD and casting the results of SelectObject() to be an HPEN), I was finally ready to try integrating the project under Visual C++. I opened up the Visual C++ IDE and selected **New** from the Project menu. Because I was building a static-link library, I did not include the Microsoft Foundation Classes in this project.

After I selected the type of project I was building, I browsed through the directories to get into my UGLY subdirectory (this subdirectory can also be found on the source disk included with the book). I created the UGLY project and added all my C++ files to it; Visual C++ then scanned all my files for dependencies and created the project for me.

At this point I was ready to try a compile; there were a few errors, which I had to go back and fix. After I'd done that, the project compiled and linked cleanly. The total elapsed time was a little more than two hours.

From this, you can see that the transition process from another compiler (or another version of the Microsoft compiler) shouldn't be an arduous process, assuming that your code is relatively clean. That's a big assumption, but it's a useful one. If your code isn't clean, then you'll have greater problems maintaining it, not to mention moving it from one compiler to another.

The big stumbling blocks in porting from another compiler to Microsoft are typically the cast problems that I have discussed. Because afxwin.h enforces stricter type checking than windows.h does, you may find that some of your code that worked fine under the old compiler causes problems in

Visual C++. For example, the following bit of code works fine under another compiler, using `windows.h`:

```
HPEN       oldPen;

oldPen = SelectObject ( hDC,
                        newPen );
```

However, under Visual C++ you'll get the following error:

```
: error C2446: '=' : no conversion from 'const void __near *' to 'const
struct ::HPEN__ __near *'
```

which is true, because `SelectObject()` returns a `HANDLE`, not an `HPEN`. However, because a `HANDLE` and an `HPEN` are functionally equivalent, all you need to do is provide a cast, as follows:

```
HPEN       oldPen;

oldPen = (HPEN) SelectObject ( hDC,
                               newPen );
```

and the code will compile just fine. (It will also continue to work the same way, which is probably more important.)

This cast is also going to be necessary with most of the `SelectObject()` calls that you make because `SelectObject()` is used to swap bitmaps, pens, brushes, and other things in and out of device contexts.

Another stumbling block that you may encounter in moving from another compiler to Visual C++ is changing memory models. Visual C++'s default memory model is **medium**, not large, which can present problems if your code is expecting a large model.

When you build your project under Visual C++ 2.0, you're going to have to make sure that you have got all your compiler settings right. (I realize that this can be incredibly tedious.) One of the more important (and overlooked) issues is that of paths—where the compiler is going to look for all those different pieces that you need to have as part of your project—the library files, the include files, and so forth.

You'll probably remember that in the last chapter I was pretty adamant about putting all your include files in a separate subdirectory (I call mine "\inc"), putting all your object files in another directory (mine is "\objs"), and so forth. However, this is not as easy as it could be, because of the following problem.

Chapter 2: Designing and Compiling Using the IDE

In Visual C++ 1.x, there was only one path statement for your includes, one path statement for your libraries, one path statement for your output, and so on. These were not assigned on a per project basis, but were effective throughout Visual C++. If you moved from one project to another, then you had to manually change these lines each time or risk including the wrong libraries or include files. This meant, for example, that if I had two different projects in two different working directories (a common occurrence for me, as I am often working on half a dozen different executables at a time), then I had to change the places that the compiler looked for includes and libraries each time I switched projects.

One way around this problem was to create projects that had identical subdirectory structures. For example, a project might reside in a directory called MyProj. Under the directory MyProj would be four subdirectories:

\Inc	Include files
\Objs	Object files, .res files and final executable (or DLL)
\Rez	Resources
\Src	Source files (.c and .cpp)

This worked pretty well, because I could use relative paths in my compiler path statements. Thus, I could have a path to my includes that looked like this:

```
d:\msvc\include;..\inc;e:\wmpro\ugly
```

This would point the compiler to the following places:

`d:\msvc\include`	`Windows.h` and other standard stuff
`..\inc`	Any include files for this project
`e:\wmpro\ugly`	The UGLY header files

This worked fine most of the time, but I would invariably be working on a project that didn't have one of these directories, so Visual C++ would complain that my path was wrong, and I would have to change it.

As you can imagine, I got tired of this. I was hoping that Microsoft would fix this problem in version 2.0—that each project would get its own set of paths for the includes, the libraries, and so forth. Unfortunately, this didn't happen. In some ways, it got worse, because the new path properties sheet now inserts that absolute path rather than the relative path when you browse for something. Even worse, you can no longer use the trick that I showed you earlier, because as soon as you type in a relative path to the Add path box, it converts it to an absolute path for where you are right now. So ..\inc would become (for example) e:\wmpro\menupan1\inc. Don't you hate it when a company "improves" something and ends up making it worse? (See Figure 2.4.)

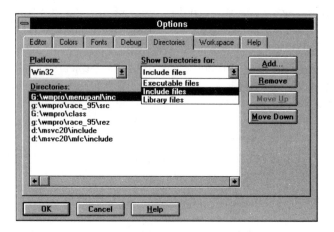

Figure 2.4 *The new properties sheet for setting up the paths for your include files, library files, and so forth. Notice that the paths added by the* **browse** *command are absolute and not relative.*

Following is a list of other issues to be aware of when porting. None of these issues is particularly glamorous; but they are worth checking if you run into problems.

- Is your memory model consistent between modules?
- Do your prototypes and functions match?
- Are your prolog and epilog correct for the type of module you're building? (Moving code from an .EXE to a .DLL can often trigger subtle bugs because of changes in the way SS and DS work.)
- Are all your object modules up to date?
- Are you including the proper version of windows.h (or afxwin.h)?
- Are your precompiled headers correct?
- Are all project dependencies current?
- Does your code compile cleanly at Warning Level 4?

None of these is earth-shattering. However, at one point or another, each of these problems has sneaked up and bitten me. That's why, before you start venturing off to check a really horrible-looking bug, run through this list first. It may be in there.

Other Things to Watch for

In moving to the new version of Visual C++ (2.0), as well as the new IDE, you're going to have to be especially careful, because (in all likelihood) you're moving code that exists as 16-bit code into the 32-bit world. Although 16 bit Windows (Windows 3.x) and 32 bit Windows, (NT and Windows 95) are quite similar, there are some differences in how the APIs work (there are some changes to the API and some changes to the message structures).

All in all, you'll have some work to do if you want to make sure that your code is 32-bit compliant (as well as remaining 16-bit compliant, if that's important to you). See Appendix B for more details.

Summary

In this chapter, we have looked at a couple of different pieces of the development process in Visual C++: using Common Dialog objects, some brief thoughts on the constraints of document interface types, and a quick look at the steps you need to go through to upgrade an existing body of code to work inside Visual C++. In the next chapter we're going to take a more in-depth look at some of the class libraries available to you off the shelf in Visual C++, as well as what it takes to build a good class library. We'll also take a look at some of the advantages and disadvantages of rolling your own class library objects, along with a more in-depth examination of my Universal Graphics Library, a stand-alone class library of graphics objects that you can use in your programs.

C++, MFC, and Bare Metal—An Introductory Guide

In the last chapter, we looked at some of the surrounding issues of Visual C++: moving a project over and using the common dialogs. In this chapter, we get right to the heart of Visual C++ by looking at why C++ can be so powerful, at what the Microsoft Foundation Classes can provide, and what you can achieve by going straight to the metal and writing your own classes.

The Benefits of C++

Let's begin by looking at the advantages of C++ itself.

Reusable Code Objects

Probably the most touted advantage of C++ is that it's reusable. This means that once you have written an object class (or obtained one) you can use the functionality contained in that class without having to rewrite it. This is not exactly a new concept; after all, cut-and-paste code has been around for a long time. The big difference between C++ and (say) C is that, in C++, explicit support is built into the language for reusing the code.

This means that, for example, you might have a bitmap-handling routine (or a set of them) in C; in C++, you would simply have an object class or series of object classes that would do the same thing. So what's the big deal? In C, you had to physically transport that code into whatever app you were working on at the time. This meant you had to be sure to modify the code properly so that it would work in the new environment. One of the major sources of incredibly frustrating bugs was the code that didn't get changed properly.

In C++, however, all you have to do is instantiate an instance of the class, and you're done. This means that instead of having 500 lines of copied code in your app, you just have 2 or 3 lines (that instantiate the object class). It also means that a whole class of cut and paste bugs goes away. Because the C++ object class is designed to be transportable, there aren't (or shouldn't be) any problems in transporting it.

Another big difference is that in C, although you might have a set of routines for handling something, if those routines needed to share a data variable (which is a common occurrence), then you either had to make some static variables for that module only or make those variables global. Not pleasant, to say the least.

C++ addresses this problem directly by letting you create object classes that have their own internal data member(s). Therefore, variables that are important to those functions can live inside the same space as those functions and never bother anybody else. This is C++'s famed encapsulation, and once you get used to it, it's an enormously nice feature.

Polymorphism

Polymorphism is a term meaning that something has more than one shape (*Poly*, meaning many, and *morphism*, from *morph*, meaning shape). In C++ terms this means that you can have many different object classes that have same name member functions.

Suppose that you have two or three different object classes. They can all have a member function called `GetHandle()`, and the compiler will understand the difference and use the right one. I think this is one of the slickest features of C++; it simplifies your life enormously under Windows. You can do a series of object classes, all of which deal with different objects, such as pens, brushes, bitmaps, and so forth, and then you can access any one of them and get the right thing with a call to that object's GetHandle(). No matter whether you want the HBRUSH of a brush object, the HBITMAP of your bitmap, or the HPEN of a pen object, you call GetHandle(). No matter what the object is, it has a GetHandle() call that returns something useful.

Think about how much this simplifies your life. When you want to pass an object's handle to a Windows API call, you simply insert the object class's GetHandle() call, and you're done. You don't have to keep many variables around that point to various handles of various kinds (which you have to remember to cast to the right thing). Instead, you let your object classes handle all of that.

Object Class Approaches

Polymorphism doesn't do a whole lot of good, however, if you don't have a whole set of classes to use; after all, if you have only two classes, the fact that both of them might have a same-name routine really doesn't help you much. You're going to need a whole set of object classes, and maybe more than one.

Along these lines, there are basically two approaches to using object classes, which I characterize as the "off the shelf" approach (using somebody else's object classes) and the "homegrown" approach (using your own object classes). If you're like me, you'll end up using a combination of both.

What are the advantages of using an off the shelf approach? Well, for one thing, somebody has (hopefully) done all the legwork, and built a robust set of reusable objects that you can simply plug in and run. The variety of object classes available to you as a Windows programmer is almost mind-boggling. In addition to three or four full-scale "encompass the world" object classes, there are dozens of smaller classes that give you such things as calendar controls, hierarchical list box controls, bitmap and palette access, and much more. (This is almost an embarrassment of riches, because three years ago, none of these things existed.)

What are the disadvantages of using an off the shelf class library? Well, for one thing, it's yet another layer of stuff that you have to learn. In addition to whatever else it is that you're learning, you have to learn how the object class works, what its interactions are, and how you plug it in. (All of these can be minimized if the object class is good; but good or not there's still going to be a learning curve involved. (I once heard a very popular object class's learning curve referred to as a "learning cliff.")

Another disadvantage of an off the shelf class is that many of them tend to be all-encompassing. This means that the object class provides you with its own world view of Windows, which you use to build your programs with. This is fine if you don't mind learning the object class, but if it prevents you from doing things within Windows, then it's a handicap.

Some object classes go even further, and provide an abstract windowing environment, which you program to. The advantage of these environments is that you can build your application once, and then port it to several platforms (such as Windows and the Macintosh) without having to completely rewrite your app. The disadvantage is that in doing so, you have programmed to a windowing environment that doesn't exist outside the object class. It isn't Windows, and it isn't the Mac. This can handicap you if the object class vendor later goes out of business or stops supporting the latest version of your target platform.

Smaller off the shelf object classes can be fine. In fact, many can be real life-savers. Because you don't have to use everything about them, you can pick and choose the pieces that you need. In fact, the object classes that I provide you with in this book are (to you) an off the shelf object class, and I certainly hope that you can get some use out of them.

Object Classes off the Shelf: MFC 3.0

Of course, the most obvious off the shelf object classes that come with Visual C++ are the Microsoft Foundation Classes (version 3.0). MFC provides a great deal of support for doing things under Windows, such as printing, MDI applications, toolbar support, and more. It also provides an extremely powerful mechanism for distinguishing between *documents* and *views*. Unfortunately, this mechanism is also one of the most confusing for new users of MFC.

It certainly confused me the first time I looked at it. In order to make it a little clearer for myself, I created the following app, which I have named MOUSER. (Listings 3.1 through 3.14 contain the source code and include files for MOUSER).

Listing 3.1 *Mouser.cpp*

```
// mouser.cpp : Defines the class behaviors for the application.
```

```
//

#include "stdafx.h"
#include "mouser.h"

#include "mainfrm.h"
#include "mousedoc.h"
#include "mousevw.h"

#ifdef _DEBUG
#undef THIS_FILE
static char BASED_CODE THIS_FILE[] = __FILE__;
#endif

/////////////////////////////////////////////////////////////////////////////
// CMouserApp

BEGIN_MESSAGE_MAP(CMouserApp, CWinApp)
    //{{AFX_MSG_MAP(CMouserApp)
    ON_COMMAND(ID_APP_ABOUT, OnAppAbout)
        // NOTE - the ClassWizard will add and remove mapping macros here.
        //    DO NOT EDIT what you see in these blocks of generated code !
    //}}AFX_MSG_MAP
    // Standard file based document commands
    ON_COMMAND(ID_FILE_NEW, CWinApp::OnFileNew)
    ON_COMMAND(ID_FILE_OPEN, CWinApp::OnFileOpen)
    // Standard print setup command
    ON_COMMAND(ID_FILE_PRINT_SETUP, CWinApp::OnFilePrintSetup)
END_MESSAGE_MAP()

/////////////////////////////////////////////////////////////////////////////
// CMouserApp construction

CMouserApp::CMouserApp()
{
    // TODO: add construction code here,
    // Place all significant initialization in InitInstance
}

/////////////////////////////////////////////////////////////////////////////
// The one and only CMouserApp object

CMouserApp NEAR theApp;

/////////////////////////////////////////////////////////////////////////////
// CMouserApp initialization
```

```cpp
BOOL CMouserApp::InitInstance()
{
    // Standard initialization
    // If you are not using these features and wish to reduce the size
    // of your final executable, you should remove from the following
    // the specific initialization routines you do not need.

    SetDialogBkColor();        // set dialog background color to gray
    LoadStdProfileSettings();  // Load standard INI file options (including MRU)

    // Register the application's document templates.  Document templates
    // serve as the connection between documents, frame windows and views.

    AddDocTemplate(new CMultiDocTemplate(IDR_MOUSERTYPE,
            RUNTIME_CLASS(CMouserDoc),
            RUNTIME_CLASS(CMDIChildWnd),        // standard MDI child frame
            RUNTIME_CLASS(CMouserView)));

    // create main MDI Frame window
    CMainFrame* pMainFrame = new CMainFrame;
    if (!pMainFrame->LoadFrame(IDR_MAINFRAME))
        return FALSE;
    pMainFrame->ShowWindow(m_nCmdShow);
    pMainFrame->UpdateWindow();
    m_pMainWnd = pMainFrame;

    // create a new (empty) document
    OnFileNew();

    if (m_lpCmdLine[0] != '\0')
    {
        // TODO: add command line processing here
    }

    return TRUE;
}

/////////////////////////////////////////////////////////////////////////////
// CAboutDlg dialog used for App About

class CAboutDlg : public CDialog
{
public:
    CAboutDlg();

// Dialog Data
    //{{AFX_DATA(CAboutDlg)
    enum { IDD = IDD_ABOUTBOX };
```

Chapter 3: *C++, MFC, and Bare Metal—An Introductory Guide*

```
        //}}AFX_DATA

    // Implementation
    protected:
        virtual void DoDataExchange(CDataExchange* pDX);    // DDX/DDV support
        //{{AFX_MSG(CAboutDlg)
            // No message handlers
        //}}AFX_MSG
        DECLARE_MESSAGE_MAP()
    };

    CAboutDlg::CAboutDlg() : CDialog(CAboutDlg::IDD)
    {
        //{{AFX_DATA_INIT(CAboutDlg)
        //}}AFX_DATA_INIT
    }

    void CAboutDlg::DoDataExchange(CDataExchange* pDX)
    {
        CDialog::DoDataExchange(pDX);
        //{{AFX_DATA_MAP(CAboutDlg)
        //}}AFX_DATA_MAP
    }

    BEGIN_MESSAGE_MAP(CAboutDlg, CDialog)
        //{{AFX_MSG_MAP(CAboutDlg)
            // No message handlers
        //}}AFX_MSG_MAP
    END_MESSAGE_MAP()

    // App command to run the dialog
    void CMouserApp::OnAppAbout()
    {
        CAboutDlg aboutDlg;
        aboutDlg.DoModal();
    }

    /////////////////////////////////////////////////////////////////////////////
    // CMouserApp commands
```

Listing 3.2 *Mouser.h*

```
    // mouser.h : main header file for the MOUSER application
    //
```

```
#ifndef __AFXWIN_H__
    #error include 'stdafx.h' before including this file for PCH
#endif

#include "resource.h"          // main symbols

/////////////////////////////////////////////////////////////////////
// CMouserApp:
// See mouser.cpp for the implementation of this class
//

class CMouserApp : public CWinApp
{
public:
    CMouserApp();

// Overrides
    virtual BOOL InitInstance();

// Implementation

    //{{AFX_MSG(CMouserApp)
    afx_msg void OnAppAbout();
       // NOTE - the ClassWizard will add and remove member functions here.
       //    DO NOT EDIT what you see in these blocks of generated code !
    //}}AFX_MSG
    DECLARE_MESSAGE_MAP()
};


/////////////////////////////////////////////////////////////////////
```

Listing 3.3 Mouser.def

```
; mouser.def : Declares the module parameters for the application.

NAME            MOUSER
DESCRIPTION     'MOUSER Windows Application'
EXETYPE         WINDOWS

CODE            PRELOAD MOVEABLE DISCARDABLE
DATA            PRELOAD MOVEABLE MULTIPLE

HEAPSIZE        1024    ; initial heap size
; Stack size is passed as argument to linker's /STACK option
```

Listing 3.4 *Mousedoc.h*

```
// mousedoc.h : interface of the CMouserDoc class
//
/////////////////////////////////////////////////////////////////////////

class CMouserDoc : public CDocument
{
protected: // create from serialization only
      CMouserDoc();
      DECLARE_DYNCREATE(CMouserDoc)

// Attributes
public:

// Operations
public:

// Implementation
public:
      virtual ~CMouserDoc();
      virtual void Serialize(CArchive& ar);     // overridden for document
i/o
#ifdef _DEBUG
      virtual      void AssertValid() const;
      virtual      void Dump(CDumpContext& dc) const;
#endif
protected:
      virtual      BOOL    OnNewDocument();

// Generated message map functions
protected:
      //{{AFX_MSG(CMouserDoc)
         // NOTE - the ClassWizard will add and remove member functions here.
         //    DO NOT EDIT what you see in these blocks of generated code !
      //}}AFX_MSG
      DECLARE_MESSAGE_MAP()
};

/////////////////////////////////////////////////////////////////////////
```

Listing 3.5 *Mousedoc.cpp*

```
// mousedoc.cpp : implementation of the CMouserDoc class
//
```

```
#include "stdafx.h"
#include "mouser.h"

#include "mousedoc.h"

#ifdef _DEBUG
#undef THIS_FILE
static char BASED_CODE THIS_FILE[] = __FILE__;
#endif

/////////////////////////////////////////////////////////////////////////////
// CMouserDoc

IMPLEMENT_DYNCREATE(CMouserDoc, CDocument)

BEGIN_MESSAGE_MAP(CMouserDoc, CDocument)
    //{{AFX_MSG_MAP(CMouserDoc)
        // NOTE - the ClassWizard will add and remove mapping macros here.
        //    DO NOT EDIT what you see in these blocks of generated code !
    //}}AFX_MSG_MAP
END_MESSAGE_MAP()

/////////////////////////////////////////////////////////////////////////////
// CMouserDoc construction/destruction

CMouserDoc::CMouserDoc()
{
    // TODO: add one-time construction code here
}

CMouserDoc::~CMouserDoc()
{
}

BOOL CMouserDoc::OnNewDocument()
{
    if (!CDocument::OnNewDocument())
        return FALSE;
    // TODO: add reinitialization code here
    // (SDI documents will reuse this document)
    return TRUE;
}

/////////////////////////////////////////////////////////////////////////////
// CMouserDoc serialization

void CMouserDoc::Serialize(CArchive& ar)
```

Chapter 3: C++, MFC, and Bare Metal—An Introductory Guide

```
    {
        if (ar.IsStoring())
        {
            // TODO: add storing code here
        }
        else
        {
            // TODO: add loading code here
        }
    }


    /////////////////////////////////////////////////////////////////////////////
    // CMouserDoc diagnostics

    #ifdef _DEBUG
    void CMouserDoc::AssertValid() const
    {
        CDocument::AssertValid();
    }

    void CMouserDoc::Dump(CDumpContext& dc) const
    {
        CDocument::Dump(dc);
    }

    #endif //_DEBUG

    /////////////////////////////////////////////////////////////////////////////
    // CMouserDoc commands
```

Listing 3.6 *Mousevw.h*

```
    // mousevw.h : interface of the CMouserView class
    //
    /////////////////////////////////////////////////////////////////////////////

    class CMouserView : public CView
    {
    protected: // create from serialization only
        CMouserView();
        DECLARE_DYNCREATE(CMouserView)

    // Attributes
    public:
```

```
            CMouserDoc* GetDocument();

// Operations
public:

// Implementation
public:
        virtual ~CMouserView();
        virtual void OnDraw(CDC* pDC);  // overridden to draw this view
#ifdef _DEBUG
        virtual void AssertValid() const;
        virtual void Dump(CDumpContext& dc) const;
#endif

        // Printing support
protected:
        virtual BOOL OnPreparePrinting(CPrintInfo* pInfo);
        virtual void OnBeginPrinting(CDC* pDC, CPrintInfo* pInfo);
        virtual void OnEndPrinting(CDC* pDC, CPrintInfo* pInfo);

// Generated message map functions
protected:
        //{{AFX_MSG(CMouserView)
        afx_msg void OnLButtonDown(UINT nFlags, CPoint point);
        afx_msg void OnLButtonUp(UINT nFlags, CPoint point);
        afx_msg void OnMouseMove(UINT nFlags, CPoint point);
        //}}AFX_MSG
        DECLARE_MESSAGE_MAP()
};

#ifndef _DEBUG     // debug version in mousevw.cpp
inline CMouserDoc* CMouserView::GetDocument()
   { return (CMouserDoc*) m_pDocument; }
#endif

/////////////////////////////////////////////////////////////////////////////
```

Listing 3.7 *Mousevw.cpp*

```
// mousevw.cpp : implementation of the CMouserView class
//

#include "stdafx.h"
#include "mouser.h"
```

```
#include "mousedoc.h"
#include "mousevw.h"

#ifdef _DEBUG
#undef THIS_FILE
static char BASED_CODE THIS_FILE[] = __FILE__;
#endif

/////////////////////////////////////////////////////////////////////////
// CMouserView

IMPLEMENT_DYNCREATE(CMouserView, CView)

BEGIN_MESSAGE_MAP(CMouserView, CView)
    //{{AFX_MSG_MAP(CMouserView)
    ON_WM_LBUTTONDOWN()
    ON_WM_LBUTTONUP()
    ON_WM_MOUSEMOVE()
    //}}AFX_MSG_MAP
    // Standard printing commands
    ON_COMMAND(ID_FILE_PRINT, CView::OnFilePrint)
    ON_COMMAND(ID_FILE_PRINT_PREVIEW, CView::OnFilePrintPreview)
END_MESSAGE_MAP()

/////////////////////////////////////////////////////////////////////////
// CMouserView construction/destruction

CMouserView::CMouserView()
{
    // TODO: add construction code here
}

CMouserView::~CMouserView()
{
}

/////////////////////////////////////////////////////////////////////////
// CMouserView drawing

void CMouserView::OnDraw(CDC* pDC)
{
    CMouserDoc* pDoc = GetDocument();

    // TODO: add draw code here
}

/////////////////////////////////////////////////////////////////////////
```

```
// CMouserView printing

BOOL CMouserView::OnPreparePrinting(CPrintInfo* pInfo)
{
    // default preparation
    return DoPreparePrinting(pInfo);
}

void CMouserView::OnBeginPrinting(CDC* /*pDC*/, CPrintInfo* /*pInfo*/)
{
    // TODO: add extra initialization before printing
}

void CMouserView::OnEndPrinting(CDC* /*pDC*/, CPrintInfo* /*pInfo*/)
{
    // TODO: add cleanup after printing
}



///////////////////////////////////////////////////////////////////////////
// CMouserView diagnostics

#ifdef _DEBUG
void CMouserView::AssertValid() const
{
    CView::AssertValid();
}

void CMouserView::Dump(CDumpContext& dc) const
{
    CView::Dump(dc);
}

CMouserDoc* CMouserView::GetDocument() // non-debug version is inline
{
    ASSERT(m_pDocument->IsKindOf(RUNTIME_CLASS(CMouserDoc)));
    return (CMouserDoc*) m_pDocument;
}

#endif //_DEBUG

///////////////////////////////////////////////////////////////////////////
// CMouserView message handlers

void CMouserView::OnLButtonDown(UINT nFlags, CPoint point)
{
```

Chapter 3: C++, MFC, and Bare Metal—An Introductory Guide

```
    HDC         windDC;            // DC of our screen

//-----------------

    windDC = ::GetDC ( this->GetSafeHwnd() );   // Get a DC that we can draw
                                                // onto

    SetPixel ( windDC,
      point.x,
      point.y,
      RGB ( 0, 0, 0 ) );

    ::ReleaseDC ( this->GetSafeHwnd(),
              windDC );

    SetCapture();   // Capture the mouse so that we only
                    // draw in this window while the button
                    // is down
}

void CMouserView::OnLButtonUp(UINT nFlags, CPoint point)
{
    ReleaseCapture();     // Be nice, and give the mouse back!
}

void CMouserView::OnMouseMove(UINT nFlags, CPoint point)
{
    //
    // If this isn't the window that captured the
    // mouse, then punt
    //

    if ( GetCapture() != this )
    {
      return;
    }

    HDC         windDC;            // DC of our screen

//-----------------

    windDC = ::GetDC ( this->GetSafeHwnd() );   // Get a DC that we can draw
                                                // onto

    SetPixel ( windDC,
      point.x,
      point.y,
      RGB ( 0, 0, 0 ) );
```

```
        ::ReleaseDC ( this->GetSafeHwnd(),
                      windDC );

}
```

Listing 3.8 *Mainfrm.h*

```
// mainfrm.h : interface of the CMainFrame class
//
/////////////////////////////////////////////////////////////////////////////

class CMainFrame : public CMDIFrameWnd
{
        DECLARE_DYNAMIC(CMainFrame)
public:
        CMainFrame();

// Attributes
public:

// Operations
public:

// Implementation
public:
        virtual ~CMainFrame();
#ifdef _DEBUG
        virtual     void AssertValid() const;
        virtual     void Dump(CDumpContext& dc) const;
#endif


protected:      // control bar embedded members
        CStatusBar      m_wndStatusBar;
        CToolBar        m_wndToolBar;

// Generated message map functions
protected:
        //{{AFX_MSG(CMainFrame)
        afx_msg int OnCreate(LPCREATESTRUCT lpCreateStruct);
            // NOTE - the ClassWizard will add and remove member functions here.
            //    DO NOT EDIT what you see in these blocks of generated code !
        //}}AFX_MSG
        DECLARE_MESSAGE_MAP()
```

};

//

Listing 3.9 *Mainfrm.cpp*

```
// mainfrm.cpp : implementation of the CMainFrame class
//

#include "stdafx.h"
#include "mouser.h"

#include "mainfrm.h"

#ifdef _DEBUG
#undef THIS_FILE
static char BASED_CODE THIS_FILE[] = __FILE__;
#endif

////////////////////////////////////////////////////////////////////////
// CMainFrame

IMPLEMENT_DYNAMIC(CMainFrame, CMDIFrameWnd)

BEGIN_MESSAGE_MAP(CMainFrame, CMDIFrameWnd)
    //{{AFX_MSG_MAP(CMainFrame)
        // NOTE - the ClassWizard will add and remove mapping macros here.
        //    DO NOT EDIT what you see in these blocks of generated code !
    ON_WM_CREATE()
    //}}AFX_MSG_MAP
END_MESSAGE_MAP()

////////////////////////////////////////////////////////////////////////
// arrays of IDs used to initialize control bars

// toolbar buttons - IDs are command buttons
static UINT BASED_CODE buttons[] =
{
    // same order as in the bitmap 'toolbar.bmp'
    ID_FILE_NEW,
    ID_FILE_OPEN,
    ID_FILE_SAVE,
        ID_SEPARATOR,
    ID_EDIT_CUT,
    ID_EDIT_COPY,
```

```
        ID_EDIT_PASTE,
            ID_SEPARATOR,
        ID_FILE_PRINT,
        ID_APP_ABOUT,
};

static UINT BASED_CODE indicators[] =
{
        ID_SEPARATOR,                    // status line indicator
        ID_INDICATOR_CAPS,
        ID_INDICATOR_NUM,
        ID_INDICATOR_SCRL,
};

/////////////////////////////////////////////////////////////////////////////
// CMainFrame construction/destruction

CMainFrame::CMainFrame()
{
        // TODO: add member initialization code here
}

CMainFrame::~CMainFrame()
{
}

int CMainFrame::OnCreate(LPCREATESTRUCT lpCreateStruct)
{
        if (CMDIFrameWnd::OnCreate(lpCreateStruct) == -1)
            return -1;

        if (!m_wndToolBar.Create(this) ||
            !m_wndToolBar.LoadBitmap(IDR_MAINFRAME) ||
            !m_wndToolBar.SetButtons(buttons,
            sizeof(buttons)/sizeof(UINT)))
        {
            TRACE("Failed to create toolbar\n");
            return -1;           // fail to create
        }

        if (!m_wndStatusBar.Create(this) ||
            !m_wndStatusBar.SetIndicators(indicators,
            sizeof(indicators)/sizeof(UINT)))
        {
            TRACE("Failed to create status bar\n");
            return -1;           // fail to create
```

Chapter 3: C++, MFC, and Bare Metal—An Introductory Guide

```
    }

    return 0;
}


/////////////////////////////////////////////////////////////////////////////
// CMainFrame diagnostics

#ifdef _DEBUG
void CMainFrame::AssertValid() const
{
    CMDIFrameWnd::AssertValid();
}

void CMainFrame::Dump(CDumpContext& dc) const
{
    CMDIFrameWnd::Dump(dc);
}

#endif //_DEBUG

/////////////////////////////////////////////////////////////////////////////
// CMainFrame message handlers
```

Listing 3.10 *Stdafx.h*

```
// stdafx.h : include file for standard system include files,
//  or project specific include files that are used frequently, but
//          are changed infrequently
//

#include <afxwin.h>             // MFC core and standard components
#include <afxext.h>         // MFC extensions (including VB)
```

Listing 3.11 *Stdafx.cpp*

```
// stdafx.cpp : source file that includes just the standard includes
//      stdafx.pch will be the pre-compiled header
//      stdafx.obj will contain the pre-compiled type information

#include "stdafx.h"
```

Listing 3.12 Mouser.mak

```
# Microsoft Visual C++ generated build script - Do not modify

PROJ = MOUSER
DEBUG = 1
PROGTYPE = 0
CALLER =
ARGS =
DLLS =
D_RCDEFINES = /d_DEBUG
R_RCDEFINES = /dNDEBUG
ORIGIN = MSVC
ORIGIN_VER = 1.00
PROJPATH = E:\WMPRO\MT_BOOK\CHAP3\MOUSE\
USEMFC = 1
CC = cl
CPP = cl
CXX = cl
CCREATEPCHFLAG =
CPPCREATEPCHFLAG = /YcSTDAFX.H
CUSEPCHFLAG =
CPPUSEPCHFLAG = /YuSTDAFX.H
FIRSTC =
FIRSTCPP = STDAFX.CPP
RC = rc
CFLAGS_D_WEXE = /nologo /G2 /W3 /Zi /AM /Od /D "_DEBUG" /FR /GA
/Fd"MOUSER.PDB"
CFLAGS_R_WEXE = /nologo /Gs /G2 /W3 /AM /O1 /D "NDEBUG" /FR /GA
LFLAGS_D_WEXE = /NOLOGO /NOD /PACKC:61440 /STACK:10240 /ALIGN:16
/ONERROR:NOEXE /CO
LFLAGS_R_WEXE = /NOLOGO /NOD /PACKC:61440 /STACK:10240 /ALIGN:16
/ONERROR:NOEXE
LIBS_D_WEXE = mafxcwd oldnames libw mlibcew commdlg olesvr olecli shell
LIBS_R_WEXE = mafxcw oldnames libw mlibcew commdlg olesvr olecli shell
RCFLAGS = /nologo /z
RESFLAGS = /nologo /t
RUNFLAGS =
DEFFILE = MOUSER.DEF
OBJS_EXT =
LIBS_EXT =
!if "$(DEBUG)" == "1"
CFLAGS = $(CFLAGS_D_WEXE)
LFLAGS = $(LFLAGS_D_WEXE)
LIBS = $(LIBS_D_WEXE)
MAPFILE = nul
```

```
RCDEFINES = $(D_RCDEFINES)
!else
CFLAGS = $(CFLAGS_R_WEXE)
LFLAGS = $(LFLAGS_R_WEXE)
LIBS = $(LIBS_R_WEXE)
MAPFILE = nul
RCDEFINES = $(R_RCDEFINES)
!endif
!if [if exist MSVC.BND del MSVC.BND]
!endif
SBRS = STDAFX.SBR \
        MOUSER.SBR \
        MAINFRM.SBR \
        MOUSEDOC.SBR \
        MOUSEVW.SBR


MOUSER_RCDEP = e:\wmpro\mt_book\chap3\mouse\res\mouser.ico \
    e:\wmpro\mt_book\chap3\mouse\res\mousedoc.ico \
    e:\wmpro\mt_book\chap3\mouse\res\toolbar.bmp \
    e:\wmpro\mt_book\chap3\mouse\res\mouser.rc2


STDAFX_DEP = e:\wmpro\mt_book\chap3\mouse\stdafx.h


MOUSER_DEP = e:\wmpro\mt_book\chap3\mouse\stdafx.h \
    e:\wmpro\mt_book\chap3\mouse\mouser.h \
    e:\wmpro\mt_book\chap3\mouse\mainfrm.h \
    e:\wmpro\mt_book\chap3\mouse\mousedoc.h \
    e:\wmpro\mt_book\chap3\mouse\mousevw.h


MAINFRM_DEP = e:\wmpro\mt_book\chap3\mouse\stdafx.h \
    e:\wmpro\mt_book\chap3\mouse\mouser.h \
    e:\wmpro\mt_book\chap3\mouse\mainfrm.h


MOUSEDOC_DEP = e:\wmpro\mt_book\chap3\mouse\stdafx.h \
    e:\wmpro\mt_book\chap3\mouse\mouser.h \
    e:\wmpro\mt_book\chap3\mouse\mousedoc.h


MOUSEVW_DEP = e:\wmpro\mt_book\chap3\mouse\stdafx.h \
    e:\wmpro\mt_book\chap3\mouse\mouser.h \
    e:\wmpro\mt_book\chap3\mouse\mousedoc.h \
    e:\wmpro\mt_book\chap3\mouse\mousevw.h
```

```
all:     $(PROJ).EXE $(PROJ).BSC

MOUSER.RES:     MOUSER.RC $(MOUSER_RCDEP)
    $(RC) $(RCFLAGS) $(RCDEFINES) -r MOUSER.RC

STDAFX.OBJ:     STDAFX.CPP $(STDAFX_DEP)
    $(CPP) $(CFLAGS) $(CPPCREATEPCHFLAG) /c STDAFX.CPP

MOUSER.OBJ:     MOUSER.CPP $(MOUSER_DEP)
    $(CPP) $(CFLAGS) $(CPPUSEPCHFLAG) /c MOUSER.CPP

MAINFRM.OBJ:    MAINFRM.CPP $(MAINFRM_DEP)
    $(CPP) $(CFLAGS) $(CPPUSEPCHFLAG) /c MAINFRM.CPP

MOUSEDOC.OBJ:   MOUSEDOC.CPP $(MOUSEDOC_DEP)
    $(CPP) $(CFLAGS) $(CPPUSEPCHFLAG) /c MOUSEDOC.CPP

MOUSEVW.OBJ:    MOUSEVW.CPP $(MOUSEVW_DEP)
    $(CPP) $(CFLAGS) $(CPPUSEPCHFLAG) /c MOUSEVW.CPP


$(PROJ).EXE::    MOUSER.RES

$(PROJ).EXE::    STDAFX.OBJ MOUSER.OBJ MAINFRM.OBJ MOUSEDOC.OBJ MOUSEVW.OBJ
$(OBJS_EXT) $(DEFFILE)
    echo >NUL @<<$(PROJ).CRF
STDAFX.OBJ +
MOUSER.OBJ +
MAINFRM.OBJ +
MOUSEDOC.OBJ +
MOUSEVW.OBJ +
$(OBJS_EXT)
$(PROJ).EXE
$(MAPFILE)
e:\wmpro\class\+
d:\msvc\lib\+
d:\msvc\mfc\lib\+
$(LIBS)
$(DEFFILE);
<<
    link $(LFLAGS) @$(PROJ).CRF
    $(RC) $(RESFLAGS) MOUSER.RES $@
    @copy $(PROJ).CRF MSVC.BND

$(PROJ).EXE::    MOUSER.RES
    if not exist MSVC.BND    $(RC) $(RESFLAGS) MOUSER.RES $@
```

```
run: $(PROJ).EXE
     $(PROJ) $(RUNFLAGS)


$(PROJ).BSC: $(SBRS)
     bscmake @<<
/o$@ $(SBRS)
<<
```

Listing 3.13 *Mouser.rc*

```
//Microsoft App Studio generated resource script.
//
#include "resource.h"

#define APSTUDIO_READONLY_SYMBOLS
/////////////////////////////////////////////////////////////////////////////
//
// Generated from the TEXTINCLUDE 2 resource.
//
#include "afxres.h"


/////////////////////////////////////////////////////////////////////////////
////////
#undef APSTUDIO_READONLY_SYMBOLS

#ifdef APSTUDIO_INVOKED
/////////////////////////////////////////////////////////////////////////////
/
//
// TEXTINCLUDE
//

1 TEXTINCLUDE DISCARDABLE
BEGIN
    "resource.h\0"
END

2 TEXTINCLUDE DISCARDABLE
BEGIN
    "#include ""afxres.h""\r\n"
    "\0"
END

3 TEXTINCLUDE DISCARDABLE
```

```
BEGIN
    "#include ""res\\mouser.rc2""  // non-App Studio edited resources\r\n"
    "\r\n"
    "#include ""afxres.rc""  // Standard components\r\n"
    "#include ""afxprint.rc""  // printing/print preview resources\r\n"
    "\0"
END

/////////////////////////////////////////////////////////////////////////////
#endif    // APSTUDIO_INVOKED


/////////////////////////////////////////////////////////////////////////////
//
// Icon
//

IDR_MAINFRAME           ICON    DISCARDABLE     "RES\\MOUSER.ICO"
IDR_MOUSERTYPE          ICON    DISCARDABLE     "RES\\MOUSEDOC.ICO"

/////////////////////////////////////////////////////////////////////////////
//
// Bitmap
//

IDR_MAINFRAME           BITMAP  MOVEABLE PURE   "RES\\TOOLBAR.BMP"

/////////////////////////////////////////////////////////////////////////////
//
// Menu
//

IDR_MAINFRAME MENU PRELOAD DISCARDABLE
BEGIN
    POPUP "&File"
    BEGIN
        MENUITEM "&New\tCtrl+N",                ID_FILE_NEW
        MENUITEM "&Open...\tCtrl+O",            ID_FILE_OPEN
        MENUITEM SEPARATOR
        MENUITEM "P&rint Setup...",             ID_FILE_PRINT_SETUP
        MENUITEM SEPARATOR
        MENUITEM "Recent File",                 ID_FILE_MRU_FILE1, GRAYED
        MENUITEM SEPARATOR
```

```
            MENUITEM "E&xit",                    ID_APP_EXIT
        END
        POPUP "&View"
        BEGIN
            MENUITEM "&Toolbar",                 ID_VIEW_TOOLBAR
            MENUITEM "&Status Bar",              ID_VIEW_STATUS_BAR
        END
        POPUP "&Help"
        BEGIN
            MENUITEM "&About MOUSER...",         ID_APP_ABOUT
        END
END

IDR_MOUSERTYPE MENU PRELOAD DISCARDABLE
BEGIN
    POPUP "&File"
    BEGIN
        MENUITEM "&New\tCtrl+N",                 ID_FILE_NEW
        MENUITEM "&Open...\tCtrl+O",             ID_FILE_OPEN
        MENUITEM "&Close",                       ID_FILE_CLOSE
        MENUITEM "&Save\tCtrl+S",                ID_FILE_SAVE
        MENUITEM "Save &As...",                  ID_FILE_SAVE_AS
        MENUITEM SEPARATOR
        MENUITEM "&Print...\tCtrl+P",            ID_FILE_PRINT
        MENUITEM "Print Pre&view",               ID_FILE_PRINT_PREVIEW
        MENUITEM "P&rint Setup...",              ID_FILE_PRINT_SETUP
        MENUITEM SEPARATOR
        MENUITEM "Recent File",                  ID_FILE_MRU_FILE1, GRAYED
        MENUITEM SEPARATOR
        MENUITEM "E&xit",                        ID_APP_EXIT
    END
    POPUP "&Edit"
    BEGIN
        MENUITEM "&Undo\tCtrl+Z",                ID_EDIT_UNDO
        MENUITEM SEPARATOR
        MENUITEM "Cu&t\tCtrl+X",                 ID_EDIT_CUT
        MENUITEM "&Copy\tCtrl+C",                ID_EDIT_COPY
        MENUITEM "&Paste\tCtrl+V",               ID_EDIT_PASTE
    END
    POPUP "&View"
    BEGIN
        MENUITEM "&Toolbar",                     ID_VIEW_TOOLBAR
        MENUITEM "&Status Bar",                  ID_VIEW_STATUS_BAR
    END
    POPUP "&Window"
    BEGIN
        MENUITEM "&New Window",                  ID_WINDOW_NEW
```

```
        MENUITEM "&Cascade",             ID_WINDOW_CASCADE
        MENUITEM "&Tile",                ID_WINDOW_TILE_HORZ
        MENUITEM "&Arrange Icons",       ID_WINDOW_ARRANGE
    END
    POPUP "&Help"
    BEGIN
        MENUITEM "&About MOUSER...",     ID_APP_ABOUT
    END
END


/////////////////////////////////////////////////////////////////////////
//
// Accelerator
//

IDR_MAINFRAME ACCELERATORS PRELOAD MOVEABLE PURE
BEGIN
    "N",            ID_FILE_NEW,         VIRTKEY,CONTROL
    "O",            ID_FILE_OPEN,        VIRTKEY,CONTROL
    "S",            ID_FILE_SAVE,        VIRTKEY,CONTROL
    "P",            ID_FILE_PRINT,       VIRTKEY,CONTROL
    "Z",            ID_EDIT_UNDO,        VIRTKEY,CONTROL
    "X",            ID_EDIT_CUT,         VIRTKEY,CONTROL
    "C",            ID_EDIT_COPY,        VIRTKEY,CONTROL
    "V",            ID_EDIT_PASTE,       VIRTKEY,CONTROL
    VK_BACK,        ID_EDIT_UNDO,        VIRTKEY,ALT
    VK_DELETE,      ID_EDIT_CUT,         VIRTKEY,SHIFT
    VK_INSERT,      ID_EDIT_COPY,        VIRTKEY,CONTROL
    VK_INSERT,      ID_EDIT_PASTE,       VIRTKEY,SHIFT
    VK_F6,          ID_NEXT_PANE,        VIRTKEY
    VK_F6,          ID_PREV_PANE,        VIRTKEY,SHIFT
END


/////////////////////////////////////////////////////////////////////////
//
// Dialog
//

IDD_ABOUTBOX DIALOG DISCARDABLE  34, 22, 217, 55
STYLE DS_MODALFRAME | WS_POPUP | WS_CAPTION | WS_SYSMENU
CAPTION "About MOUSER"
FONT 8, "MS Sans Serif"
BEGIN
    ICON            IDR_MAINFRAME,IDC_STATIC,11,17,18,20
```

```
    LTEXT           "MOUSER Application Version 1.0",IDC_STATIC,40,10,119,8
    LTEXT           "Written by Alex Leavens, for ShadowCat Technologies",
                    IDC_STATIC,40,25,119,20
    DEFPUSHBUTTON   "OK",IDOK,176,6,32,14,WS_GROUP
END


/////////////////////////////////////////////////////////////////////////////
//
// String Table
//

STRINGTABLE PRELOAD DISCARDABLE
BEGIN
    IDR_MAINFRAME           "MOUSER Windows Application"
    IDR_MOUSERTYPE          "\nMouser\nMOUSER Document"
END

STRINGTABLE PRELOAD DISCARDABLE
BEGIN
    AFX_IDS_APP_TITLE       "MOUSER Windows Application"
    AFX_IDS_IDLEMESSAGE     "Ready"
END

STRINGTABLE DISCARDABLE
BEGIN
    ID_INDICATOR_EXT        "EXT"
    ID_INDICATOR_CAPS       "CAP"
    ID_INDICATOR_NUM        "NUM"
    ID_INDICATOR_SCRL       "SCRL"
    ID_INDICATOR_OVR        "OVR"
    ID_INDICATOR_REC        "REC"
END

STRINGTABLE DISCARDABLE
BEGIN
    ID_FILE_NEW             "Create a new document"
    ID_FILE_OPEN            "Open an existing document"
    ID_FILE_CLOSE           "Close the active document"
    ID_FILE_SAVE            "Save the active document"
    ID_FILE_SAVE_AS         "Save the active document with a new name"
    ID_FILE_PAGE_SETUP      "Change the printing options"
    ID_FILE_PRINT_SETUP     "Change the printer and printing options"
    ID_FILE_PRINT           "Print the active document"
    ID_FILE_PRINT_PREVIEW   "Display full pages"
END
```

```
STRINGTABLE DISCARDABLE
BEGIN
    ID_APP_ABOUT            "Display program information, version number and copyright"
    ID_APP_EXIT             "Quit the application; prompts to save documents"
END

STRINGTABLE DISCARDABLE
BEGIN
    ID_FILE_MRU_FILE1       "Open this document"
    ID_FILE_MRU_FILE2       "Open this document"
    ID_FILE_MRU_FILE3       "Open this document"
    ID_FILE_MRU_FILE4       "Open this document"
END

STRINGTABLE DISCARDABLE
BEGIN
    ID_NEXT_PANE            "Switch to the next window pane"
    ID_PREV_PANE            "Switch back to the previous window pane"
END

STRINGTABLE DISCARDABLE
BEGIN
    ID_WINDOW_NEW           "Open another window for the active document"
    ID_WINDOW_ARRANGE       "Arrange icons at the bottom of the window"
    ID_WINDOW_CASCADE       "Arrange windows so they overlap"
    ID_WINDOW_TILE_HORZ     "Arrange windows as non-overlapping tiles"
    ID_WINDOW_TILE_VERT     "Arrange windows as non-overlapping tiles"
    ID_WINDOW_SPLIT         "Split the active window into panes"
END

STRINGTABLE DISCARDABLE
BEGIN
    ID_EDIT_CLEAR           "Erase the selection"
    ID_EDIT_CLEAR_ALL       "Erase everything"
    ID_EDIT_COPY            "Copy the selection and put it on the Clipboard"
    ID_EDIT_CUT             "Cut the selection and put it on the Clipboard"
    ID_EDIT_FIND            "Find the specified text"
    ID_EDIT_PASTE           "Insert Clipboard contents"
    ID_EDIT_REPEAT          "Repeat the last action"
    ID_EDIT_REPLACE         "Replace specific text with different text"
    ID_EDIT_SELECT_ALL      "Select the entire document"
    ID_EDIT_UNDO            "Undo the last action"
    ID_EDIT_REDO            "Redo the previously undone action"
END

STRINGTABLE DISCARDABLE
BEGIN
```

```
    ID_VIEW_TOOLBAR            "Show or hide the toolbar"
    ID_VIEW_STATUS_BAR         "Show or hide the status bar"
END

STRINGTABLE DISCARDABLE
BEGIN
    AFX_IDS_SCSIZE             "Change the window size"
    AFX_IDS_SCMOVE             "Change the window position"
    AFX_IDS_SCMINIMIZE         "Reduce the window to an icon"
    AFX_IDS_SCMAXIMIZE         "Enlarge the window to full size"
    AFX_IDS_SCNEXTWINDOW       "Switch to the next document window"
    AFX_IDS_SCPREVWINDOW       "Switch to the previous document window"
    AFX_IDS_SCCLOSE            "Close the active window and prompts to save the
documents"
END

STRINGTABLE DISCARDABLE
BEGIN
    AFX_IDS_SCRESTORE          "Restore the window to normal size"
    AFX_IDS_SCTASKLIST         "Activate Task List"
    AFX_IDS_MDICHILD           "Activate this window"
END


#ifndef APSTUDIO_INVOKED
/////////////////////////////////////////////////////////////////////////////
//
// Generated from the TEXTINCLUDE 3 resource.
//
#include "res\mouser.rc2"  // non-App Studio edited resources

#include "afxres.rc"  // Standard components
#include "afxprint.rc"  // printing/print preview resources

/////////////////////////////////////////////////////////////////////////////
/
#endif    // not APSTUDIO_INVOKED
```

Listing 3.14 *Resource.h*

```
//{{NO_DEPENDENCIES}}
// App Studio generated include file.
// Used by MOUSER.RC
//
#define IDR_MAINFRAME                   2
```

```
#define IDR_MOUSERTYPE              3
#define IDD_ABOUTBOX                100

#define _APS_NEXT_RESOURCE_VALUE    101
#define _APS_NEXT_CONTROL_VALUE     101
#define _APS_NEXT_SYMED_VALUE       101
#define _APS_NEXT_COMMAND_VALUE     32768
```

As you can see from Figure 3.1, MOUSER is a fully MDI app, with toolbar support and all the standard menu entries that you expect from an app constructed with the use of Class Wizard and App Wizard. However, beyond drawing single pixels in whatever is the top-most MDI child window, it doesn't actually do anything.

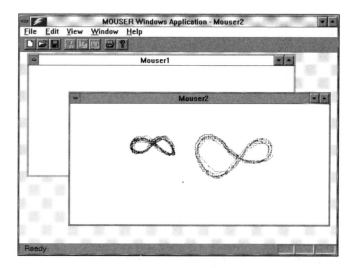

Figure 3.1 The MOUSER App in action. Notice that although the app sports all the standard features of a full-fledged app, it has only limited functionality.

There is a reason for this: since I built this app to explore the couplings between the MFC document and view architecture, my first step was to build an app that had *only* a view. You'll quickly see by playing with MOUSER that not only does it just draw pixels in response to a press (or move) by the left mouse button, but that it doesn't even save what it has drawn. This is because the window that I'm drawing into is the *view* of the data; in other words, the view of the data is how the current user sees it.

Chapter 3: C++, MFC, and Bare Metal—An Introductory Guide

This occurs in **mousevw.cpp**, where all the code responsible for the drawing takes place. I need to be able to respond to three different window messages, WM_LBUTTONDOWN, WM_LBUTTONUP, and WM_MOUSEMOVE. I built message handlers for each of these three messages using Class Wizard. I then added my code for handling the actions to each message handler. The code itself is very simple:

- In response to a WM_LBUTTONDOWN message, I draw a pixel in the current window, and capture the mouse. This prevents mouse messages from being broadcast to other windows as long as I have the capture.

```
void CMouserView::OnLButtonDown(UINT nFlags, CPoint point)
{
    HDC            windDC;          // DC of our screen

    //-----------------

    windDC = ::GetDC ( this->GetSafeHwnd() );   // Get a DC that we can draw
                                                // onto

    SetPixel ( windDC,
      point.x,
      point.y,
      RGB ( 0, 0, 0 ) );

    ::ReleaseDC ( this->GetSafeHwnd(),
                  windDC );

    SetCapture();      // Capture the mouse so that we only
                       // draw in this window while the button
                       // is down
}
```

- In response to a WM_LBUTTONUP message, I release the mouse that I previously captured. This allows other applications, or other windows in my app, a chance to get mouse messages.

```
void CMouserView::OnLButtonUp(UINT nFlags, CPoint point)
{
    ReleaseCapture();      // Be nice, and give the mouse back!
}
```

■ In response to a WM_MOUSEMOVE message, I make sure that this window is the one that has the mouse captured (this prevents other instances of my window from accidentally drawing into themselves). If it is, then I draw another pixel at the current mouse point.

```
void CMouserView::OnMouseMove(UINT nFlags, CPoint point)
{
    //
    // If this isn't the window that captured the
    // mouse, then punt
    //

    if ( GetCapture() != this )
    {
      return;
    }

    HDC            windDC;           // DC of our screen

//------------------

    windDC = ::GetDC ( this->GetSafeHwnd() );   // Get a DC that we can
                                                // draw onto
    SetPixel ( windDC,
      point.x,
      point.y,
      RGB ( 0, 0, 0 ) );

    ::ReleaseDC ( this->GetSafeHwnd(),
                  windDC );

}
```

This bare-bones approach makes for an almost painfully simple application. Because I'm only drawing pixels on the screen, it's easy to erase a window's drawing simply by moving another window on top, and then moving it back off. As the app stands now, it has only a view; it has no document.

If I wanted to save all my drawing actions (and I do), then I'll need to create some sort of backing data store for the images that I'm creating. That means that I'll need to not only draw into the screen in response to the user's left mouse button presses (and movements), but I'll need to save those pixels somewhere else. In this case, an off-screen bitmap is the perfect place to do that. Instead of just drawing the pixels onto the screen when the user presses the mouse button, I'll draw them on the screen and into an off-screen bitmap

Chapter 3: C++, MFC, and Bare Metal—An Introductory Guide

as well. This also will allow me to restore the image when I need to, as in the case of moving another window on top.

Interestingly enough, this common-sense approach of what we want to make the application useful (store the image for later playback) is exactly what an MFC *document* is. The connection implicit between drawing an image and wanting to display a previously drawn bitmap later is the same connection between a document and a view. That is, the document is the place where the image actually exists, and the view is merely the display of that document. This is also how MFC deals with documents and views; when it's time for you to update a view, the document provides the update mechanism.

Let's look at MOUSER2, which is my second incarnation of the MOUSER app. This version provides a backing data store in **mousedoc**, which allows us to save the images that we have created. (For brevity, I have only included the files that have changed: **mousevw.h**, **mousevw.cpp**, **mousedoc.h**, and **mousedoc.cpp**. The other files remain the same between the two versions of MOUSER. If you want to see the other source code, or build the project yourself, the full project is contained on the disk in the subdirectory \chap3\mouser2.) Listings 3.15 through 3.19 document the changes to MOUSER2.

Listing 3.15 *mousedoc.h*

```
// mousedoc.h : interface of the CMouserDoc class
//
/////////////////////////////////////////////////////////////////////

class CMouserDoc : public CDocument
{
protected: // create from serialization only
    CMouserDoc();
    DECLARE_DYNCREATE(CMouserDoc)

// Attributes
public:

    CBitmap         cMouseBmp;

// Operations
public:
```

```
    // Implementation
public:
    virtual ~CMouserDoc();
    virtual void Serialize(CArchive& ar);    // overridden for document i/o
#ifdef _DEBUG
    virtual     void AssertValid() const;
    virtual     void Dump(CDumpContext& dc) const;

    void InitDocument();
#endif
protected:
    virtual     BOOL     OnNewDocument();

// Generated message map functions
protected:
    //{{AFX_MSG(CMouserDoc)
        // NOTE - the ClassWizard will add and remove member functions here.
        //    DO NOT EDIT what you see in these blocks of generated code !
    //}}AFX_MSG
    DECLARE_MESSAGE_MAP()
};

/////////////////////////////////////////////////////////////////////////////
```

Listing 3.16 *Mousedoc.cpp*

```
// mousedoc.cpp : implementation of the CMouserDoc class
//

#include "stdafx.h"
#include "mouser.h"

#include "mousedoc.h"

#ifdef _DEBUG
#undef THIS_FILE
static char BASED_CODE THIS_FILE[] = __FILE__;
#endif

/////////////////////////////////////////////////////////////////////////////
// CMouserDoc

IMPLEMENT_DYNCREATE(CMouserDoc, CDocument)

BEGIN_MESSAGE_MAP(CMouserDoc, CDocument)
```

Chapter 3: C++, MFC, and Bare Metal—An Introductory Guide

```
        //{{AFX_MSG_MAP(CMouserDoc)
            // NOTE - the ClassWizard will add and remove mapping macros here.
            //    DO NOT EDIT what you see in these blocks of generated code !
        //}}AFX_MSG_MAP
END_MESSAGE_MAP()

/////////////////////////////////////////////////////////////////////////////
// CMouserDoc construction/destruction

CMouserDoc::CMouserDoc()
{
        // TODO: add one-time construction code here

        InitDocument();     // Create bitmap...
}

CMouserDoc::~CMouserDoc()
{
}

BOOL CMouserDoc::OnNewDocument()
{
        if (!CDocument::OnNewDocument())
            return FALSE;
        // TODO: add reinitialization code here
        // (SDI documents will reuse this document)

        InitDocument();

        return TRUE;
}

/////////////////////////////////////////////////////////////////////////////
// CMouserDoc serialization

void CMouserDoc::Serialize(CArchive& ar)
{
        if (ar.IsStoring())
        {
            // TODO: add storing code here
        }
        else
        {
            // TODO: add loading code here
        }
}
```

```
////////////////////////////////////////////////////////////////////
// CMouserDoc diagnostics

#ifdef _DEBUG
void CMouserDoc::AssertValid() const
{
      CDocument::AssertValid();
}

void CMouserDoc::Dump(CDumpContext& dc) const
{
      CDocument::Dump(dc);
}

#endif //_DEBUG

////////////////////////////////////////////////////////////////////
// CMouserDoc commands
//--------------------------------
//
// This routine is responsible for creating
// the CMouseDocument.
//
    void

CMouserDoc::InitDocument()
{
    //
    // First delete the old bitmap
    // if it's not NULL
    //

    if ( cMouseBmp.GetSafeHandle() != NULL )
    {
      cMouseBmp.DeleteObject();        // Delete bitmap
    }

    //--------------------------

    //
    // Now create a new bitmap that's the size of the
    // full screen, and compatible with the screen DC
    //

    WORD        screenWidth;
    WORD        screenHeight;
```

Chapter 3: C++, MFC, and Bare Metal—An Introductory Guide

```
        CDC         hDCMem;      // Screen DC, used so that we can
                                 // be compatible with the current
                                 // screen format

        HDC         compatDC;    // Compatible DC that we'll do our
                                 // real drawing into

        HBITMAP     oldBump;     // Place to save the old bitmap that's
                                 // in our source DC
//-----------------------

//
// Get the width and height of the screen here
//

screenWidth = GetSystemMetrics ( SM_CXSCREEN );
screenHeight = GetSystemMetrics ( SM_CYSCREEN );

//
// Create a display DC, which gives us a DC of the
// physical screen
//

hDCMem.CreateDC ( "DISPLAY",
        NULL,
        NULL,
        NULL );
//
// Create the bitmap to be as big as the screen
//

cMouseBmp.CreateCompatibleBitmap ( &hDCMem,
                screenWidth,
                screenHeight );
//
// Create a DC for us to put our bitmap into...
//

compatDC = CreateCompatibleDC ( hDCMem.GetSafeHdc() );

//
// Now move our newly created bitmap
// into the DC, so that we can erase it.
//

oldBump = (HBITMAP) SelectObject ( compatDC,
                cMouseBmp.GetSafeHandle() );
```

```
    //
    // Erase the bitmap;
    //

    PatBlt ( compatDC,
      0,
      0,
      screenWidth,
      screenHeight,
      WHITENESS );
    //
    // Take the cMouseBmp back out of the DC
    //

    SelectObject ( compatDC,
          oldBump );
    //
    // Delete the compatible DC, or else we waste
    // GDI resources...
    //

    DeleteDC ( compatDC );
}
```

Listing 3.17 Mousevw.h

```
// mousevw.h : interface of the CMouserView class
//
/////////////////////////////////////////////////////////////////////

class CMouserView : public CView
{
protected: // create from serialization only
    CMouserView();
    DECLARE_DYNCREATE(CMouserView)

// Attributes
public:
    CMouserDoc* GetDocument();

// Operations
public:

// Implementation
public:
```

Chapter 3: C++, MFC, and Bare Metal—An Introductory Guide

```
        virtual ~CMouserView();
        virtual void OnDraw(CDC* pDC);  // overridden to draw this view

        virtual void OnUpdate ( CView*    pSender,
                                LPARAM    lHint = 0,
                                CObject*  pHint = NULL );

#ifdef _DEBUG
        virtual void AssertValid() const;
        virtual void Dump(CDumpContext& dc) const;
#endif

        // Printing support
protected:
        virtual BOOL OnPreparePrinting(CPrintInfo* pInfo);
        virtual void OnBeginPrinting(CDC* pDC, CPrintInfo* pInfo);
        virtual void OnEndPrinting(CDC* pDC, CPrintInfo* pInfo);

// Generated message map functions
protected:
        //{{AFX_MSG(CMouserView)
        afx_msg void OnLButtonDown(UINT nFlags, CPoint point);
        afx_msg void OnLButtonUp(UINT nFlags, CPoint point);
        afx_msg void OnMouseMove(UINT nFlags, CPoint point);
        //}}AFX_MSG
        DECLARE_MESSAGE_MAP()
};

#ifndef _DEBUG      // debug version in mousevw.cpp
inline CMouserDoc* CMouserView::GetDocument()
   { return (CMouserDoc*) m_pDocument; }
#endif

//////////////////////////////////////////////////////////////////
```

Listing 3.18 *Mousevw.cpp*

```
// mousevw.cpp : implementation of the CMouserView class
//

#include "stdafx.h"
#include "mouser.h"

#include "mousedoc.h"
#include "mousevw.h"
```

```
#ifdef _DEBUG
#undef THIS_FILE
static char BASED_CODE THIS_FILE[] = __FILE__;
#endif

/////////////////////////////////////////////////////////////////////////////
// CMouserView

IMPLEMENT_DYNCREATE(CMouserView, CView)

BEGIN_MESSAGE_MAP(CMouserView, CView)
    //{{AFX_MSG_MAP(CMouserView)
    ON_WM_LBUTTONDOWN()
    ON_WM_LBUTTONUP()
    ON_WM_MOUSEMOVE()
    //}}AFX_MSG_MAP
    // Standard printing commands
    ON_COMMAND(ID_FILE_PRINT, CView::OnFilePrint)
    ON_COMMAND(ID_FILE_PRINT_PREVIEW, CView::OnFilePrintPreview)
END_MESSAGE_MAP()

/////////////////////////////////////////////////////////////////////////////
// CMouserView construction/destruction

CMouserView::CMouserView()
{
    // TODO: add construction code here
}

CMouserView::~CMouserView()
{
}

/////////////////////////////////////////////////////////////////////////////
//
// CMouserView drawing
//

//----------------------
//
//  OnUpdate()
//
//    Handles what happens when another view updates
// the document
//
//   Because we're updating a pixel at a time,
// we can pack the pixel point into the LPARAM
```

Chapter 3: C++, MFC, and Bare Metal—An Introductory Guide

```
// lHint, and then crack it out.
//
//
    void

CMouserView::OnUpdate ( CView*      pSender,
                        LPARAM      lHint,
                        CObject*    pHint )
{
    //
    // If there's no point inside of lHint, then
    // don't do anything.
    //

    if ( lHint == NULL )
    {
      return;
    }

    //
    // Since what we want to do is draw the pixel
    // point into this view, we need to the
    // same thing we would do on a mouse down; that
    // is, we'll draw the pixel into the view.
    // However, since the memory version has already been
    // drawn into, we won't need to draw there.
    //

    HDC             windDC;             // DC of our screen

    CMouserDoc* pDoc = GetDocument();   // Get our document also, so
                                        // that we can draw into it.

    windDC = ::GetDC ( this->GetSafeHwnd() );   // Get a DC that we can draw
                                                // onto
    //
    // Now set the pixel on the screen
    //

    SetPixel ( windDC,
      LOWORD ( lHint ),
      HIWORD ( lHint ),
      RGB ( 0, 0, 0 ) );

    //
    // Release the DC, and we're done.
    //
```

```
        ::ReleaseDC ( this->GetSafeHwnd(),
            windDC );
}

//-----------------------
//
// OnDraw()
//
//      Handles what happens when the image for
// a view needs to be redrawn.  This member function
// will get called in response to windows updating
// our document, the window being minimized, maximized,
// etc.  This function is the connection between our
// persistent data store (cMouseBmp), and the ability
// to re-display the image whenever we need to.
//

    void
CMouserView::OnDraw(CDC* pDC)
{
    CMouserDoc* pDoc = GetDocument();       // Get the current document
                                            // (which contains the bitmap)

    HDC             compatDC;       // DC to draw FROM

    HBITMAP     oldBmp;             // Old bitmap in the DC...

    WORD        screenWidth;
    WORD        screenHeight;

    //-----------------------

    //
    // Get the width and height of the screen here
    //

    screenWidth = GetSystemMetrics ( SM_CXSCREEN );
    screenHeight = GetSystemMetrics ( SM_CYSCREEN );

    //
    // Create a DC for us to put our bitmap into...
    //

    compatDC = CreateCompatibleDC ( pDC->GetSafeHdc() );

    //
    // Select our mouse bitmap into the DC
```

Chapter 3: C++, MFC, and Bare Metal—An Introductory Guide

```
    // we have been given to draw into...
    //

    oldBmp = (HBITMAP) SelectObject ( compatDC,
                    pDoc->cMouseBmp.GetSafeHandle() );
    //
    // Blit the bitmap onto whatever DC
    // we have been passed; this allows us
    // not only to re-display it when necessary,
    // but to print it as well.
    //

    CDC         cTempDC;

    cTempDC.Attach ( compatDC );        // Attach our source DC...

    pDC->BitBlt ( 0,
          0,
          screenWidth,
          screenHeight,
          &cTempDC,
          0,
          0,
          SRCCOPY );

    cTempDC.Detach ();                  // Remove our source DC

    //
    // Take the bitmap back out, and we're done
    //

    SelectObject ( compatDC,
           (HBITMAP) oldBmp );

    DeleteDC ( compatDC );
}

/////////////////////////////////////////////////////////////////////
// CMouserView printing

BOOL CMouserView::OnPreparePrinting(CPrintInfo* pInfo)
{
    // default preparation
    return DoPreparePrinting(pInfo);
}

void CMouserView::OnBeginPrinting(CDC* /*pDC*/, CPrintInfo* /*pInfo*/)
```

```
{
    // TODO: add extra initialization before printing
}

void CMouserView::OnEndPrinting(CDC* /*pDC*/, CPrintInfo* /*pInfo*/)
{
    // TODO: add cleanup after printing
}


/////////////////////////////////////////////////////////////////////////////
// CMouserView diagnostics

#ifdef _DEBUG
void CMouserView::AssertValid() const
{
    CView::AssertValid();
}

void CMouserView::Dump(CDumpContext& dc) const
{
    CView::Dump(dc);
}

CMouserDoc* CMouserView::GetDocument() // non-debug version is inline
{
    ASSERT(m_pDocument->IsKindOf(RUNTIME_CLASS(CMouserDoc)));
    return (CMouserDoc*) m_pDocument;
}

#endif //_DEBUG

/////////////////////////////////////////////////////////////////////////////
// CMouserView message handlers

void CMouserView::OnLButtonDown(UINT nFlags, CPoint point)
{
    HDC      windDC;          // DC of our screen

    CMouserDoc* pDoc = GetDocument();   // Get our document also, so
                                        // that we can draw into it.

    HDC      compatDC;        // Compatible DC for us to use in
                              // drawing into the mouse bitmap.

    HBITMAP  oldBump;         // Slot for saving the original bitmap
                              // in
```

Chapter 3: C++, MFC, and Bare Metal—An Introductory Guide

```
//-----------------

windDC = ::GetDC ( this->GetSafeHwnd() );    // Get a DC that we can draw
                                             // onto

compatDC = CreateCompatibleDC ( windDC );    // Create the compatible DC

//
// Put our memory bitmap into the DC so that
// we can draw on it.
//

oldBump = ( HBITMAP ) SelectObject ( compatDC,
                     pDoc->cMouseBmp.GetSafeHandle() );
//
// Now set the pixel on both the
// screen and the memory bitmap
//

SetPixel ( windDC,
  point.x,
  point.y,
  RGB ( 0, 0, 0 ) );

SetPixel ( compatDC,
  point.x,
  point.y,
  RGB ( 0, 0, 0 ) );

::ReleaseDC ( this->GetSafeHwnd(),
       windDC );
//
// Select the old bitmap back into our compatible
// DC (this must be done before we delete the
// DC)
//

SelectObject ( compatDC,
       oldBump );
DeleteDC( compatDC );

//
// All done with the drawing, capture the mouse
//

SetCapture();    // Capture the mouse so that we only
                 // draw in this window while the button
```

```
                    // is down
    //
    // Update all other views
    // (if there are any)
    //

    pDoc->UpdateAllViews ( this,
                           MAKELONG ( point.x,
                                      point.y ),
                           NULL );
}

void CMouserView::OnLButtonUp(UINT nFlags, CPoint point)
{
    ReleaseCapture();      // Be nice, and give the mouse back!
}

void CMouserView::OnMouseMove(UINT nFlags, CPoint point)
{
    //
    // If this isn't the window that captured the
    // mouse, then punt
    //

    if ( GetCapture() != this )
    {
      return;
    }

    //============================

    HDC            windDC;           // DC of our screen

    CMouserDoc* pDoc = GetDocument(); // Get our document also, so
                                      // that we can draw into it.

    HDC            compatDC;         // Compatible DC for us to use in
                                     // drawing into the mouse bitmap.

    HBITMAP        oldBump;          // Slot for saving the original bitmap

    //------------------

    windDC = ::GetDC ( this->GetSafeHwnd() );  // Get a DC that we can draw
                                               // onto
```

Chapter 3: C++, MFC, and Bare Metal—An Introductory Guide

```
        compatDC = CreateCompatibleDC ( windDC );     // Create the compatible DC

        //
        // Put our memory bitmap into the DC so that
        // we can draw on it.
        //

        oldBump = ( HBITMAP ) SelectObject ( compatDC,
                                        pDoc->cMouseBmp.GetSafeHandle() );
        //
        // Now set the pixel on both the
        // screen and the memory bitmap
        //

        SetPixel ( windDC,
          point.x,
          point.y,
          RGB ( 0, 0, 0 ) );

        SetPixel ( compatDC,
          point.x,
          point.y,
          RGB ( 0, 0, 0 ) );

        ::ReleaseDC ( this->GetSafeHwnd(),
                  windDC );
        //
        // Select the old bitmap back into our compatible
        // DC (this must be done before we delete the
        // DC)
        //

        SelectObject ( compatDC,
              oldBump );

        DeleteDC(compatDC);

        //
        // Update all other views
        // (if there are any)
        //

        pDoc->UpdateAllViews ( this,
                  MAKELONG ( point.x,
                        point.y ),
                  NULL );
    }
```

This new version of the MOUSER app has only 336 additional lines of code, but it now supports print, print preview, memory persistent images, and multiple simultaneous view updating (see Figure 3.2).

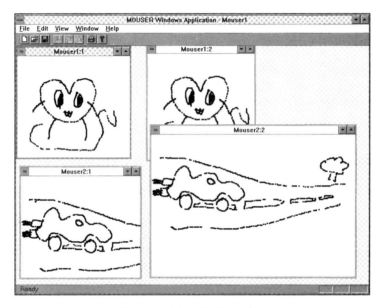

Figure 3.2 MOUSER2.TIF.

Although we haven't added a lot of code to our app (a total of 336 lines of code for all four files), we have added enormous functionality. As you can see from Figure 3.2, we have added the ability to open multiple views of the same document, and have those views simultaneously displayed. (Previously, if you opened a second window on a MOUSER document you got nothing, because there was no backing store.) We have also added the ability to do simultaneous *updates* of our views; this means that if we have two views of the same document open, and we draw in one of them, the other one is drawn into as well, reflecting the new changes. And finally, we now have printing support (as well as print preview) built in.

How did we accomplish all this? Much of it comes simply as a result of using the MFC classes to build the application; because support for this is all built into the base classes, we needed only to supply the application specific code for rendering, and the rest came free.

Let's look at how this all works. The key to all this free stuff is adding persistence to the document view, CMouserDoc. If you look back at the first

Chapter 3: *C++, MFC, and Bare Metal—An Introductory Guide*

version of CMouserDoc, you'll see that it doesn't contain anything that isn't automatically built by App Wizard. In the new version, however, we have added the following data member to the class:

```
CBitmap      cMouseBmp;
```

This bitmap object gives us a place we can store our images that are created in the views; it also gives us ways of displaying those images when we need to. We have also added a new member function, `InitDocument()`, which allows us to construct the bitmap before we use it. Remember that `InitDocument()` gets called before any view is created. In this case, we're going to create a bitmap that's as big as the physical screen, and then fill it with white. Here's the code that does that:

```
CMouserDoc::InitDocument()
{
    //
    // First delete the old bitmap
    // if it's not NULL
    //

    if ( cMouseBmp.GetSafeHandle() != NULL )
    {
      cMouseBmp.DeleteObject();       // Delete bitmap
    }

    //-------------------------

    //
    // Now create a new bitmap that's the size of the
    // full screen, and compatible with the screen DC
    //

    WORD       screenWidth;
    WORD       screenHeight;

    CDC        hDCMem;       // Screen DC, used so that we can
                             // be compatible with the current
                             // screen format

    HDC        compatDC;     // Compatible DC that we'll do our
                             // real drawing into

    HBITMAP    oldBump;      // Place to save the old bitmap that's
                             // in our source DC
```

```
//-----------------------

//
// Get the width and height of the screen here
//

screenWidth = GetSystemMetrics ( SM_CXSCREEN );
screenHeight = GetSystemMetrics ( SM_CYSCREEN );

//
// Create a display DC, which gives us a DC of the
// physical screen
//

hDCMem.CreateDC ( "DISPLAY",
        NULL,
        NULL,
        NULL );
//
// Create the bitmap to be as big as the screen
//

cMouseBmp.CreateCompatibleBitmap ( &hDCMem,
                    screenWidth,
                    screenHeight );
//
// Create a DC for us to put our bitmap into...
//

compatDC = CreateCompatibleDC ( hDCMem.GetSafeHdc() );

//
// Now move our newly created bitmap
// into the DC, so that we can erase it.
//

oldBump = (HBITMAP) SelectObject ( compatDC,
                    cMouseBmp.GetSafeHandle() );
//
// Erase the bitmap;
//

PatBlt ( compatDC,
  0,
  0,
  screenWidth,
  screenHeight,
```

```
             WHITENESS );
    //
    // Take the cMouseBmp back out of the DC
    //

    SelectObject ( compatDC,
             oldBump );
    //
    // Delete the compatible DC, or else we waste
    // GDI resources...
    //

    DeleteDC ( compatDC );
}
```

We have also added a call to the `InitDocument()` member function in the member `OnNewDocument()` that causes the bitmap to be created and "whited out."

At this point, we have created our backing data store (cMouseBmp), but we haven't actually done anything with it. If we were to compile the app without any further changes, it wouldn't behave any differently (to us) than the first version did. This is because although we have a second bitmap that we can use to save our images, we aren't actually drawing into it yet. In order to remedy that situation, we need to change the view class, CMouserView.

The previous version of CMouserView did a couple of things: in response to mouse button down and move messages, it drew pixels on the screen, and in response to a mouse button up, it released the capture of the mouse. Here's the previous version of the `LButtonDown` handler:

```
void CMouserView::OnLButtonDown(UINT nFlags, CPoint point)
{
    HDC          windDC;                 // DC of our screen

    //------------------

    windDC = ::GetDC ( this->GetSafeHwnd() );   // Get a DC that we can draw
                                                // onto

    SetPixel ( windDC,
           point.x,
           point.y,
           RGB ( 0, 0, 0 ) );

    ::ReleaseDC ( this->GetSafeHwnd(),
```

```
                    windDC );

    SetCapture();       // Capture the mouse so that we only
                        // draw in this window while the button
                        // is down
}
```

Notice that the function is pretty simple; we get the DC of our window, we set the pixel of the current mouse point, and we capture the mouse. Now take a look at the new version of the LButtonDown handler, from MOUSER2:

```
void CMouserView::OnLButtonDown(UINT nFlags, CPoint point)
{
    HDC             windDC;         // DC of our screen

    CMouserDoc* pDoc = GetDocument();// Get our document also, so
                                    // that we can draw into it.

    HDC             compatDC;       // Compatible DC for us to use in
                                    // drawing into the mouse bitmap.

    HBITMAP     oldBump;            // Slot for saving the original bitmap
                                    // in
//-------------------

    windDC = ::GetDC ( this->GetSafeHwnd() );   // Get a DC that we can draw
                                                // onto

    compatDC = CreateCompatibleDC ( windDC ); // Create the compatible DC

    //
    // Put our memory bitmap into the DC so that
    // we can draw on it.
    //

    oldBump = ( HBITMAP ) SelectObject ( compatDC,
                            pDoc->cMouseBmp.GetSafeHandle() );
    //
    // Now set the pixel on both the
    // screen and the memory bitmap
    //

    SetPixel ( windDC,
       point.x,
       point.y,
       RGB ( 0, 0, 0 ) );
```

```
            SetPixel ( compatDC,
            point.x,
            point.y,
            RGB ( 0, 0, 0 ) );

            ::ReleaseDC ( this->GetSafeHwnd(),
                        windDC );
            //
            // Select the old bitmap back into our compatible
            // DC (this must be done before we delete the
            // DC)
            //

            SelectObject ( compatDC,
                    oldBump );
            DeleteDC( compatDC );

            //
            // All done with the drawing, capture the mouse
            //

            SetCapture();    // Capture the mouse so that we only
                             // draw in this window while the button
                             // is down

            //
            // Update all other views
            // (if there are any)
            //

            pDoc->UpdateAllViews ( this,
                            MAKELONG ( point.x,
                                    point.y ),
                            NULL );
}
```

As you can see, this function has more pieces to it. For one thing, instead of drawing into one DC (the screen DC of our window), we're now drawing into two. The second DC is one that contains the bitmap in our document. This is where we're doing the work that keeps our image persistent. We draw it into the memory bitmap that's contained by our document. (The code in bold is the code that is responsible for this drawing). You'll note also that we don't have to worry about which bitmap we're drawing into because the view knows which document is associated with it. We can simply perform a `GetDocument()` call, and be assured of dealing with the right one.

The next big piece is the new code in the `OnDraw()` member function. The previous version of `OnDraw()` didn't do anything, but this version does quite a bit; in fact, the behavior is quite similar to what we do when we want to draw into our document (as embodied in the `LButtonDown` message handler). First, we get the document associated with the view, and then we get the cMouseBmp out of it. Then we put our document's bitmap into a DC that we create, and then we do a `BitBlt()` call to transfer our cMouseBmp to whatever DC we have been given.

This has the effect of copying the source bitmap (which is the document's backing store, the bitmap) into the destination DC. Of course, if the destination DC is the screen, then we have just restored the screen image. Persistence of the image!

Even better, though, is the fact that the destination DC could be a print DC. This means that we automatically get print support, because MFC uses the `OnDraw()` routine to support both screen display and printing. Give it a try; you can draw into a window, create an image, and then view it under print preview and even print it. All of this comes as a result of the base classes in MFC, which provide this support, provided that your document can render itself.

Object Classes: A Homegrown Approach

The previous examples rely heavily on MFC classes; indeed, I couldn't have written them without MFC. However, for the budding class author, MFC can be more than a little intimidating. This section introduces you to several small class examples so that you can get another perspective on writing your own classes.

A Bitmap Object Class

My base object class, Bitmap, is (not surprisingly) an object used for manipulating bitmaps. The source for it is in Listings 3.19 and 3.20.

Listing 3.19 *Bitmap.hpp*

```
//
// BITMAP.HPP
```

```
//
//   Bitmap object class for C++
//
// Contains various object classes which are useful
// in dealing with bitmaps.
//

//
// (C) Copyright 1991-1993 by ShadowCat Technologies
//
// All Rights Reserved
//
// Written by Alex Leavens
//

//
//--------------------------------------------------------
//
//
// History: $Log: $
//
//
//------------------------------------------------------------------------
//

#ifndef __BITMAP_HPP

#define __BITMAP_HPP

#ifdef __cplusplus

//-------------------------------
//
// Class: Bitmap
//
// This is the basic bitmap class; it
// simply contains a handle to a bitmap,
// and a way to get at it.
//

    class FAR
Bitmap
{
    //---------------- PROTECTED -------------

    protected:
```

```cpp
    HBITMAP hBitmap;                // Handle to the instance of the bitmap

    int
    GetBitmap(BITMAP FAR * lpbm);        // Get bitmap object info


//------------- PUBLIC --------------------

public:

    //----------------------------
    //
    // Bitmap() - Default constructor, simply
    //    sets the bitmap handle to NULL.
    //
    // Returns: Nothing
    //
    // Args: Nothing
    //

    Bitmap ( void ) { SetHandle ( NULL ); }      // Constructor

    //----------------------------
    //
    // Bitmap() - Non-default constructor.
    //    Given a bitmap handle, will copy the
    // handle into the internal variable hBitmap.
    //
    // Returns: Nothing
    //
    // Args: nHBM - handle to the bitmap to set this instance to
    //

    Bitmap ( HBITMAP nHBM ) { SetHandle ( nHBM ); }

    //-------------------------
    //
    // ~Bitmap() - Destructor routine, cleans up after a
    //     bitmap.
    //
    // Returns: Nothing
    //
    // Args: None
    //

      ~Bitmap(void);                      // Destructor
```

Chapter 3: *C++, MFC, and Bare Metal—An Introductory Guide*

```
    //----------------------------
    //
    // SetHandle() - Sets the handle of the bitmap to the
    //    handle of the bitmap that's been passed in.
    //
    // Returns: Nothing
    //
    // Args: nHBM - handle to the bitmap to set this bitmap to
    //

void WINAPI
SetHandle ( HBITMAP nHBM ) { hBitmap = nHBM; }

    //----------------------------
    //
    // DeleteSelf()
    //
    //    Deletes the bitmap
    //
    // Returns: Nothing
    //
    // Args: None
    //
    //

        void WINAPI
    DeleteSelf( void );

    //----------------------------
    //
    // DisplaySelf()
    //
    //    Displays the bitmap into the dc we have been
    // passed, at the requested x and y coords.
    //
    // Returns: Nothing
    //
    // Arguments:    hDC - dc to display into
    //               xStart - upper left corner, x
    //               yStart - upper left corner, y
    //

void WINAPI
DisplaySelf( HDC     hDC,
             short   xStart,
             short   yStart );
```

```
//----------------------------
//
//  DisplaySelf()
//
//     Does the same thing as the other version
// of DisplaySelf(), but uses a drawitemstruct
// to determine where to draw this bad boy...
//

void WINAPI
DisplaySelf ( LPDRAWITEMSTRUCT     lpDraw );

//---------------------------------
//
// GetSize()
//
//     Gets the size of the bitmap, and returns a
// point structure, indicating the lower right corner
//
// Returns: POINT - lower right corner of bitmap
//
// Arguments: None
///

       POINT WINAPI
GetSize( void );

int WINAPI
GetWidth ( void );

int WINAPI
GetHeight ( void );

//----------------------------
//
// GetBitmapHandle() - returns a handle to the bitmap
//
// Returns: Handle to the bitmap
//
// Args: None
///

HBITMAP WINAPI
GetBitmapHandle ( void ) {  return hBitmap; }

HBITMAP WINAPI
GetHandle ( void ) { return hBitmap; }
};
```

```
//-----------------------------------

#endif     // __cplusplus

#endif  // __BITMAP_H
```

Listing 3.20 *Bitmap.cpp*

```
//
// BITMAP.CPP
//
//   C++ Bitmap object
//
// Code in this module displays a bitmap
//


//
// (C) Copyright 1991-1993 by ShadowCat Technologies
//
// All Rights Reserved
//
// Written by Alex Leavens

//
//
//------------------------------------------------------
//
// History: $Log: $
//
//-----------------------------------------------------------------------
//

#include "cplus.hpp"

//------------------------
//
// Bitmap::GetBitmap()
//
//    Private Function, not to be accessed by non-members
//
//      will do a GetObject on
//      the bitmap and return the result
//
// Returns: Positive or 0 if successful
//          -1 if failure
```

```
//
// Args: Pointer to a BITMAP structure to be filled in
//

    int
Bitmap::GetBitmap( BITMAP FAR * lpbm )
{
    if ( lpbm == NULL ||
      !hBitmap )            // If pointer null, or no bitmap,
    {                       // then punt
      return -1;
    }

    return GetObject( hBitmap,
            sizeof( BITMAP ),
            (LPSTR) lpbm );
}

//--------------------------------
//
// Bitmap::~Bitmap()  - Destructor
//
//     Cleans up the instance of a bitmap object.
//
// Returns: Nothing
//
// Arguments: Nothing
///

Bitmap::~Bitmap( void )
{
    DeleteSelf();
}

//--------------------------
//
// Bitmap::DeleteSelf()
//
//    Deletes the bitmap
//
// Returns: Nothing
//
// Args: Nothing
//
///

    void WINAPI
```

```
Bitmap::DeleteSelf( void )
{
   //
   // If handle isn't null, then delete the
   // object.
   //

   if (hBitmap != NULL)
   {
      DeleteObject( hBitmap );      // Delete bitmap

      hBitmap = NULL;               // Mark handle as null so we don't
                                    // try and delete it again.
   }
}

//-----------------------------
//
// Bitmap::DisplaySelf()
//
//    Display routine for the Bitmap class and derived classes.
// This routine will take the bitmap handle internal to a
// particular instantiation of the bitmap object, and display
// it in the requested DC.  It also takes an X,Y offset, which
// can be used to position the bitmap at some point other than
// the upper left corner of the target DC.
//
// Returns: Nothing
//
// Args: hDC - target DC to copy (display) the bitmap in
//       xStart - X offset (from upper left) of the target DC
//       yStart - Y offset (from upper left) of the target DC
///

     void WINAPI
Bitmap::DisplaySelf( HDC       hDC,       // Target DC to display in
            short     xStart = 0,         // X offset in target DC
            short     yStart = 0 )        // Y offset in target DC
{
    POINT     ptSize;                     // Size of memoryDC

    //-------------------------

    //
    // If no bitmap, punt immediately.
    //

    if ( !hBitmap )
```

```
    return;

//
// First thing, create a compatible DC, and select the bitmap
// into it.
//

CompatibleDC MemoryDC( hDC,
            hBitmap );
//
// If we couldn't create the memory DC, punt.  (This is a
// REAL BAD THING to have happen, and probably means that
// Windows crashed in an irretrievable way.)
//

HDC hDCMem = MemoryDC.GetCompatDC();

if ( !hDCMem )
  return;

//
// Get the size of the bitmap
//

ptSize = GetSize( );           // Get size of bitmap

//
// Now copy the bitmap from the source (our memory DC)
// to the destination (the target DC handle passed in)
// Use the size of the bitmap (retrieved above) as the
// destination size (ie, draw the whole bitmap), and
// draw it at the point specified by (xStart, yStart),
// which by default is (0,0).
//

BitBlt( hDC,
  xStart,
  yStart,
  ptSize.x,
  ptSize.y,
  hDCMem,
  0,
  0,
  SRCCOPY );
//
// Destructor routine for compatibleDC class will take care
// of selecting our bitmap out of the DC and putting the single-pixel
```

```
    // mono bitmap back in.
    //
}

//-----------------------------
//
// DisplaySelf()
//
//    Does the same thing as the other version
// of DisplaySelf(), but uses a drawitemstruct
// to determine where to draw this bad boy...
//

    void WINAPI
Bitmap::DisplaySelf ( LPDRAWITEMSTRUCT    lpDraw )
{
    //-------------------------------

    DisplaySelf ( lpDraw->hDC,
           lpDraw->rcItem.left,
           lpDraw->rcItem.top );
}

//--------------------------------
//
// Bitmap::GetSize()
//
//    Gets the size of the bitmap, and returns a
// point structure, indicating the lower right corner
//
// Returns: POINT - lower right corner of bitmap
//
// Arguments: None
//

    POINT WINAPI
Bitmap::GetSize( void )
{
    BITMAP     bm;
    POINT      ptSize;

    //----------------------------------

    //
    // Get information about this instance of a bitmap.
    // If the information routine failed, or there is
    // no bitmap, then return a size of zero, otherwise
```

```
              // return the current size.
              //

              if ( GetBitmap( &bm ) <= 0 )
              {
                ptSize.x = 0;
                ptSize.y = 0;
              }
              else
              {
                ptSize.x = bm.bmWidth;      // Copy the height info into a POINT
                ptSize.y = bm.bmHeight;     // structure, and pass it back.
              }

              return ptSize;                // Return size of the bitmap...
         }

         //-------------------------
         //
         // Bitmap::GetWidth()
         //    Gets the width of a bitmap
         //

              int WINAPI
         Bitmap::GetWidth ( void )
         {
             POINT      bmWidth = GetSize();

             return bmWidth.x;
         }


         //-----------------------
         //
         // Bitmap::GetHeight()
         //
         //    Gets the height of a bitmap
         //

              int WINAPI
         Bitmap::GetHeight ( void )
         {
             POINT      bmHeight = GetSize();

             return bmHeight.y;
         }
```

Chapter 3: C++, MFC, and Bare Metal—An Introductory Guide

As you can see from the code, the basic Bitmap class is really pretty straightforward. I have taken advantage of C++ to encapsulate some very basic behavior of bitmaps. Simple things like being able to reliably have a bitmap be deleted when the object goes out of scope. One of the biggest headaches under Windows was making sure that bitmaps were deleted when they needed to be. With this object class, I immediately slew a whole class of this bug. Because the destructor automatically makes sure that the bitmap is deleted, I no longer have to worry about a bitmap left lying around (well, almost never).

Another thing that I commonly do with bitmaps is to find their size, either vertical, horizontal, or both. This class provides a simple way of doing that. The member functions themselves do little more than wrapper standard Windows calls, and then crack the appropriate information out. Still, I view as one of the major benefits of C++ the fact that you can hide implementation details in the class members.

The other thing that my Bitmap class knows how to do is render itself. If you think about it, one of the big graphics headaches under Windows is that you are forever selecting bitmaps in and out of DC's just to be able to draw them. My desire to have a really simple method of rendering bitmaps resulted in this function, which encapsulates all the needed functionality to render a bitmap onto a DC that gets passed in. (It relies on another of my object classes, the CompatibleDC object class. The source for this class follows and is available on the companion disk.)

Listing 3.21 *Compatdc.hpp*

```
//
// COMPATDC.HPP
//
//    Defines a compatible DC class
//

//
// (C) Copyright 1991 - 1993 by ShadowCat Technologies
//
// All Rights Reserved
//
// Written by Alex Leavens, for ShadowCat Technologies
//

//
```

```
//-----------------------------------------------------
//
// History: $Log: $
//
//-----------------------------------------------------------------
//

#ifndef __COMPATDC_H

#define __COMPATDC_H

#ifdef __cplusplus

//--------------- CompatibleDC Code -----------------

//------------------------------
//
// Class: CompatibleDC
//
//
// This class is a one of type compatibleDC, which we need virtually
// anytime we do anything with bitmaps.
//
//


    class

CompatibleDC
{
    protected:

        HDC        hDCMem;        // Handle to the compatible DC

        HBITMAP    saveBM;        // Bitmap for saving old mono bitmaps in...

        HPEN       savePen;       // Pen handle for saving drawing pen

        int        saveMode;      // Old raster op mode...

        //----------------
        //
        // Private routine which will actually create the DC...
        //
        void
        CreateTheDC ( HDC     hDC );
```

Chapter 3: C++, MFC, and Bare Metal—An Introductory Guide

```
    void
    SetupDefaults ( void );

    //------------------------

public:

    //----------------------
    //
    // Default constructor...
    //

    CompatibleDC ()
    {
    SetupDefaults();
    }

        //-------------------------
        //
        // CompatibleDC() - Constructor
        //
        //    Creates a compatible DC
        //
        // Returns: Nothing
        //
        // Args: hDC to be made compatible with
        //


        CompatibleDC( HDC hDC );

        //------------------------
        //
        // CompatibleDC() - Constructor
        //
        // Returns: Nothing
        //
        // Args: hDC - device context to make a compatible DC for
        //       newBM - bitmap to select into the compatible DC
        //

        CompatibleDC( HDC      hDC,
                      HBITMAP  newBM);

        //-----------------------------
        //
        // ~CompatibleDC() - Destructor
        //
        //    Deletes a compatible DC.
```

```
//
// Returns: Nothing
//
// Args: Nothing
//

~CompatibleDC( void );

//-----------------------
//
// CreateSelf()
//

void FAR PASCAL

CreateSelf ( HDC        newDC );

void FAR PASCAL

CreateSelf ( HDC        newDC,
             HBITMAP    newBmp );

//------------------------------
//
// GetCompatDC()
//
//    Returns a copy of the handle to the compatible DC.
//
// Returns: handle to the DC
//
//

HDC
GetCompatDC( void );

//-----------------------
//
// GetHandle() - returns the handle of the DC
//

HDC
GetHandle ( void )
{
return hDCMem;
}

//--------------------------
```

```
//
// GetDCPixel()
//
//   Returns the pixel at the specified
// point, or white if there was a problem.
//

COLORREF FAR PASCAL

GetDCPixel ( WORD      x,
             WORD      y,
             COLORREF  badColor = RGB ( 255, 255, 255 ) );

//-------------------------
//
// SelectBitmapIntoDC()
//
//   Selects the desired bitmap into the DC
//
// Returns: Nothing
//
void
SelectBitmapIntoDC ( HBITMAP     newBmp )
{
saveBM = SelectObject ( GetHandle(),
                newBmp );
}

//-------------------------
//
// RestoreOldBitmap()
//
//  Before deleting the DC object, this
// routine will put back in place the old
// single-pixel mono bitmap that was created
// when we created the DC, but only if that
// single-pixel mono bitmap is not currently
// IN the memory DC.
//
// Returns: Nothing
//

void
RestoreOldBitmap ( void )
{
if ( saveBM )
{
```

```
                SelectObject ( GetHandle(),
                        saveBM );
            saveBM = NULL;
            }
        }

        //--------------------
        //
        // SelectPenIntoDC()
        //

        void WINAPI
        SelectPenIntoDC ( HPEN    newPen );

        //---------------------
        //
        // RestoreOldPen()
        //

        void WINAPI
        RestoreOldPen ( void );

        //-----------------------
        //
        // DefineDrawingMode()
        //

        void WINAPI
        DefineDrawingMode ( int    newMode );

        //--------------------
        //
        // RestoreOldDrawingMode()
        //

        void WINAPI
        RestoreOldDrawingMode ( void );
    };


//--------------------------
//
// ScreenDC()
//
//      Specialized form of a compatible DC,
// this one is based on the display.
//
```

```
    class
ScreenDC : public CompatibleDC
{
    public:

    //----------------------
    //
    // Specialized constructor and destructor
    // (everything else we need comes from
    // the compatibleDC class...)
    //

    ScreenDC ( )
    {
      hDCMem = CreateDC ( "DISPLAY",
                NULL,
                NULL,
                NULL );
    }

};

//------------------------------
//
// ClientDC()
//
//    Another form of DC, this one knows how to
// get a window's client DC, and use that.
//

    class
ClientDC : public CompatibleDC
{
    //-------------------------------

    protected:

      HWND      ourWnd;          // Window that the DC comes from

    //-------------------------------

    public:

      //---------------------------
      //
      // Non-default construct allows us to grab the
```

```
            // window's DC.
            //

        ClientDC ()
        {
        // Do nothing, the base constructor will deal
        // with it (but we need this so that derived
        // classes can have something to be found...)
        }

        ClientDC ( HWND      hWnd )
        {
        CreateSelf ( hWnd );
        }

        ~ClientDC ()
        {
        if ( ourWnd )
        {
              ReleaseDC ( ourWnd,
                    hDCMem );

              ourWnd = NULL;

              hDCMem = NULL;
        }
        }

        //---------------------------
        //
        // CreateSelf()
        //
        //    Creates the window DC...
        //

        void FAR PASCAL

        CreateSelf ( HWND      hWnd )
        {
        SetupDefaults();

        ourWnd = NULL;

        if ( hWnd )
        {
              hDCMem = GetDC ( hWnd );
```

```
        if ( hDCMem != NULL )
ourWnd = hWnd;
}
}


//-----------------------------
//
// InterrogateWindowRect()
//
//    Returns the window rect of the
// window selected into this DC...
//

void FAR PASCAL
InterrogateWindowRect ( RECT&     clientRect )
{
RECT      internalRect;


//----------------------

if ( ourWnd != NULL )
{
      GetClientRect ( ourWnd,
                &internalRect );

      clientRect = internalRect;
}
}


//--------------------------------
//
// FindCenteredRect()
//
//    For a given window, this routine
// will determine the rect that fits in
// its center, based on a passed-in size.
//

void
FindCenteredRect ( int&     xSize,
                   int&     ySize )
{
RECT      internalRect;

int          xOffset;
int          yOffset;
```

```
        //-------------------------

        if ( ourWnd == NULL )
            return;

        InterrogateWindowRect ( internalRect );

        xOffset = internalRect.right - internalRect.left;

        if ( xOffset > xSize )
        {
            xOffset -= xSize;
            xOffset /= 2;
        }

        yOffset = internalRect.bottom - internalRect.top;

        if ( yOffset > ySize )
        {
            yOffset -= ySize;
            yOffset /= 2;
        }

        xSize = xOffset;
        ySize = yOffset;
        }
};

//-------------------------
//
// WindowDC()
//
//    WindowDC based class, based
// on the compatible DC object class
//

    class
WindowDC : public CompatibleDC
{
    //------------------------------

    protected:

        HWND    ourWnd;            // Window that the DC comes from

    //------------------------------

    public:
```

Chapter 3: C++, MFC, and Bare Metal—An Introductory Guide

```
//---------------------------
//
// Non-default construct allows us to grab the
// window's DC.
//

WindowDC ( HWND      hWnd )
{
SetupDefaults();

ourWnd = NULL;

if ( hWnd )
{
      hDCMem = GetWindowDC ( hWnd );

      if ( hDCMem != NULL )
      {
ourWnd = hWnd;
}
}
}

~WindowDC ()
{
if ( ourWnd && hDCMem )
{
      ReleaseDC ( ourWnd,
           hDCMem );

      ourWnd = NULL;

      hDCMem = NULL;
}
}
//---------------------------
//
// InterrogateWindowRect()
//
//    Returns the window rect of the
// window selected into this DC...
//

void FAR PASCAL
InterrogateWindowRect ( RECT&       clientRect )
{
```

```
RECT        internalRect;

//----------------------

if ( ourWnd != NULL )
{
      GetWindowRect ( ourWnd,
                &internalRect );

      clientRect = internalRect;
}
}

//---------------------------------
//
// FindCenteredRect()
//
//     For a given window, this routine
// will determine the rect that fits in
// its center, based on a passed-in size.
//

void
FindCenteredRect ( int&    xSize,
                   int&    ySize )
{
RECT        internalRect;

int         xOffset;
int         yOffset;

//------------------------

if ( ourWnd == NULL )
      return;

InterrogateWindowRect ( internalRect );

xOffset = internalRect.right - internalRect.left;

if ( xOffset > xSize )
{
      xOffset -= xSize;
      xOffset /= 2;
}

yOffset = internalRect.bottom - internalRect.top;
```

Chapter 3: C++, MFC, and Bare Metal—An Introductory Guide

```
            if ( yOffset > ySize )
            {
                yOffset -= ySize;
                yOffset /= 2;
            }

        xSize = xOffset;
        ySize = yOffset;
            }
    };



    //------------------------------------------------

    #endif // __cplusplus

    #endif // __COMPATDC_H
```

Listing 3.22 *Compatdc.cpp*

```
//
// COMPATDC.CPP
//
//      Compatible DC object class
//
// Written by Alex Leavens
//

//
// (C) Copyright 1991 - 1993 by ShadowCat Technologies
//
// All Rights Reserved
//
//
// Written by Alex Leavens, for ShadowCat Technologies

//
//
//------------------------------------------------------------------
//
// History: $Log: $
//
//------------------------------------------------------------------
```

```cpp
//

#include "cplus.hpp"

//-----------------
//
// Private routine to setup the
// defaults to something reasonable
//

    void
CompatibleDC::SetupDefaults ( void )
{
    hDCMem   = NULL;
    saveBM   = NULL;
    savePen  = NULL;
    saveMode = NULL;
}

//-----------------
//
// Private routine which will actually create the DC...
//

    void
CompatibleDC::CreateTheDC ( HDC     hDC )
{
    //
    // Setup basic DC defaults
    //

    SetupDefaults();

    //
    // Now create the DC...
    //

    hDCMem = CreateCompatibleDC ( hDC );

    if ( hDCMem == NULL )
    {
      MessageBox ( NULL,
            "Cannot build compatible DC",
            NULL,
            MB_OK );
    }
}
```

```
//----------------------
//
// CompatibleDC::CompatibleDC()
//
//  Create a compatible (memory) DC with
// the DC that we have been passed in.
//

CompatibleDC::CompatibleDC(HDC        hDC)
{
    CreateSelf ( hDC );
}


//------------------------------
//
// CompatibleDC::CompatibleDC()
//
//  Create a compatible (memory) DC with
// the DC that we have been passed in, and
// select into it the bitmap that was passed
// in.
//

CompatibleDC::CompatibleDC(HDC              hDC,
               HBITMAP      newBM)
{
    //---------------

    CreateSelf ( hDC,
         newBM );
}


//-----------------
//
// CompatibleDC::~CompatibleDC()
//
// Destructor definition - destroys the compatible
// DC object.  Before it does this, it selects back
// into the memory DC the single-pixel monochrome
// bitmap that was created at the instantiation of
// this memory DC.
//

CompatibleDC::~CompatibleDC(void)
{
    if (hDCMem)
    {
```

```
            RestoreOldBitmap();

            RestoreOldPen();

            DeleteDC( hDCMem );

            hDCMem = NULL;
        }
    }

//-----------------------------
//
// CompatibleDC::GetCompatDC()
//
//    Returns a copy of the handle to the compatible DC.
//
// Returns: handle to the DC
//
// Args: Nothing
//

    HDC
CompatibleDC::GetCompatDC( void )
{
    return hDCMem;
}

//-------------------------
//
// GetDCPixel()
//
//    Returns the pixel at the specified
// point, or white if there was a problem.
//

    COLORREF FAR PASCAL

CompatibleDC::GetDCPixel ( WORD        x,
                           WORD        y,
                           COLORREF    badColor )

{
    COLORREF    pixelIs;

    //------------------

    pixelIs = GetPixel ( GetHandle(),
```

Chapter 3: C++, MFC, and Bare Metal—An Introductory Guide

```
                           x,
                           y );

    if ( pixelIs == -1 )
    {
      pixelIs = badColor;
    }

    return pixelIs;
}

//---------------------
//
// CreateSelf()
//
    void FAR PASCAL

CompatibleDC::CreateSelf ( HDC      newDC )
{
    //---------------

    CreateTheDC ( newDC );
}

//-----------------------
//
// CreateSelf()
//

    void FAR PASCAL

CompatibleDC::CreateSelf ( HDC          newDC,
                           HBITMAP      newBmp )
{
    //---------------

    CreateTheDC ( newDC );

    SelectBitmapIntoDC ( newBmp );
}

//------------------
//
// SelectPenIntoDC()
//

    void WINAPI
```

```cpp
CompatibleDC::SelectPenIntoDC ( HPEN     newPen )
{
    savePen = SelectObject ( GetHandle(),
                newPen );
}

//---------------------
//
// RestoreOldPen()
//

    void WINAPI
CompatibleDC::RestoreOldPen ( void )
{
    if ( savePen )
    {
      SelectObject ( GetHandle(),
          savePen );

      savePen = NULL;
    }
}

//-----------------------
//
// DefineDrawingMode()
//

    void WINAPI
CompatibleDC::DefineDrawingMode ( int     newMode )
{
    saveMode = GetROP2 ( GetHandle() );

    SetROP2 ( GetHandle(),
      newMode );
}

//---------------------
//
// RestoreOldDrawingMode()
//

    void WINAPI
CompatibleDC::RestoreOldDrawingMode ( void )
{
    if ( saveMode )
```

```
    {
      SetROP2 ( GetHandle(),
             saveMode );

      saveMode = NULL;
    }
}
```

Let's look at what happens when you ask a bitmap object to draw itself. First, we check to see whether there even is a bitmap in the class. If the handle is NULL (which we set up in the constructor), then we assume that the bitmap isn't valid, and we bail out.

If the bitmap seems valid, then we create a memory DC, using the DC that we want to draw into and the bitmap handle so that we create a memory DC with the bitmap selected into it. Next, we check to see whether the memory DC is OK. If it isn't, then we'll bail out. After that, we get the size of the bitmap (using the member function), and then we blit the image.

At that point, we're done. The memory DC will go away when we go out of scope. When the memory DC's destructor is called, it will automatically deselect the bitmap that's in it and restore the single pixel bitmap that is created when we create the bitmap.

This is all pretty generic Windows code; anytime you want to copy a bitmap somewhere, this is what you do. Given that, I went ahead and wrappered all this behavior so that I could simply execute a copy with a single function call.

Note, however, that the code I have wrapped is very specific. You must already have a DC in order to copy a bitmap to it. But what happens (for example) when I want to copy my bitmap to the screen? Since we don't have an object class for a screen DC, it's tempting to create a class for one. But we don't need to create one from scratch, we already have a DC class, and it's only slightly different from what we need. We can do everything with just a few lines of code by *inheriting* from our base compatibleDC class.

Building on Existing Work

Inheritance is probably the biggest selling point of C++. It's supposed to mean that once you have written something, you never have to write it again. Unlike many politician's promises, this one is actually true, or pretty close to it. If you have written your object classes well, then you can, indeed, reuse them when you need to. As an example, let's look at the screen DC object class that we have been wanting to build.

Our screen DC object class should do everything our base compatible DC object class does, with the exception of being hooked to the screen. Defining it like this makes it easy to see that we're really defining it in terms of difference. We want it to be the same as the compatible DC, but different in this regard (being hooked to the screen). Let's look at how this works:

```
//---------------------------
//
// ScreenDC()
//
//    Specialized form of a compatible DC,
// this one is based on the display.
//
    class

ScreenDC : public CompatibleDC
{
    public:

    //----------------------
    //
    // Specialized constructor and destructor
    // (everything else we need comes from
    // the compatibleDC class...)
    //

    ScreenDC ( )
    {
      hDCMem = CreateDC ( "DISPLAY",
                NULL,
                NULL,
                NULL );
    }

};
```

As you can see, the ScreenDC is derived from the CompatibleDC object class. More importantly, it has only one member function, the constructor, which creates a DC exactly the way we want: as a DC hooked directly to the screen. (By the way, you won't find the CreateDC() call documented anywhere as being able to create a screen DC. It can, and this is how.) All the rest of the behavior of the ScreenDC is exactly the same as the CompatibleDC, because it derives from the same code. This means, for example, that you can do a `GetDCPixel()` on the Screen DC, and it will work the same way as it would for a CompatibleDC. How could it not? It's the same code! And not just a *copy* of the same code (as in cut and paste), but quite literally the same code; if you fix a bug in the CompatibleDC routine, it's fixed for all the derived classes as well.

Summary

In this chapter, you have looked at some C++ code and examples that show how you go about accomplishing relatively straightforward tasks in Windows, both using MFC and not. We explored at how document and view architectures work, as well as printing, and also looked at a couple of small stand-alone object classes. The next chapters are going to take a serious turn off the beaten path and show you how to accomplish much more esoteric tasks, such as drawing in the non-client area of your window (or someone else's), how to use (and abuse) message hooks, and how to create your own unique window messages.

Drawing in the Non-Client Area

The first three chapters talked about many code-related issues and looked at object classes and how they work. This chapter delves into some of the more mysterious areas of windows; for example, what's the non-client area of a window, and how do you draw into it? You will also learn how to hook up messages to classes in MFC, even when the Class Wizard doesn't support the message that you want.

The Non-Client Area of a Window

Before you begin drawing to the non-client area of a window, it's probably a good idea if I tell you what it is. The *non-client* area of a window is everything that you don't draw in. For a single document interface window, this means all of the window *except* the central portion. Thus, the non-client area of a window includes stuff like the **System Menu** button, the title bar, the minimize and maximize buttons, and so forth (see Figure 4.1).

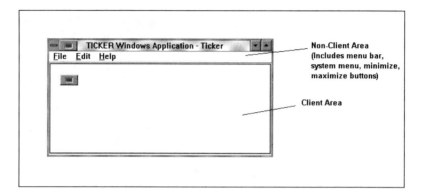

Figure 4.1 A screen shot of a window, showing client and non-client areas.

You might be asking why it's useful to be able to draw in the non-client area, and the answer is that more and more applications are doing it to give themselves customized looks. In addition, there are several utilities that provide pop-ups that float in the title bar of the active menu. These applications rely heavily on non-client area access.

To demonstrate non-client access, I wrote the following application called TICKER. Like most of my sample apps, it's very straightforward. It creates an SDI window and places a small button in both the client and non-client areas of the window. However, to do even this much, I had to venture off the beaten path a bit and add some of my own message handlers to the application that AppWizard generated for me. First, I'll show you the code, and then show you where the other bits go. Listings 4.1 through 4.14 are the source, include, and makefiles needed for the TICKER app.

Listing 4.1 *Ticker.h*

```
// ticker.h : main header file for the TICKER application
//

#ifndef __AFXWIN_H__
    #error include 'stdafx.h' before including this file for PCH
#endif

#include "resource.h"              // main symbols

/////////////////////////////////////////////////////////////////////
// CTickerApp:
// See ticker.cpp for the implementation of this class
```

```
//

class CTickerApp : public CWinApp
{
public:
    CTickerApp();

// Overrides
    virtual BOOL InitInstance();
    afx_msg void OnNcPaint();


// Implementation

    //{{AFX_MSG(CTickerApp)
    afx_msg void OnAppAbout();
        //    NOTE - the Class Wizard will add and remove member functions here.
        //    DO NOT EDIT what you see in these blocks of generated code !
    //}}AFX_MSG
    DECLARE_MESSAGE_MAP()
};


/////////////////////////////////////////////////////////////////////////////
```

Listing 4.2 *Ticker.cpp*

```
// ticker.cpp : Defines the class behaviors for the application.
//

#include "stdafx.h"
#include "ticker.h"

#include "mainfrm.h"
#include "tickedoc.h"
#include "tickevw.h"

#ifdef _DEBUG
#undef THIS_FILE
static char BASED_CODE THIS_FILE[] = __FILE__;
#endif

/////////////////////////////////////////////////////////////////////////////
// CTickerApp
```

```
BEGIN_MESSAGE_MAP(CTickerApp, CWinApp)
    //{{AFX_MSG_MAP(CTickerApp)
    ON_COMMAND(ID_APP_ABOUT, OnAppAbout)
        // NOTE - the Class Wizard will add and remove mapping macros here.
        //    DO NOT EDIT what you see in these blocks of generated code !
    //}}AFX_MSG_MAP
    // Standard file based document commands
    ON_COMMAND(ID_FILE_NEW, CWinApp::OnFileNew)
    ON_COMMAND(ID_FILE_OPEN, CWinApp::OnFileOpen)
END_MESSAGE_MAP()

/////////////////////////////////////////////////////////////////////////
// CTickerApp construction

CTickerApp::CTickerApp()
{
    // TODO: add construction code here,
    // Place all significant initialization in InitInstance
}

/////////////////////////////////////////////////////////////////////////
// The one and only CTickerApp object

CTickerApp NEAR theApp;

/////////////////////////////////////////////////////////////////////////
// CTickerApp initialization

BOOL CTickerApp::InitInstance()
{
    // Standard initialization
    // If you are not using these features and wish to reduce the size
    //  of your final executable, you should remove from the following
    //  the specific initialization routines you do not need.

    SetDialogBkColor();        // set dialog background color to gray
    LoadStdProfileSettings();  // Load standard INI file options (including MRU)

    // Register the application's document templates.  Document templates
    //  serve as the connection between documents, frame windows and views.

    AddDocTemplate(new CSingleDocTemplate(IDR_MAINFRAME,
                RUNTIME_CLASS(CTickerDoc),
                RUNTIME_CLASS(CMainFrame),     // main SDI frame window
                RUNTIME_CLASS(CTickerView)));
```

Chapter 4: Drawing in the Non-Client Area

```cpp
    // create a new (empty) document
    OnFileNew();

    if (m_lpCmdLine[0] != '\0')
    {
            // TODO: add command line processing here
    }

    return TRUE;
}

/////////////////////////////////////////////////////////////////////////////
// CAboutDlg dialog used for App About

class CAboutDlg : public CDialog
{
public:
    CAboutDlg();

// Dialog Data
    //{{AFX_DATA(CAboutDlg)
    enum { IDD = IDD_ABOUTBOX };
    //}}AFX_DATA

// Implementation
protected:
    virtual void DoDataExchange(CDataExchange* pDX);    // DDX/DDV support
    //{{AFX_MSG(CAboutDlg)
            // No message handlers
    //}}AFX_MSG
    DECLARE_MESSAGE_MAP()
};

CAboutDlg::CAboutDlg() : CDialog(CAboutDlg::IDD)
{
    //{{AFX_DATA_INIT(CAboutDlg)
    //}}AFX_DATA_INIT
}

void CAboutDlg::DoDataExchange(CDataExchange* pDX)
{
    CDialog::DoDataExchange(pDX);
    //{{AFX_DATA_MAP(CAboutDlg)
    //}}AFX_DATA_MAP
}

BEGIN_MESSAGE_MAP(CAboutDlg, CDialog)
```

```
        //{{AFX_MSG_MAP(CAboutDlg)
                // No message handlers
        //}}AFX_MSG_MAP
END_MESSAGE_MAP()

// App command to run the dialog
void CTickerApp::OnAppAbout()
{
    CAboutDlg aboutDlg;
    aboutDlg.DoModal();
}

/////////////////////////////////////////////////////////////////////////////
// CTickerApp commands
```

Listing 4.3   Mainfrm.h

```
// mainfrm.h : interface of the CMainFrame class
//
/////////////////////////////////////////////////////////////////////////////

class CMainFrame : public CFrameWnd
{
protected: // create from serialization only
    CMainFrame();
    DECLARE_DYNCREATE(CMainFrame)

// Attributes
public:
    WORD            xOffset;// Position to draw chicklet at, x
    WORD            yOffset;// Position to draw chicklet at, y

    ResBitmap       chickletBmp;    // Chicklet bitmap object

// Operations
public:

    void SetupDrawingOffsets ( );
    void DrawChicklet();

// Implementation
public:
    virtual ~CMainFrame();
#ifdef _DEBUG
    virtual void AssertValid() const;
    virtual void Dump(CDumpContext& dc) const;
#endif
```

Chapter 4: Drawing in the Non-Client Area

```
    // Generated message map functions
protected:
    //{{AFX_MSG(CMainFrame)
    afx_msg void OnActivateApp(BOOL bActive, HTASK hTask);
    afx_msg void OnNcPaint();
    //}}AFX_MSG

    DECLARE_MESSAGE_MAP()
};

////////////////////////////////////////////////////////////////////////
```

Listing 4.4 *Mainfrm.cpp*

```
// mainfrm.cpp : implementation of the CMainFrame class
//

#include "stdafx.h"
#include "ticker.h"

#include "mainfrm.h"

#ifdef _DEBUG
#undef THIS_FILE
static char BASED_CODE THIS_FILE[] = __FILE__;
#endif

////////////////////////////////////////////////////////////////////////
// CMainFrame

IMPLEMENT_DYNCREATE(CMainFrame, CFrameWnd)

BEGIN_MESSAGE_MAP(CMainFrame, CFrameWnd)
    //{{AFX_MSG_MAP(CMainFrame)
    ON_WM_ACTIVATEAPP()
    ON_WM_NCPAINT()
    //}}AFX_MSG_MAP
END_MESSAGE_MAP()


////////////////////////////////////////////////////////////////////////
// CMainFrame construction/destruction

CMainFrame::CMainFrame()
{
```

```
    // TODO: add member initialization code here
    //
    // Load the chicklet bitmap...
    //

    chickletBmp.LoadSelf ( AfxGetInstanceHandle(),
                           "CHICKLET" );

    SendMessage ( WM_NCPAINT,
                  NULL,
                  NULL );
}

CMainFrame::~CMainFrame()
{
}


/////////////////////////////////////////////////////////////////////////////
// CMainFrame diagnostics

#ifdef _DEBUG
void CMainFrame::AssertValid() const
{
    CFrameWnd::AssertValid();
}

void CMainFrame::Dump(CDumpContext& dc) const
{
    CFrameWnd::Dump(dc);
}

#endif //_DEBUG

/////////////////////////////////////////////////////////////////////////////
// CMainFrame message handlers

void CMainFrame::OnActivateApp(BOOL bActive, HTASK hTask)
{
    CFrameWnd::OnActivateApp(bActive, hTask);

    SendMessage(WM_NCPAINT,
                        NULL,
                        NULL);

    // TODO: Add your message handler code here
```

```
    }

    //--------------------------
    //
    // OnNcPaint()
    //
    //

    void CMainFrame::OnNcPaint()
    {

        //----------------

        CWnd::OnNcPaint();

        //
        // First, setup the drawing offsets...
        //

        SetupDrawingOffsets();

        //
        // Next, draw the chicklet...
        //

        DrawChicklet();

    }

    //----------------------------
    //
    // SetupDrawingOffsets()
    //
    //     Given a window handle, this routine
    // will calculate the offsets needed to draw
    // our little button bar thing-y.
    //
    // Best called JUST BEFORE drawing, this routine
    // assumes that the global variables:
    //
    //   xOffset
    //   yOffset
    //
    // exist, and that they will hold (upon exit) the
    // proper place to draw things.
    //
    //
```

```
//

void CMainFrame::SetupDrawingOffsets ( )
{
    POINT   clientPoint;    // Point in client rect

    RECT    wndRect;        // Window rectangle

    int     yCaptionOffset; // Y caption offset ( if any )

    LONG    wndStyle;       // Window style...

    //-------------------------------

    //
    // Now figure out our special frame coolness.
    //
    // What this basically does is the following:
    //
    //      It gets (in screen coordinates), the upper left corner of
    //  the WINDOW's window.
    //  It then converts the upper left corner of the CLIENT area
    //  of the window into screen coordinates, and then subtracts
    //  the two.  This gives us the _actual_ thickness of the
    //  border around the edge of the window, which is what we really
    //  need to know in order to be able to draw properly.
    //
    //  The documented stuff under GetSystemMetrics() regarding
    //  border frames and dialog boxes and all that is basically
    //  mythology.  This method ALWAYS works, and
    //  really doesn't care about what MickeySoft says
    //  something is;  it empirically goes and FINDS OUT.  Much better.
    //

    ::GetWindowRect ( this->GetSafeHwnd(),
                &wndRect );

    clientPoint.x = 0;
    clientPoint.y = 0;

    ::ClientToScreen ( this->GetSafeHwnd(),
                &clientPoint );

    //
    // Note the one assumption this thing makes, which is
    // that the thickness of a vertical border is the SAME as the
```

```
        // thickness of a horizontal border.  While this is probably
        // OK, there may be some occasions where it ISN'T.  So be warned.
        //

        yOffset = clientPoint.x - wndRect.left;

        xOffset = clientPoint.x - wndRect.left;

        //
        //
        // We have our base offsets;  now we need to add any
        // special stuff in.  For y, this is any extra pixels
        // in the difference between the height of a bitmap
        // in the title bar, and our bitmap.
        //

        if ( GetSystemMetrics ( SM_CYSIZE ) > 18 )
        {
        yCaptionOffset = ( GetSystemMetrics ( SM_CYSIZE ) - 16 ) / 2;

        yOffset += yCaptionOffset;
        }

        //
        //  Add in the offset to move us over off of the system
        // menu pop-up.  Do this only if there _is_ a system
        // menu popup...
        //

        wndStyle = GetWindowLong ( this->GetSafeHwnd(),
                            GWL_STYLE );

        if ( wndStyle && WS_SYSMENU )
        {
        xOffset += GetSystemMetrics ( SM_CXSIZE ) + 1;
        }
        else
        {
        xOffset += 1;
        }
}

//----------------------
//
// DrawChicklet()
//
```

```
//      Draws the chicklet into the window frame
//

    void
CMainFrame::DrawChicklet()
{
    //
    // If the window's iconic, then it would not be
    // good for us to draw into it.
    //

    if ( IsIconic () )
    return;

    //
    // Here we'll create a WindowDC on the fly
    // using the UGLY WindowDC class...
    //

    WindowDC winDC ( this->GetSafeHwnd() );

    //
    // Now draw into our window
    //

    if ( this->chickletBmp.GetHandle() != NULL )
    {
    this->chickletBmp.DisplaySelf ( winDC.GetHandle(),
                                    xOffset,
                                    yOffset );
    }
}
```

Listing 4.5 Tickedoc.h

```
// tickedoc.h : interface of the CTickerDoc class
//
/////////////////////////////////////////////////////////////////////

class CTickerDoc : public CDocument
{
protected: // create from serialization only
    CTickerDoc();
    DECLARE_DYNCREATE(CTickerDoc)

// Attributes
public:
```

```
    // Operations
    public:

    // Implementation
    public:
        virtual ~CTickerDoc();
        virtual void Serialize(CArchive& ar);     // overridden for document i/o
    #ifdef _DEBUG
        virtual void AssertValid() const;
        virtual void Dump(CDumpContext& dc) const;
    #endif
    protected:
        virtual BOOL    OnNewDocument();

    // Generated message map functions
    protected:
        //{{AFX_MSG(CTickerDoc)
            // NOTE - the Class Wizard will add and remove member functions here.
            //     DO NOT EDIT what you see in these blocks of generated code !
        //}}AFX_MSG
        DECLARE_MESSAGE_MAP()
    };

    ///////////////////////////////////////////////////////////////////////
```

Listing 4.6 *Tickedoc.cpp*

```
    // tickedoc.cpp : implementation of the CTickerDoc class
    //

    #include "stdafx.h"
    #include "ticker.h"

    #include "tickedoc.h"

    #ifdef _DEBUG
    #undef THIS_FILE
    static char BASED_CODE THIS_FILE[] = __FILE__;
    #endif

    ///////////////////////////////////////////////////////////////////////
    // CTickerDoc

    IMPLEMENT_DYNCREATE(CTickerDoc, CDocument)

    BEGIN_MESSAGE_MAP(CTickerDoc, CDocument)
```

```cpp
    //{{AFX_MSG_MAP(CTickerDoc)
        // NOTE - the Class Wizard will add and remove mapping macros here.
        //    DO NOT EDIT what you see in these blocks of generated code !
    //}}AFX_MSG_MAP
END_MESSAGE_MAP()

/////////////////////////////////////////////////////////////////////////////
// CTickerDoc construction/destruction

CTickerDoc::CTickerDoc()
{
    // TODO: add one-time construction code here
}

CTickerDoc::~CTickerDoc()
{
}

BOOL CTickerDoc::OnNewDocument()
{
    if (!CDocument::OnNewDocument())
            return FALSE;
    // TODO: add reinitialization code here
    // (SDI documents will reuse this document)
    return TRUE;
}


/////////////////////////////////////////////////////////////////////////////
// CTickerDoc serialization

void CTickerDoc::Serialize(CArchive& ar)
{
    if (ar.IsStoring())
    {
            // TODO: add storing code here
    }
    else
    {
            // TODO: add loading code here
    }
}



/////////////////////////////////////////////////////////////////////////////
// CTickerDoc diagnostics

#ifdef _DEBUG
void CTickerDoc::AssertValid() const
```

```
{
    CDocument::AssertValid();
}

void CTickerDoc::Dump(CDumpContext& dc) const
{
    CDocument::Dump(dc);
}

#endif //_DEBUG

//////////////////////////////////////////////////////////////////////////
// CTickerDoc commands
```

Listing 4.7 *Tickevw.h*

```
// tickevw.h : interface of the CTickerView class
//
//////////////////////////////////////////////////////////////////////////

class CTickerView : public CView
{
protected: // create from serialization only
    CTickerView();
    DECLARE_DYNCREATE(CTickerView)

// Attributes
public:
    CTickerDoc* GetDocument();

    WORD           xOffset; // Position to draw chicklet at, x
    WORD           yOffset; // Position to draw chicklet at, y

    ResBitmap      chickletBmp;    // Chicklet bitmap object

// Operations
public:

    void SetupDrawingOffsets ( );
    void DrawChicklet();

// Implementation
public:
    virtual ~CTickerView();

    virtual void OnDraw(CDC* pDC);  // overridden to draw this view
```

```
#ifdef _DEBUG
    virtual void AssertValid() const;
    virtual void Dump(CDumpContext& dc) const;
#endif


// Generated message map functions
protected:

    afx_msg void OnNcPaint();

    //{{AFX_MSG(CTickerView)
    afx_msg void OnPaint();
    afx_msg void OnTimer(UINT nIDEvent);
    //}}AFX_MSG
    DECLARE_MESSAGE_MAP()
};

#ifndef _DEBUG       // debug version in tickevw.cpp
inline CTickerDoc* CTickerView::GetDocument()
   { return (CTickerDoc*) m_pDocument; }
#endif

/////////////////////////////////////////////////////////////////////////////
```

Listing 4.8 *Tickevw.cpp*

```
// tickevw.h : interface of the CTickerView class
//
/////////////////////////////////////////////////////////////////////////////

class CTickerView : public CView
{
protected: // create from serialization only
    CTickerView();
    DECLARE_DYNCREATE(CTickerView)

// Attributes
public:
    CTickerDoc* GetDocument();

    WORD          xOffset;// Position to draw chicklet at, x
    WORD          yOffset;// Position to draw chicklet at, y

    ResBitmap     chickletBmp;    // Chicklet bitmap object
```

```
// Operations
public:

    void SetupDrawingOffsets ( );
    void DrawChicklet();

// Implementation
public:
    virtual ~CTickerView();

    virtual void OnDraw(CDC* pDC);   // overridden to draw this view

#ifdef _DEBUG
    virtual void AssertValid() const;
    virtual void Dump(CDumpContext& dc) const;
#endif


// Generated message map functions
protected:

    afx_msg void OnNcPaint();

    //{{AFX_MSG(CTickerView)
    afx_msg void OnPaint();
    afx_msg void OnTimer(UINT nIDEvent);
    //}}AFX_MSG
    DECLARE_MESSAGE_MAP()
};

#ifndef _DEBUG      // debug version in tickevw.cpp
inline CTickerDoc* CTickerView::GetDocument()
   { return (CTickerDoc*) m_pDocument; }
#endif

/////////////////////////////////////////////////////////////////////////////
```

Listing 4.9 *Resource.h*

```
// tickevw.h : interface of the CTickerView class
//
/////////////////////////////////////////////////////////////////////////////

class CTickerView : public CView
{
```

```cpp
protected: // create from serialization only
    CTickerView();
    DECLARE_DYNCREATE(CTickerView)

// Attributes
public:
    CTickerDoc* GetDocument();

    WORD            xOffset;// Position to draw chicklet at, x
    WORD            yOffset;// Position to draw chicklet at, y

    ResBitmap       chickletBmp;     // Chicklet bitmap object

// Operations
public:

    void SetupDrawingOffsets ( );
    void DrawChicklet();

// Implementation
public:
    virtual ~CTickerView();

    virtual void OnDraw(CDC* pDC);   // overridden to draw this view

#ifdef _DEBUG
    virtual void AssertValid() const;
    virtual void Dump(CDumpContext& dc) const;
#endif


// Generated message map functions
protected:

    afx_msg void OnNcPaint();

    //{{AFX_MSG(CTickerView)
    afx_msg void OnPaint();
    afx_msg void OnTimer(UINT nIDEvent);
    //}}AFX_MSG
    DECLARE_MESSAGE_MAP()
};

#ifndef _DEBUG      // debug version in tickevw.cpp
inline CTickerDoc* CTickerView::GetDocument()
   { return (CTickerDoc*) m_pDocument; }
```

```
#endif

//////////////////////////////////////////////////////////////////////
```

Listing 4.10 *Stdafx.h*

```
// stdafx.h : include file for standard system include files,
//  or project specific include files that are used frequently, but
//      are changed infrequently
//

#include <afxwin.h>         // MFC core and standard components
#include <afxext.h>         // MFC extensions (including VB)

#include <ugly.hpp>  // UGLY class library definitions
```

Listing 4.11 *Stdafx.cpp*

```
// stdafx.cpp : source file that includes just the standard includes
//  stdafx.pch will be the pre-compiled header
//  stdafx.obj will contain the pre-compiled type information

#include "stdafx.h"
```

Listing 4.12 *Ticker.rc*

```
//Microsoft App Studio generated resource script.
//
#include "resource.h"

#define APSTUDIO_READONLY_SYMBOLS
//////////////////////////////////////////////////////////////////////
//
// Generated from the TEXTINCLUDE 2 resource.
//
#include "afxres.h"

//////////////////////////////////////////////////////////////////////
#undef APSTUDIO_READONLY_SYMBOLS
```

```
#ifdef APSTUDIO_INVOKED
/////////////////////////////////////////////////////////////////////////////
//
// TEXTINCLUDE
//

1 TEXTINCLUDE DISCARDABLE
BEGIN
    "resource.h\0"
END

2 TEXTINCLUDE DISCARDABLE
BEGIN
    "#include ""afxres.h""\r\n"
    "\0"
END

3 TEXTINCLUDE DISCARDABLE
BEGIN
    "#include ""res\\ticker.rc2""  // non-App Studio edited resources\r\n"
    "\r\n"
    "#include ""afxres.rc""  // Standard components\r\n"
    "\0"
END

/////////////////////////////////////////////////////////////////////////////
#endif    // APSTUDIO_INVOKED


/////////////////////////////////////////////////////////////////////////////
//
// Icon
//

IDR_MAINFRAME           ICON    DISCARDABLE     "RES\\TICKER.ICO"

/////////////////////////////////////////////////////////////////////////////
//
// Menu
//

IDR_MAINFRAME MENU PRELOAD DISCARDABLE
BEGIN
    POPUP "&File"
    BEGIN
        MENUITEM "&New\tCtrl+N",                ID_FILE_NEW
        MENUITEM "&Open...\tCtrl+O",            ID_FILE_OPEN
```

```
            MENUITEM "&Save\tCtrl+S",           ID_FILE_SAVE
            MENUITEM "Save &As...",             ID_FILE_SAVE_AS
            MENUITEM SEPARATOR
            MENUITEM "Recent File",             ID_FILE_MRU_FILE1, GRAYED
            MENUITEM SEPARATOR
            MENUITEM "E&xit",                   ID_APP_EXIT
        END
        POPUP "&Edit"
        BEGIN
            MENUITEM "&Undo\tCtrl+Z",           ID_EDIT_UNDO
            MENUITEM SEPARATOR
            MENUITEM "Cu&t\tCtrl+X",            ID_EDIT_CUT
            MENUITEM "&Copy\tCtrl+C",           ID_EDIT_COPY
            MENUITEM "&Paste\tCtrl+V",          ID_EDIT_PASTE
        END
        POPUP "&Help"
        BEGIN
            MENUITEM "&About TICKER...",        ID_APP_ABOUT
        END
END


/////////////////////////////////////////////////////////////////////////
//
// Accelerator
//

IDR_MAINFRAME ACCELERATORS PRELOAD MOVEABLE PURE
BEGIN
        "N",            ID_FILE_NEW,            VIRTKEY,CONTROL
        "O",            ID_FILE_OPEN,           VIRTKEY,CONTROL
        "S",            ID_FILE_SAVE,           VIRTKEY,CONTROL
        "Z",            ID_EDIT_UNDO,           VIRTKEY,CONTROL
        "X",            ID_EDIT_CUT,            VIRTKEY,CONTROL
        "C",            ID_EDIT_COPY,           VIRTKEY,CONTROL
        "V",            ID_EDIT_PASTE,          VIRTKEY,CONTROL
        VK_BACK,        ID_EDIT_UNDO,           VIRTKEY,ALT
        VK_DELETE,      ID_EDIT_CUT,            VIRTKEY,SHIFT
        VK_INSERT,      ID_EDIT_COPY,           VIRTKEY,CONTROL
        VK_INSERT,      ID_EDIT_PASTE,          VIRTKEY,SHIFT
        VK_F6,          ID_NEXT_PANE,           VIRTKEY
        VK_F6,          ID_PREV_PANE,           VIRTKEY,SHIFT
END


/////////////////////////////////////////////////////////////////////////
//
// Dialog
```

```
//

IDD_ABOUTBOX DIALOG DISCARDABLE  34, 22, 217, 55
STYLE DS_MODALFRAME | WS_POPUP | WS_CAPTION | WS_SYSMENU
CAPTION "About TICKER"
FONT 8, "MS Sans Serif"
BEGIN
    ICON            IDR_MAINFRAME,IDC_STATIC,11,17,20,20
    LTEXT           "TICKER Application Version 1.0",IDC_STATIC,40,10,119,8
    LTEXT           "Copyright \251 1993",IDC_STATIC,40,25,119,8
    DEFPUSHBUTTON   "OK",IDOK,176,6,32,14,WS_GROUP
END


/////////////////////////////////////////////////////////////////////////
//
// Bitmap
//

CHICKLET                BITMAP  DISCARDABLE     "RES\\CHICKLET.BMP"
DOWNCHIK                BITMAP  DISCARDABLE     "RES\\DOWNCHIK.BMP"

/////////////////////////////////////////////////////////////////////////
//
// String Table
//

STRINGTABLE PRELOAD DISCARDABLE
BEGIN
    IDR_MAINFRAME       "TICKER Windows Application\nTicker\nTICKER
Document"
END

STRINGTABLE PRELOAD DISCARDABLE
BEGIN
    AFX_IDS_APP_TITLE     "TICKER Windows Application"
    AFX_IDS_IDLEMESSAGE   "Ready"
END

STRINGTABLE DISCARDABLE
BEGIN
    ID_INDICATOR_EXT      "EXT"
    ID_INDICATOR_CAPS     "CAP"
    ID_INDICATOR_NUM      "NUM"
    ID_INDICATOR_SCRL     "SCRL"
    ID_INDICATOR_OVR      "OVR"
    ID_INDICATOR_REC      "REC"
```

Chapter 4: Drawing in the Non-Client Area

```
    END

    STRINGTABLE DISCARDABLE
    BEGIN
        ID_FILE_NEW             "Create a new document"
        ID_FILE_OPEN            "Open an existing document"
        ID_FILE_CLOSE           "Close the active document"
        ID_FILE_SAVE            "Save the active document"
        ID_FILE_SAVE_AS         "Save the active document with a new name"
    END

    STRINGTABLE DISCARDABLE
    BEGIN
        ID_APP_ABOUT       "Display program information, version number and copyright"
        ID_APP_EXIT        "Quit the application; prompts to save documents"
    END

    STRINGTABLE DISCARDABLE
    BEGIN
        ID_FILE_MRU_FILE1       "Open this document"
        ID_FILE_MRU_FILE2       "Open this document"
        ID_FILE_MRU_FILE3       "Open this document"
        ID_FILE_MRU_FILE4       "Open this document"
    END

    STRINGTABLE DISCARDABLE
    BEGIN
        ID_NEXT_PANE            "Switch to the next window pane"
        ID_PREV_PANE            "Switch back to the previous window pane"
    END

    STRINGTABLE DISCARDABLE
    BEGIN
        ID_EDIT_CLEAR           "Erase the selection"
        ID_EDIT_CLEAR_ALL       "Erase everything"
        ID_EDIT_COPY            "Copy the selection and put it on the Clipboard"
        ID_EDIT_CUT             "Cut the selection and put it on the Clipboard"
        ID_EDIT_FIND            "Find the specified text"
        ID_EDIT_PASTE           "Insert Clipboard contents"
        ID_EDIT_REPEAT          "Repeat the last action"
        ID_EDIT_REPLACE         "Replace specific text with different text"
        ID_EDIT_SELECT_ALL      "Select the entire document"
        ID_EDIT_UNDO            "Undo the last action"
        ID_EDIT_REDO            "Redo the previously undone action"
    END

    STRINGTABLE DISCARDABLE
```

```
BEGIN
    AFX_IDS_SCSIZE          "Change the window size"
    AFX_IDS_SCMOVE          "Change the window position"
    AFX_IDS_SCMINIMIZE      "Reduce the window to an icon"
    AFX_IDS_SCMAXIMIZE      "Enlarge the window to full size"
    AFX_IDS_SCNEXTWINDOW    "Switch to the next document window"
    AFX_IDS_SCPREVWINDOW    "Switch to the previous document window"
    AFX_IDS_SCCLOSE         "Close the active window and prompts to save the documents"
END

STRINGTABLE DISCARDABLE
BEGIN
    AFX_IDS_SCRESTORE       "Restore the window to normal size"
    AFX_IDS_SCTASKLIST      "Activate Task List"
END


#ifndef APSTUDIO_INVOKED
/////////////////////////////////////////////////////////////////////////////
// Generated from the TEXTINCLUDE 3 resource.
//
#include "res\ticker.rc2"  // non-App Studio edited resources

#include "afxres.rc"  // Standard components

/////////////////////////////////////////////////////////////////////////////
#endif    // not APSTUDIO_INVOKED
```

Listing 4.13 Ticker.def

```
; ticker.def : Declares the module parameters for the application.

NAME           TICKER
DESCRIPTION    'TICKER Windows Application'
EXETYPE        WINDOWS

CODE           PRELOAD MOVEABLE DISCARDABLE
DATA           PRELOAD MOVEABLE MULTIPLE

HEAPSIZE       1024    ; initial heap size
; Stack size is passed as argument to linker's /STACK option
```

Listing 4.14 Ticker.mak

```
# Microsoft Visual C++ generated build script - Do not modify

PROJ = TICKER
DEBUG = 1
PROGTYPE = 0
CALLER =
ARGS =
DLLS =
D_RCDEFINES = /d_DEBUG
R_RCDEFINES = /dNDEBUG
ORIGIN = MSVC
ORIGIN_VER = 1.00
PROJPATH = E:\WMPRO\MT_BOOK\CHAP4\TICKER\
USEMFC = 1
CC = cl
CPP = cl
CXX = cl
CCREATEPCHFLAG =
CPPCREATEPCHFLAG =
CUSEPCHFLAG =
CPPUSEPCHFLAG =
FIRSTC =
FIRSTCPP = STDAFX.CPP
RC = rc
CFLAGS_D_WEXE = /nologo /G2 /W3 /Zi /AM /YX /Od /D "_DEBUG" /FR /GA
/Fd"TICKER.PDB" /Fp"TICKER.PCH"
CFLAGS_R_WEXE = /nologo /Gs /G2 /W3 /AM /YX /O1 /D "NDEBUG" /FR /GA
LFLAGS_D_WEXE = /NOLOGO /NOD /PACKC:61440 /STACK:10240 /ALIGN:16
/ONERROR:NOEXE /CO
LFLAGS_R_WEXE = /NOLOGO /NOD /PACKC:61440 /STACK:10240 /ALIGN:16
/ONERROR:NOEXE
LIBS_D_WEXE = mafxcwd oldnames libw mlibcew commdlg olesvr olecli shell
LIBS_R_WEXE = mafxcw oldnames libw mlibcew commdlg olesvr olecli shell
RCFLAGS = /nologo /z
RESFLAGS = /nologo /t
RUNFLAGS =
DEFFILE = TICKER.DEF
OBJS_EXT =
LIBS_EXT = UGLY.LIB
!if "$(DEBUG)" == "1"
CFLAGS = $(CFLAGS_D_WEXE)
LFLAGS = $(LFLAGS_D_WEXE)
LIBS = $(LIBS_D_WEXE)
MAPFILE = nul
```

```
RCDEFINES = $(D_RCDEFINES)
!else
CFLAGS = $(CFLAGS_R_WEXE)
LFLAGS = $(LFLAGS_R_WEXE)
LIBS = $(LIBS_R_WEXE)
MAPFILE = nul
RCDEFINES = $(R_RCDEFINES)
!endif
!if [if exist MSVC.BND del MSVC.BND]
!endif
SBRS = STDAFX.SBR \
            TICKER.SBR \
            MAINFRM.SBR \
            TICKEDOC.SBR \
            TICKEVW.SBR


UGLY_DEP =

TICKER_RCDEP = e:\wmpro\mt_book\chap4\ticker\res\ticker.ico \
    e:\wmpro\mt_book\chap4\ticker\res\chicklet.bmp \
    e:\wmpro\mt_book\chap4\ticker\res\ticker.rc2


STDAFX_DEP = e:\wmpro\mt_book\chap4\ticker\stdafx.h


TICKER_DEP = e:\wmpro\mt_book\chap4\ticker\stdafx.h \
    e:\wmpro\mt_book\chap4\ticker\ticker.h \
    e:\wmpro\mt_book\chap4\ticker\mainfrm.h \
    e:\wmpro\mt_book\chap4\ticker\tickedoc.h \
    e:\wmpro\mt_book\chap4\ticker\tickevw.h


MAINFRM_DEP = e:\wmpro\mt_book\chap4\ticker\stdafx.h \
    e:\wmpro\mt_book\chap4\ticker\ticker.h \
    e:\wmpro\mt_book\chap4\ticker\mainfrm.h


TICKEDOC_DEP = e:\wmpro\mt_book\chap4\ticker\stdafx.h \
    e:\wmpro\mt_book\chap4\ticker\ticker.h \
    e:\wmpro\mt_book\chap4\ticker\tickedoc.h


TICKEVW_DEP = e:\wmpro\mt_book\chap4\ticker\stdafx.h \
    e:\wmpro\mt_book\chap4\ticker\ticker.h \
    e:\wmpro\mt_book\chap4\ticker\tickedoc.h \
```

```
        e:\wmpro\mt_book\chap4\ticker\tickevw.h


all:$(PROJ).EXE $(PROJ).BSC

TICKER.RES: TICKER.RC $(TICKER_RCDEP)
    $(RC) $(RCFLAGS) $(RCDEFINES) -r TICKER.RC

STDAFX.OBJ: STDAFX.CPP $(STDAFX_DEP)
    $(CPP) $(CFLAGS) $(CPPCREATEPCHFLAG) /c STDAFX.CPP

TICKER.OBJ: TICKER.CPP $(TICKER_DEP)
    $(CPP) $(CFLAGS) $(CPPUSEPCHFLAG) /c TICKER.CPP

MAINFRM.OBJ: MAINFRM.CPP $(MAINFRM_DEP)
    $(CPP) $(CFLAGS) $(CPPUSEPCHFLAG) /c MAINFRM.CPP

TICKEDOC.OBJ:       TICKEDOC.CPP $(TICKEDOC_DEP)
    $(CPP) $(CFLAGS) $(CPPUSEPCHFLAG) /c TICKEDOC.CPP

TICKEVW.OBJ: TICKEVW.CPP $(TICKEVW_DEP)
    $(CPP) $(CFLAGS) $(CPPUSEPCHFLAG) /c TICKEVW.CPP


$(PROJ).EXE::       TICKER.RES

$(PROJ).EXE::       STDAFX.OBJ TICKER.OBJ MAINFRM.OBJ TICKEDOC.OBJ
TICKEVW.OBJ $(OBJS_EXT) $(DEFFILE)
    echo >NUL @<<$(PROJ).CRF
STDAFX.OBJ +
TICKER.OBJ +
MAINFRM.OBJ +
TICKEDOC.OBJ +
TICKEVW.OBJ +
$(OBJS_EXT)
$(PROJ).EXE
$(MAPFILE)
e:\wmpro\class\+
d:\msvc\lib\+
d:\msvc\mfc\lib\+
UGLY.LIB+
$(LIBS)
$(DEFFILE);
<<
    link $(LFLAGS) @$(PROJ).CRF
    $(RC) $(RESFLAGS) TICKER.RES $@
    @copy $(PROJ).CRF MSVC.BND
```

```
$(PROJ).EXE::        TICKER.RES
    if not exist MSVC.BND    $(RC) $(RESFLAGS) TICKER.RES $@

run: $(PROJ).EXE
    $(PROJ) $(RUNFLAGS)


$(PROJ).BSC: $(SBRS)
    bscmake @<<
/o$@ $(SBRS)
<<
```

The TICKER application was shown previously in Figure 4.1, which also shows the client and non-client areas of a window. As you can see, TICKER draws a small button with a blue center into both the client and non-client areas of the window. The next section discusses how to accomplish this.

Hooking Up Non-Standard MFC Messages

First off, if you have just rushed over to your copy of Visual C++ and fired up Class Wizard to see how you can hook up paint messages for the non-client area, forget it. You can't. Class Wizard doesn't support the message needed, WM_NCPAINT. This is the message that Windows sends when the non-client area of the screen needs to be repainted, and it's the message that you'll be responding to when you want to draw the button into the title bar. In order to respond to the WM_NCPAINT message, you're going to have to hook up the command action by hand.

This would be impossible if it weren't for the fact that the base CWnd class (from which Mainfrm is derived) didn't have as a member function the following:

```
CWnd::OnNcPaint
Protected

afx_msg void OnNcPaint(); "
```

This is the base class function that is called when a WM_NCPAINT message occurs. All it does is call `DefWindowProc()`, because there is nothing non-standard about the way it handles the non-client area.

You can override this member function and do your own drawing in the non-client area. However, the process isn't automatic. To override a member function that you need, but which isn't accessible through Class Wizard, you have to do the following things:

1. You need to add code similar to the following to the window class that you want to handle the NCPAINT message. This code is added to the header file. In my case, I added it to **mainfrm.h**. The file that you add it to will depend on your application. One point worth noting: I added this code to my *frame* window; if you add it to your view window, it won't show up. This is because view windows don't really have a non-client area. Only the topmost window (the frame) really gets non-client area messages:

```
// Generated message map functions
protected:
    //{{AFX_MSG(CMainFrame)
    afx_msg void OnActivateApp(BOOL bActive, HTASK hTask);
    afx_msg void OnNcPaint();
    //}}AFX_MSG

        DECLARE_MESSAGE_MAP()
};
```

The normal code is code that is generated for you; the code in bold is the code you have to add.

2. You have to update your command message map to indicate that you have a handler that wants to receive NCPAINT messages (or whatever messages you're trying to get access to). Your code will look something like this (this is code out of **mainfrm.cpp**):

```
BEGIN_MESSAGE_MAP(CMainFrame, CFrameWnd)
    //{{AFX_MSG_MAP(CMainFrame)
    ON_WM_ACTIVATEAPP()
    ON_WM_NCPAINT()
    //}}AFX_MSG_MAP
END_MESSAGE_MAP()
```

Again, AppWizard creates most of this code, but you have to add the line in bold. That's the line that tells the command dispatcher that you want to handle NCPAINT messages.

3. You have to build a member function that handles the message. Note that to derive properly from the base class, it's *very* important to make sure that your derived class is spelled the same, including case. Following is the member function that I built for my CMainFrame class:

```
//---------------------------
//
// OnNcPaint()
//
//

void CMainFrame::OnNcPaint()
{

    //----------------

    CWnd::OnNcPaint();

    //
    // First, setup the drawing offsets...
    //

    SetupDrawingOffsets();

    //
    // Next, draw the chicklet...
    //

    DrawChicklet();

}
```

I built a member function that looks exactly like the base CWnd class member function; if I didn't, then I wouldn't be able to override the base class' functionality.

Drawing in the Non-Client Area

This function is very simple. First, it calls the base class OnNcPaint() member function. Although this may seem somewhat strange given the hoops we have just jumped through in order to override that function, I have a very good reason for doing so. By calling the base class before I do any drawing, I have just ensured that my window will be drawn correctly. In other words, I don't have to worry about things like drawing the system menu bar button, or the window title or the window frame, or any of the rest of that stuff. It's a good thing, too, given how unpleasant a prospect that would be.

Instead, what I have done is given myself the perfect canvas I have the window drawn exactly the way I want, and now I can draw on top of it whatever I choose. This is what the next two calls, `SetupDrawingOffsets()` and `DrawChicklet()`, are all about.

Figuring Out Where To Draw

The first of the two routines is `SetupDrawingOffsets()`, which is responsible for figuring out exactly where the button should be drawn in the title bar. On the face of it, this is a seemingly simple task. The first approach that I took was to use the documented SYSTEM METRICS to give me back information regarding the thickness of a window border, the height of the title, and other such minutiae. With all this information at my disposal, I figured that determining the correct placement of the bitmap would be a breeze. But, I was wrong.

The values that you get back from SYSTEM METRICS are close, but they're not always correct. Furthermore, because Window styles can vary, there's actually quite a bit of room for slippage. As a result, it is impossible to rely on the values for correct placement of the bitmap.

Well, if you can't rely on values provided by the system, what can you use? Like so many other things in Windows, you can determine the answer empirically (by going out and doing). Here's how:

```
    POINT   clientPoint;      // Point in client rect

    RECT    wndRect;          // Window rectangle

    int     yCaptionOffset;   // Y caption offset ( if any )

    LONG    wndStyle;         // Window style...

    //-------------------------------

    ::GetWindowRect ( this->GetSafeHwnd(),
            &wndRect );
```

```
clientPoint.x = 0;
clientPoint.y = 0;

::ClientToScreen ( this->GetSafeHwnd(),
                   &clientPoint );
```

Using `GetWindowRect()`, this code finds out (in terms of screen coordinates), where the actual upper left corner of the window is. This is the true upper left corner of the window, outside of everything else. Using `ClientToScreen()`, we find out where the upper left corner of the *client* area is, which gives us the upper left corner of the drawing area, which is just beneath all the non-client stuff (see Figure 4.2). We then subtract the client point from the screen point, giving us the difference of these two; as you can see, this gives the thickness of the window frame on the left side.

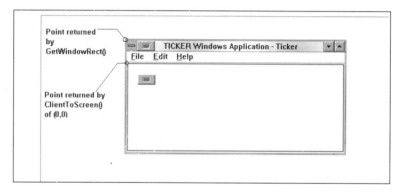

Figure 4.2 *The two points returned by the calls GetWindowRect() and ClientToScreen(), respectively. Notice that the client point is on the inside of the window frame, while the Window point is on the outside.*

Here's the sneaky (some might say dangerous) part; we make the assumption that the thickness of the left side of the window frame is the same as the thickness of the top of the window frame. That assumption means that we also know how thick the frame is at the top. Put another way, it tells us how many actual screen pixels we have to move our image down in order to get the top of the title bar.

This is fine as long as you have small fonts—the thickness of the bitmap that we're going to draw (19 pixels) is exactly the same thickness as the default small font. But what if you're running a large font? This code handles that situation:

```
//
//
// We have our base offsets;   now we need to add any
// special stuff in.  For y, this is any extra pixels
// in the difference between the height of a bitmap
// in the title bar, and our bitmap.
//

if ( GetSystemMetrics ( SM_CYSIZE ) > 18 )
{
yCaptionOffset = ( GetSystemMetrics ( SM_CYSIZE ) - 16 ) / 2;

yOffset += yCaptionOffset;
}
```

This code gets the system metrics for SM_CYSIZE, which defines the height of the bitmaps that are used in the title bar. "Wait a minute!" you may be saying, "he just said that we're checking for a different font size, and now we're checking bitmap sizes!" True enough. However, when the user has installed large fonts, they have also installed (albeit unknowingly) larger bitmaps for the **minimize**, **maximize**, and **system menu** buttons. (You can see this by looking in the video driver; for ones that support multiple font sizes, there are multiple sizes of bitmaps.) Because the bitmaps are always associated with the font size (or put another way, because Windows always sizes the title bar to fit the bitmaps that go in it), we can use the bitmap size to determine how big the title bar will be. This means that we can center our bitmap in the title bar if the title bar is bigger than our bitmap.

Our next piece of prestidigitation involves the horizontal position of the bitmap. The horizontal position of the bitmap should be wedged against the left edge of the frame (if there isn't a system menu), or just to the right of the system menu (if there is one). How do we do this? We check to see whether there is a system menu by using the GetWindowLong() function. This allows us to retrieve the window style of our window and see whether the system menu flag is set. If it is, then we get the size of the bitmap used for the system menu (SM_CXSIZE, which is the width, just as SM_CYSIZE is the height). Following is the code:

```
//
//   Add in the offset to move us over off of the system
// menu pop-up.  Do this only if there _is_ a system
// menu popup...
//
```

```
wndStyle = GetWindowLong ( this->GetSafeHwnd(),
                           GWL_STYLE );

if ( wndStyle && WS_SYSMENU )
{
xOffset += GetSystemMetrics ( SM_CXSIZE ) + 1;
}
else
{
xOffset += 1;
}
```

Now that we have the position at which we should draw the bitmap, we need to actually *draw* the silly thing. That's handled by `DrawChicklet()`, which uses one of my ResourceBitmap object classes to do most of the grunt work. In this case, I loaded the bitmap in the CMainFrame's constructor, via the call to `LoadSelf()`. Note that I used the call `AfxGetInstanceHandle()` to get the instance handle of our application (which my class needs to properly load the bitmap out of the resource).

In the routine `DrawChicklet()`, I make sure that the application is iconified (it would be pretty silly to draw in if it were) via the call:

```
if ( IsIconic () )
return;
```

The return value from `IsIconic()` is non-zero if the application is, in fact, minimized. Assuming that the window isn't iconic, then I need to create a window DC for the window. A window DC is a device (or display) context for the whole window, not just the client area. Getting a window DC enables you to do non-client area drawing (which of course is just what we're doing). This gives us a DC with the upper left corner placed at the same point as the point returned by `GetWindowRect()`. (Of course, the DC is relative to the upper left corner itself, so the DC's point is (0,0), whereas `GetWindowRect()` returns it as a screen point. But it's the same point on the screen, which is what's important.)

After we have a window DC, we can simply hand the drawing over to the resource bitmap. The resource bitmap knows how to draw itself into a DC (one of the primary reasons I wrote it), and we're done. Notice that we didn't have to do any setup or cleanup of the bitmap or Dcs. We just get the DC we want to draw into, draw into it, and leave. The destructors of the WindowDC and ResourceBitmap take care of all the cleanup.

```
//
// Here we'll create a WindowDC on the fly
// using the UGLY WindowDC class...
//

WindowDC winDC ( this->GetSafeHwnd() );

//
// Now draw into our window
//

if ( this->chickletBmp.GetHandle() != NULL )
{
    this->chickletBmp.DisplaySelf ( winDC.GetHandle(),
                        xOffset,
                        yOffset );
}
```

The calls `SetupDrawingOffsets()` and `DrawChicklet()` I added to the file **mainfrm.h**, along with the `ResourceBitmap chickletBmp`. (This was done by hand.)

That's it! As you can see, even to draw a bitmap in the title bar takes a certain amount of deviousness. The code isn't actually all that hard, but figuring out what needs to happen certainly is. At this point, we have a bitmap, but we sure aren't using it for anything. Next, we're going to attach a menu to it.

Attaching a Menu To Your Bitmap

As I said, simply slapping a bitmap into the title bar is (by itself) a pretty useless act. However, with the modifications I'm about to show you, you can display a bitmap in the title bar and click on it to obtain a floating pop-up menu from which you can get a dialog box. I have modified the source code to TICKER to do just this. Listings 4.15 through 4.28 are the source code to TICKER2:

Listing 4.15 *Ticker.h*

```
// ticker.h : main header file for the TICKER application
//

#ifndef __AFXWIN_H__
    #error include 'stdafx.h' before including this file for PCH
```

```
#endif

#include "resource.h"              // main symbols

/////////////////////////////////////////////////////////////////////
// CTickerApp:
// See ticker.cpp for the implementation of this class
//

class CTickerApp : public CWinApp
{
public:
    CTickerApp();

// Overrides
    virtual BOOL InitInstance();
    afx_msg void OnNcPaint();


// Implementation

    //{{AFX_MSG(CTickerApp)
    afx_msg void OnAppAbout();
        // NOTE - the Class Wizard will add and remove member functions here.
        //    DO NOT EDIT what you see in these blocks of generated code !
    //}}AFX_MSG
    DECLARE_MESSAGE_MAP()
};


/////////////////////////////////////////////////////////////////////
```

Listing 4.16 Ticker.cpp

```
// ticker.cpp : Defines the class behaviors for the application.
//

#include "stdafx.h"
#include "ticker.h"

#include "mainfrm.h"
#include "tickedoc.h"
#include "tickevw.h"

#ifdef _DEBUG
```

```
#undef THIS_FILE
static char BASED_CODE THIS_FILE[] = __FILE__;
#endif

/////////////////////////////////////////////////////////////////////////
// CTickerApp

BEGIN_MESSAGE_MAP(CTickerApp, CWinApp)
    //{{AFX_MSG_MAP(CTickerApp)
    ON_COMMAND(ID_APP_ABOUT, OnAppAbout)
        // NOTE - the Class Wizard will add and remove mapping macros here.
        //    DO NOT EDIT what you see in these blocks of generated code !
    //}}AFX_MSG_MAP
    // Standard file based document commands
    ON_COMMAND(ID_FILE_NEW, CWinApp::OnFileNew)
    ON_COMMAND(ID_FILE_OPEN, CWinApp::OnFileOpen)
END_MESSAGE_MAP()

/////////////////////////////////////////////////////////////////////////
// CTickerApp construction

CTickerApp::CTickerApp()
{
    // TODO: add construction code here,
    // Place all significant initialization in InitInstance
}

/////////////////////////////////////////////////////////////////////////
// The one and only CTickerApp object

CTickerApp NEAR theApp;

/////////////////////////////////////////////////////////////////////////
// CTickerApp initialization

BOOL CTickerApp::InitInstance()
{
    // Standard initialization
    // If you are not using these features and wish to reduce the size
    //  of your final executable, you should remove from the following
    //  the specific initialization routines you do not need.

    SetDialogBkColor();        // set dialog background color to gray
    LoadStdProfileSettings();  // Load standard INI file options (including MRU)

    // Register the application's document templates.  Document templates
    //  serve as the connection between documents, frame windows and views.
```

```
        AddDocTemplate(new CSingleDocTemplate(IDR_MAINFRAME,
                    RUNTIME_CLASS(CTickerDoc),
                    RUNTIME_CLASS(CMainFrame),      // main SDI frame window
                    RUNTIME_CLASS(CTickerView)));

        // create a new (empty) document
        OnFileNew();

        if (m_lpCmdLine[0] != '\0')
        {
                // TODO: add command line processing here
        }

        return TRUE;
}

/////////////////////////////////////////////////////////////////////////////
// CAboutDlg dialog used for App About

class CAboutDlg : public CDialog
{
public:
    CAboutDlg();

// Dialog Data
    //{{AFX_DATA(CAboutDlg)
    enum { IDD = IDD_ABOUTBOX };
    //}}AFX_DATA

// Implementation
protected:
    virtual void DoDataExchange(CDataExchange* pDX);    // DDX/DDV support
    //{{AFX_MSG(CAboutDlg)
            // No message handlers
    //}}AFX_MSG
    DECLARE_MESSAGE_MAP()
};

CAboutDlg::CAboutDlg() : CDialog(CAboutDlg::IDD)
{
    //{{AFX_DATA_INIT(CAboutDlg)
    //}}AFX_DATA_INIT
}

void CAboutDlg::DoDataExchange(CDataExchange* pDX)
```

```
{
    CDialog::DoDataExchange(pDX);
    //{{AFX_DATA_MAP(CAboutDlg)
    //}}AFX_DATA_MAP
}

BEGIN_MESSAGE_MAP(CAboutDlg, CDialog)
    //{{AFX_MSG_MAP(CAboutDlg)
            // No message handlers
    //}}AFX_MSG_MAP
END_MESSAGE_MAP()

// App command to run the dialog
void CTickerApp::OnAppAbout()
{
    CAboutDlg aboutDlg;
    aboutDlg.DoModal();
}

/////////////////////////////////////////////////////////////////////////////
// CTickerApp commands
```

Listing 4.17 *Mainfrm.h*

```
// mainfrm.h : interface of the CMainFrame class
//
/////////////////////////////////////////////////////////////////////////////

class CMainFrame : public CFrameWnd
{
protected: // create from serialization only
    CMainFrame();
    DECLARE_DYNCREATE(CMainFrame)

// Attributes
public:
    WORD            xOffset;// Position to draw chicklet at, x
    WORD            yOffset;// Position to draw chicklet at, y

    ResBitmap       chickletBmp;    // Chicklet bitmap object
    ResBitmap       downBmp;// Down chicklet bitmap object

// Operations
public:
```

```
    void SetupDrawingOffsets ( );
    void DrawChicklet();
    void DrawDownChicklet();
    void OnOurAbout();

// Implementation
public:
    virtual ~CMainFrame();
#ifdef _DEBUG
    virtual void AssertValid() const;
    virtual void Dump(CDumpContext& dc) const;
#endif


// Generated message map functions
protected:
    //{{AFX_MSG(CMainFrame)
    afx_msg void OnActivateApp(BOOL bActive, HTASK hTask);
    afx_msg void OnNcPaint();
    afx_msg void OnTimer(UINT nIDEvent);
    afx_msg void OnNcLButtonDown(UINT nHitTest, CPoint point);
    //}}AFX_MSG

    DECLARE_MESSAGE_MAP()
};

/////////////////////////////////////////////////////////////////////
```

Listing 4.18 *Mainfrm.cpp*

```
// mainfrm.cpp : implementation of the CMainFrame class
//

#include "stdafx.h"
#include "ticker.h"

#include "mainfrm.h"

#ifdef _DEBUG
#undef THIS_FILE
static char BASED_CODE THIS_FILE[] = __FILE__;
#endif

/////////////////////////////////////////////////////////////////////
// CMainFrame
```

```
IMPLEMENT_DYNCREATE(CMainFrame, CFrameWnd)

BEGIN_MESSAGE_MAP(CMainFrame, CFrameWnd)
    //{{AFX_MSG_MAP(CMainFrame)
    ON_WM_ACTIVATEAPP()
    ON_WM_NCPAINT()
    ON_WM_TIMER()
    ON_WM_NCLBUTTONDOWN()
    ON_COMMAND(WM_USER+3663,OnOurAbout)
    //}}AFX_MSG_MAP
END_MESSAGE_MAP()


/////////////////////////////////////////////////////////////////////////////
// CMainFrame construction/destruction

CMainFrame::CMainFrame()
{
    // TODO: add member initialization code here
    //
    // Load the chicklet bitmap...
    //

    chickletBmp.LoadSelf ( AfxGetInstanceHandle(),
                           "CHICKLET" );

    downBmp.LoadSelf ( AfxGetInstanceHandle(),
                       "DOWNCHIK" );

}

CMainFrame::~CMainFrame()
{
}


/////////////////////////////////////////////////////////////////////////////
// CMainFrame diagnostics

#ifdef _DEBUG
void CMainFrame::AssertValid() const
{
    CFrameWnd::AssertValid();
}

void CMainFrame::Dump(CDumpContext& dc) const
{
```

```
        CFrameWnd::Dump(dc);
    }

#endif //_DEBUG

/////////////////////////////////////////////////////////////////////////////
// CMainFrame message handlers

void CMainFrame::OnActivateApp(BOOL bActive, HTASK hTask)
{
    CFrameWnd::OnActivateApp(bActive, hTask);

    // TODO: Add your message handler code here

}

//---------------------------
//
// OnNcPaint()
//
//

void CMainFrame::OnNcPaint()
{

    //----------------

    CWnd::OnNcPaint();

    //
    // First, setup the drawing offsets...
    //

    SetupDrawingOffsets();

    //
    // Next, draw the chicklet...
    //

    DrawChicklet();

}

//----------------------------
//
// OnNcLButtonDown()
//
```

Chapter 4: Drawing in the Non-Client Area

```
//    Handles a left mouse down in the non-client
// area of our window.
//

void CMainFrame::OnNcLButtonDown( UINT nHitTest, CPoint point )
{
    //
    // Calculate to see if we're in the box
    //

    int     xPos;
    int     yPos;

    RECT    wndRect;// Window rectangle

    //--------------------------

    //
    // Get button down point ( screen coords )
    //

    xPos = point.x;
    yPos = point.y;

    //
    // Now get rectangle...
    //

    GetWindowRect ( &wndRect );

    wndRect.left += xOffset;
    wndRect.top  += yOffset;

    wndRect.right = wndRect.left + 32;
    wndRect.bottom = wndRect.top + 16;

    //
    // Is click inside rectangle?
    //

    if ( wndRect.left    <= xPos &&
         wndRect.right   >= xPos &&
         wndRect.top     <= yPos &&
         wndRect.bottom  >= yPos )
    {
    HMENU    popMenu;
```

```
//-------------------------------

//
// Setup the proper drawing offsets
//

SetupDrawingOffsets ();

//
// Now draw the 'down' button...
//

DrawDownChicklet ();

//
// Ok, click was within the rectangle!
//

popMenu = CreatePopupMenu();

//
// Add regular menus
//

AppendMenu ( popMenu,
             MF_STRING,
             WM_USER + 3663,
             "About Ticker!" );

//
// Now track the menu
//

TrackPopupMenu ( popMenu,
                 0,
                 wndRect.left,
                 wndRect.bottom,
                 0,
                 this->GetSafeHwnd(),
                 0 );

DestroyMenu ( popMenu ); // All done with the menu

//
// Redraw the up image to make sure that it is,
// in fact, drawn...
//
```

```
        DrawChicklet ();

    }
    else
    {
    CWnd::OnNcLButtonDown ( nHitTest, point );
    }
}

//----------------------------
//
// SetupDrawingOffsets()
//
//    Given a window handle, this routine
// will calculate the offsets needed to draw
// our little button bar thing-y.
//
// Best called JUST BEFORE drawing, this routine
// assumes that the global variables:
//
//   xOffset
//   yOffset
//
// exist, and that they will hold (upon exit) the
// proper place to draw things.
//
//    Special Note:  This routine KNOWS ABOUT the
// Blaise Computing Control Palette/NC stuff, which
// means that we have to dynamically check the window
// to see if it's a Blaise drawn window or not.  If
// it is, then we have to query the Blaise stuff
// to find out where the offsets are.
//
//
//

    void
CMainFrame::SetupDrawingOffsets ( )
{
    POINT   clientPoint;     // Point in client rect

    RECT    wndRect;         // Window rectangle

    int     yCaptionOffset;  // Y caption offset ( if any )

    LONG    wndStyle;        // Window style...
```

```
//--------------------------------

//
// Now figure out our special frame coolness.
//
// What this basically does is the following:
//
//      It gets (in screen coordinates), the upper left corner of
// the WINDOW's window.
// It then converts the upper left corner of the CLIENT area
// of the window into screen coordinates, and then subtracts
// the two.  This gives us the _actual_ thickness of the
// border around the edge of the window, which is what we really
// need to know in order to be able to draw properly.
//
// The documented stuff under GetSystemMetrics() regarding
// border frames and dialog boxes and all that is basically
// all mythology.  This method ALWAYS works, and
// really doesn't care about what MickeySoft says
// something is;  it empirically goes and FINDS OUT.  Much better.
//

::GetWindowRect ( this->GetSafeHwnd(),
          &wndRect );

clientPoint.x = 0;
clientPoint.y = 0;

::ClientToScreen ( this->GetSafeHwnd(),
          &clientPoint );

//
// Note the one assumption this thing makes, which is
// that the thickness of a vertical border is the SAME as the
// thickness of a horizontal border.  While this is probably
// OK, there may be some occasions where it ISN'T.  So be warned.
//

yOffset = clientPoint.x - wndRect.left;

xOffset = clientPoint.x - wndRect.left;

//
//
// We have our base offsets;  now we need to add any
// special stuff in.  For y, this is any extra pixels
```

```
        // in the difference between the height of a bitmap
        // in the title bar, and our bitmap.
        //

        if ( GetSystemMetrics ( SM_CYSIZE ) > 18 )
        {
        yCaptionOffset = ( GetSystemMetrics ( SM_CYSIZE ) - 16 ) / 2;

        yOffset += yCaptionOffset;
        }

        //
        //  Add in the offset to move us over off of the system
        // menu pop-up.  Do this only if there _is_ a system
        // menu popup...
        //

        wndStyle = GetWindowLong ( this->GetSafeHwnd(),
                            GWL_STYLE );

        if ( wndStyle && WS_SYSMENU )
        {
        xOffset += GetSystemMetrics ( SM_CXSIZE ) + 1;
        }
        else
        {
        xOffset += 1;
        }

}


//-----------------------
//
// DrawChicklet()
//
//    Draws the chicklet into the window frame
//

        void
CMainFrame::DrawChicklet()
{
    //
    // If the window's iconic, then it would not be
    // good for us to draw into it.
    //

    if ( IsIconic () )
```

```
        return;

    //
    // Here we'll create a WindowDC on the fly
    // using the UGLY WindowDC class...
    //

    WindowDC winDC ( this->GetSafeHwnd() );

    //
    // Now draw into our window
    //

    if ( this->chickletBmp.GetHandle() != NULL )
    {
    this->chickletBmp.DisplaySelf ( winDC.GetHandle(),
                                    xOffset,
                                    yOffset );
    }
}

//--------------------------
//
// DrawDownChicklet()
//
//

    void
CMainFrame::DrawDownChicklet()
{
    //
    // If the window's iconic, then it would not be
    // good for us to draw into it.
    //

    if ( IsIconic () )
    return;

    //
    // Here we'll create a WindowDC on the fly
    // using the UGLY WindowDC class...
    //
```

Chapter 4: Drawing in the Non-Client Area

```
    WindowDC winDC ( this->GetSafeHwnd() );

    //
    // Now draw into our window
    //

    if ( this->downBmp.GetHandle() != NULL )
    {
    this->downBmp.DisplaySelf ( winDC.GetHandle(),
                                xOffset,
                                yOffset );
    }
}

//------------------------
//
// OnTimer()
//
//   Handles the timer event messages
//

void CMainFrame::OnTimer(UINT nIDEvent)
{

}

//-------------------------
//
// OnOurAbout()
//

    void
CMainFrame::OnOurAbout()
{
    MessageBox ( "Hello, I'm the happy about box!",
            "Neat-O!",
            MB_OK );

    SendMessage ( WM_NCPAINT,
                    NULL,
                    NULL );
}
```

Listing 4.19 Tickedoc.h

```cpp
// tickedoc.h : interface of the CTickerDoc class
//
/////////////////////////////////////////////////////////////////////

class CTickerDoc : public CDocument
{
protected: // create from serialization only
    CTickerDoc();
    DECLARE_DYNCREATE(CTickerDoc)

// Attributes
public:

// Operations
public:

// Implementation
public:
    virtual ~CTickerDoc();
    virtual void Serialize(CArchive& ar);   // overridden for document i/o
#ifdef _DEBUG
    virtual void AssertValid() const;
    virtual void Dump(CDumpContext& dc) const;
#endif
protected:
    virtual BOOL    OnNewDocument();

// Generated message map functions
protected:
    //{{AFX_MSG(CTickerDoc)
        // NOTE - the Class Wizard will add and remove member functions here.
        //    DO NOT EDIT what you see in these blocks of generated code !
    //}}AFX_MSG
    DECLARE_MESSAGE_MAP()
};

/////////////////////////////////////////////////////////////////////
```

Listing 4.20 *Tickedoc.cpp*

```cpp
// tickedoc.cpp : implementation of the CTickerDoc class
//

#include "stdafx.h"
#include "ticker.h"

#include "tickedoc.h"

#ifdef _DEBUG
#undef THIS_FILE
static char BASED_CODE THIS_FILE[] = __FILE__;
#endif

/////////////////////////////////////////////////////////////////////////////
// CTickerDoc

IMPLEMENT_DYNCREATE(CTickerDoc, CDocument)

BEGIN_MESSAGE_MAP(CTickerDoc, CDocument)
    //{{AFX_MSG_MAP(CTickerDoc)
    // NOTE - the Class Wizard will add and remove mapping macros here.
    //    DO NOT EDIT what you see in these blocks of generated code !
    //}}AFX_MSG_MAP
END_MESSAGE_MAP()

/////////////////////////////////////////////////////////////////////////////
// CTickerDoc construction/destruction

CTickerDoc::CTickerDoc()
{
    // TODO: add one-time construction code here
}

CTickerDoc::~CTickerDoc()
{
}

BOOL CTickerDoc::OnNewDocument()
```

```cpp
{
    if (!CDocument::OnNewDocument())
        return FALSE;
    // TODO: add reinitialization code here
    // (SDI documents will reuse this document)
    return TRUE;
}

/////////////////////////////////////////////////////////////////////////////
// CTickerDoc serialization

void CTickerDoc::Serialize(CArchive& ar)
{
    if (ar.IsStoring())
    {
        // TODO: add storing code here
    }
    else
    {
        // TODO: add loading code here
    }
}


/////////////////////////////////////////////////////////////////////////////
// CTickerDoc diagnostics

#ifdef _DEBUG
void CTickerDoc::AssertValid() const
{
    CDocument::AssertValid();
}

void CTickerDoc::Dump(CDumpContext& dc) const
{
    CDocument::Dump(dc);
}

#endif //_DEBUG

/////////////////////////////////////////////////////////////////////////////
// CTickerDoc commands
```

Listing 4.21 *Tickevw.h*

```
// tickevw.h : interface of the CTickerView class
//
/////////////////////////////////////////////////////////////////////////

class CTickerView : public CView
{
protected: // create from serialization only
    CTickerView();
    DECLARE_DYNCREATE(CTickerView)

// Attributes
public:
    CTickerDoc* GetDocument();

    WORD            xOffset;// Position to draw chicklet at, x
    WORD            yOffset;// Position to draw chicklet at, y

    ResBitmap       chickletBmp;    // Chicklet bitmap object

// Operations
public:

    void SetupDrawingOffsets ( );
    void DrawChicklet();

// Implementation
public:
    virtual ~CTickerView();

    virtual void OnDraw(CDC* pDC);   // overridden to draw this view

#ifdef _DEBUG
    virtual void AssertValid() const;
    virtual void Dump(CDumpContext& dc) const;
#endif


// Generated message map functions
protected:
```

```
    afx_msg void OnNcPaint();

    //{{AFX_MSG(CTickerView)
    afx_msg void OnPaint();
    afx_msg void OnTimer(UINT nIDEvent);
    //}}AFX_MSG
    DECLARE_MESSAGE_MAP()
};

#ifndef _DEBUG    // debug version in tickevw.cpp
inline CTickerDoc* CTickerView::GetDocument()
    { return (CTickerDoc*) m_pDocument; }
#endif

/////////////////////////////////////////////////////////////////////////////
```

Listing 4.22 *Tickevw.cpp*

```
// tickevw.cpp : implementation of the CTickerView class
//

#include "stdafx.h"
#include "ticker.h"

#include "tickedoc.h"
#include "tickevw.h"

#ifdef _DEBUG
#undef THIS_FILE
static char BASED_CODE THIS_FILE[] = __FILE__;
#endif

/////////////////////////////////////////////////////////////////////////////
// CTickerView

IMPLEMENT_DYNCREATE(CTickerView, CView)
```

Chapter 4: Drawing in the Non-Client Area

```
BEGIN_MESSAGE_MAP(CTickerView, CView)
    //{{AFX_MSG_MAP(CTickerView)
    ON_WM_PAINT()
    ON_WM_TIMER()
    //}}AFX_MSG_MAP
    ON_WM_NCPAINT()

END_MESSAGE_MAP()

/////////////////////////////////////////////////////////////////////////////
// CTickerView construction/destruction

CTickerView::CTickerView()
{
    // TODO: add construction code here

    //
    // Load the chicklet bitmap...
    //

    chickletBmp.LoadSelf ( AfxGetInstanceHandle(),
                           "CHICKLET" );

}

CTickerView::~CTickerView()
{
    //
    // Don't have to delete the chicklet,
    // it'll do it itself...
    //
}

/////////////////////////////////////////////////////////////////////////////
// CTickerView drawing

void CTickerView::OnDraw(CDC* pDC)
{
    CTickerDoc* pDoc = GetDocument();

    // TODO: add draw code here
}
```

```
/////////////////////////////////////////////////////////////////////////
// CTickerView diagnostics

#ifdef _DEBUG
void CTickerView::AssertValid() const
{
    CView::AssertValid();
}

void CTickerView::Dump(CDumpContext& dc) const
{
    CView::Dump(dc);
}

CTickerDoc* CTickerView::GetDocument() // non-debug version is inline
{
    ASSERT(m_pDocument->IsKindOf(RUNTIME_CLASS(CTickerDoc)));
    return (CTickerDoc*) m_pDocument;
}

#endif //_DEBUG

/////////////////////////////////////////////////////////////////////////
// CTickerView message handlers

//---------------------------
//
// OnNcPaint()
//
//

    void

CTickerView::OnNcPaint()
{

    //----------------

    CWnd::OnNcPaint();

    //
    // First, setup the drawing offsets...
    //
```

```
    SetupDrawingOffsets();

    //
    // Next, draw the chicklet...
    //

    DrawChicklet();

}

//----------------------------
//
// SetupDrawingOffsets()
//
//    Given a window handle, this routine
// will calculate the offsets needed to draw
// our little button bar thing-y.
//
// Best called JUST BEFORE drawing, this routine
// assumes that the global variables:
//
//   xOffset
//   yOffset
//
// exist, and that they will hold (upon exit) the
// proper place to draw things.
//
//    Special Note:  This routine KNOWS ABOUT the
// Blaise Computing Control Palette/NC stuff, which
// means that we have to dynamically check the window
// to see if it's a Blaise drawn window or not.  If
// it is, then we have to query the Blaise stuff
// to find out where the offsets are.
//
//
//

    void
CTickerView::SetupDrawingOffsets ( )
{
    POINT    clientPoint;      // Point in client rect

    RECT     wndRect;// Window rectangle

    int           yCaptionOffset; // Y caption offset ( if any )

    LONG     wndStyle;     // Window style...
```

```
//---------------------------------

//
// Now figure out our special frame coolness.
//
// What this basically does is the following:
//
//      It gets (in screen coordinates), the upper left corner of
// the WINDOW's window.
// It then converts the upper left corner of the CLIENT area
// of the window into screen coordinates, and then subtracts
// the two.  This gives us the _actual_ thickness of the
// border around the edge of the window, which is what we really
// need to know in order to be able to draw properly.
//
// The documented stuff under GetSystemMetrics() regarding
// border frames and dialog boxes and all that is basically
// all mythology.  This method ALWAYS works, and
// really doesn't care about what MickeySoft says
// something is;  it empirically goes and FINDS OUT.  Much better.
//

::GetWindowRect ( this->GetSafeHwnd(),
          &wndRect );

clientPoint.x = 0;
clientPoint.y = 0;

::ClientToScreen ( this->GetSafeHwnd(),
          &clientPoint );

//
// Note the one assumption this thing makes, which is
// that the thickness of a vertical border is the SAME as the
// thickness of a horizontal border.  While this is probably
// OK, there may be some occasions where it ISN'T.  So be warned.
//

yOffset = clientPoint.x - wndRect.left;

xOffset = clientPoint.x - wndRect.left;

//
//
// We have our base offsets;  now we need to add any
```

Chapter 4: Drawing in the Non-Client Area **191**

```
        // special stuff in.  For y, this is any extra pixels
        // in the difference between the height of a bitmap
        // in the title bar, and our bitmap.
        //

        if ( GetSystemMetrics ( SM_CYSIZE ) > 18 )
        {
        yCaptionOffset = ( GetSystemMetrics ( SM_CYSIZE ) - 16 ) / 2;

        yOffset += yCaptionOffset;
        }

        //
        //  Add in the offset to move us over off of the system
        // menu pop-up.  Do this only if there _is_ a system
        // menu popup...
        //

        wndStyle = GetWindowLong ( this->GetSafeHwnd(),
                            GWL_STYLE );

        if ( wndStyle && WS_SYSMENU )
        {
        xOffset += GetSystemMetrics ( SM_CXSIZE ) + 1;
        }
        else
        {
        xOffset += 1;
        }
}


//-----------------------
//
//  DrawChicklet()
//
//    Draws the chicklet into the window frame
//

    void
CTickerView::DrawChicklet()
{
    //
    // If the window's iconic, then it would not be
    // good for us to draw into it.
    //

    if ( IsIconic () )
```

```
    return;

    //
    // Here we'll create a WindowDC on the fly
    // using the UGLY WindowDC class...
    //

    WindowDC winDC ( this->GetSafeHwnd() );

    //
    // Now draw into our window
    //

    if ( this->chickletBmp.GetHandle() != NULL )
    {
    this->chickletBmp.DisplaySelf ( winDC.GetHandle(),
                                    xOffset,
                                    yOffset );
    }
}

//----------------------------
//
// OnPaint()
//
//   Handles painting for the screen
//

void CTickerView::OnPaint()
{
    CPaintDC dc(this); // device context for painting

    // TODO: Add your message handler code here
    if ( this->chickletBmp.GetHandle() != NULL )
    {
    this->chickletBmp.DisplaySelf ( dc.GetSafeHdc(),
                                    20,
                                    20 );
    }

    // Do not call CView::OnPaint() for painting messages
}

void CTickerView::OnTimer(UINT nIDEvent)
{
    // TODO: Add your message handler code here and/or call default
```

```
        CView::OnTimer(nIDEvent);
}
```

Listing 4.23 *Stdafx.h*

```
// stdafx.h : include file for standard system include files,
//  or project specific include files that are used frequently, but
//      are changed infrequently
//

#include <afxwin.h>         // MFC core and standard components
#include <afxext.h>         // MFC extensions (including VB)

#include <ugly.hpp>   // UGLY class library definitions
```

Listing 4.24 *Stdafx.cpp*

```
// stdafx.cpp : source file that includes just the standard includes
//  stdafx.pch will be the pre-compiled header
//  stdafx.obj will contain the pre-compiled type information

#include "stdafx.h"
```

Listing 4.25 *Ticker.def*

```
; ticker.def : Declares the module parameters for the application.

NAME            TICKER
DESCRIPTION     'TICKER Windows Application'
EXETYPE         WINDOWS

CODE            PRELOAD MOVEABLE DISCARDABLE
DATA            PRELOAD MOVEABLE MULTIPLE

HEAPSIZE        1024    ; initial heap size
; Stack size is passed as argument to linker's /STACK option
```

Listing 4.26 *Ticker.rc*

```
//Microsoft App Studio generated resource script.
//
#include "resource.h"

#define APSTUDIO_READONLY_SYMBOLS
/////////////////////////////////////////////////////////////////////////////
//
// Generated from the TEXTINCLUDE 2 resource.
//
#include "afxres.h"


/////////////////////////////////////////////////////////////////////////////
#undef APSTUDIO_READONLY_SYMBOLS

#ifdef APSTUDIO_INVOKED
/////////////////////////////////////////////////////////////////////////////
//
// TEXTINCLUDE
//

1 TEXTINCLUDE DISCARDABLE
BEGIN
    "resource.h\0"
END

2 TEXTINCLUDE DISCARDABLE
BEGIN
    "#include ""afxres.h""\r\n"
    "\0"
END

3 TEXTINCLUDE DISCARDABLE
BEGIN
    "#include ""res\\ticker.rc2""  // non-App Studio edited resources\r\n"
    "\r\n"
    "#include ""afxres.rc""  // Standard components\r\n"
    "\0"
END


/////////////////////////////////////////////////////////////////////////////
////////
#endif    // APSTUDIO_INVOKED
```

```
///////////////////////////////////////////////////////////////////////////
//
// Icon
//

IDR_MAINFRAME          ICON    DISCARDABLE     "RES\\TICKER.ICO"

///////////////////////////////////////////////////////////////////////////
//
// Menu
//

IDR_MAINFRAME MENU PRELOAD DISCARDABLE
BEGIN
    POPUP "&File"
    BEGIN
        MENUITEM "&New\tCtrl+N",                ID_FILE_NEW
        MENUITEM "&Open...\tCtrl+O",            ID_FILE_OPEN
        MENUITEM "&Save\tCtrl+S",               ID_FILE_SAVE
        MENUITEM "Save &As...",                 ID_FILE_SAVE_AS
        MENUITEM SEPARATOR
        MENUITEM "Recent File",                 ID_FILE_MRU_FILE1, GRAYED
        MENUITEM SEPARATOR
        MENUITEM "E&xit",                       ID_APP_EXIT
    END
    POPUP "&Edit"
    BEGIN
        MENUITEM "&Undo\tCtrl+Z",               ID_EDIT_UNDO
        MENUITEM SEPARATOR
        MENUITEM "Cu&t\tCtrl+X",                ID_EDIT_CUT
        MENUITEM "&Copy\tCtrl+C",               ID_EDIT_COPY
        MENUITEM "&Paste\tCtrl+V",              ID_EDIT_PASTE
    END
    POPUP "&Help"
    BEGIN
        MENUITEM "&About TICKER...",            ID_APP_ABOUT
    END
END


///////////////////////////////////////////////////////////////////////////
//
// Accelerator
//

IDR_MAINFRAME ACCELERATORS PRELOAD MOVEABLE PURE
BEGIN
```

```
    "N",            ID_FILE_NEW,        VIRTKEY,CONTROL
    "O",            ID_FILE_OPEN,       VIRTKEY,CONTROL
    "S",            ID_FILE_SAVE,       VIRTKEY,CONTROL
    "Z",            ID_EDIT_UNDO,       VIRTKEY,CONTROL
    "X",            ID_EDIT_CUT,        VIRTKEY,CONTROL
    "C",            ID_EDIT_COPY,       VIRTKEY,CONTROL
    "V",            ID_EDIT_PASTE,      VIRTKEY,CONTROL
    VK_BACK,        ID_EDIT_UNDO,       VIRTKEY,ALT
    VK_DELETE,      ID_EDIT_CUT,        VIRTKEY,SHIFT
    VK_INSERT,      ID_EDIT_COPY,       VIRTKEY,CONTROL
    VK_INSERT,      ID_EDIT_PASTE,      VIRTKEY,SHIFT
    VK_F6,          ID_NEXT_PANE,       VIRTKEY
    VK_F6,          ID_PREV_PANE,       VIRTKEY,SHIFT
END


/////////////////////////////////////////////////////////////////////////////
//
// Dialog
//

IDD_ABOUTBOX DIALOG DISCARDABLE  34, 22, 217, 55
STYLE DS_MODALFRAME | WS_POPUP | WS_CAPTION | WS_SYSMENU
CAPTION "About TICKER"
FONT 8, "MS Sans Serif"
BEGIN
    ICON            IDR_MAINFRAME,IDC_STATIC,11,17,20,20
    LTEXT           "TICKER Application Version 1.0",IDC_STATIC,40,10,119,8
    LTEXT           "Copyright \251 1993",IDC_STATIC,40,25,119,8
    DEFPUSHBUTTON   "OK",IDOK,176,6,32,14,WS_GROUP
END


/////////////////////////////////////////////////////////////////////////////
//
// Bitmap
//

CHICKLET                BITMAP  DISCARDABLE     "RES\\CHICKLET.BMP"
DOWNCHIK                BITMAP  DISCARDABLE     "RES\\DOWNCHIK.BMP"

/////////////////////////////////////////////////////////////////////////////
//
// String Table
//

STRINGTABLE PRELOAD DISCARDABLE
```

```
BEGIN
    IDR_MAINFRAME          "TICKER Windows Application\nTicker\nTICKER Document"
END

STRINGTABLE PRELOAD DISCARDABLE
BEGIN
    AFX_IDS_APP_TITLE      "TICKER Windows Application"
    AFX_IDS_IDLEMESSAGE    "Ready"
END

STRINGTABLE DISCARDABLE
BEGIN
    ID_INDICATOR_EXT       "EXT"
    ID_INDICATOR_CAPS      "CAP"
    ID_INDICATOR_NUM       "NUM"
    ID_INDICATOR_SCRL      "SCRL"
    ID_INDICATOR_OVR       "OVR"
    ID_INDICATOR_REC       "REC"
END

STRINGTABLE DISCARDABLE
BEGIN
    ID_FILE_NEW            "Create a new document"
    ID_FILE_OPEN           "Open an existing document"
    ID_FILE_CLOSE          "Close the active document"
    ID_FILE_SAVE           "Save the active document"
    ID_FILE_SAVE_AS        "Save the active document with a new name"
END

STRINGTABLE DISCARDABLE
BEGIN
    ID_APP_ABOUT           "Display program information, version number and
copyright"
    ID_APP_EXIT            "Quit the application; prompts to save documents"
END

STRINGTABLE DISCARDABLE
BEGIN
    ID_FILE_MRU_FILE1      "Open this document"
    ID_FILE_MRU_FILE2      "Open this document"
    ID_FILE_MRU_FILE3      "Open this document"
    ID_FILE_MRU_FILE4      "Open this document"
END

STRINGTABLE DISCARDABLE
BEGIN
    ID_NEXT_PANE           "Switch to the next window pane"
```

```
        ID_PREV_PANE            "Switch back to the previous window pane"
END

STRINGTABLE DISCARDABLE
BEGIN
        ID_EDIT_CLEAR           "Erase the selection"
        ID_EDIT_CLEAR_ALL       "Erase everything"
        ID_EDIT_COPY            "Copy the selection and put it on the Clipboard"
        ID_EDIT_CUT             "Cut the selection and put it on the Clipboard"
        ID_EDIT_FIND            "Find the specified text"
        ID_EDIT_PASTE           "Insert Clipboard contents"
        ID_EDIT_REPEAT          "Repeat the last action"
        ID_EDIT_REPLACE         "Replace specific text with different text"
        ID_EDIT_SELECT_ALL      "Select the entire document"
        ID_EDIT_UNDO            "Undo the last action"
        ID_EDIT_REDO            "Redo the previously undone action"
END

STRINGTABLE DISCARDABLE
BEGIN
    AFX_IDS_SCSIZE          "Change the window size"
    AFX_IDS_SCMOVE          "Change the window position"
    AFX_IDS_SCMINIMIZE      "Reduce the window to an icon"
    AFX_IDS_SCMAXIMIZE      "Enlarge the window to full size"
    AFX_IDS_SCNEXTWINDOW    "Switch to the next document window"
    AFX_IDS_SCPREVWINDOW    "Switch to the previous document window"
    AFX_IDS_SCCLOSE         "Close the active window and prompts to save the
documents"
END

STRINGTABLE DISCARDABLE
BEGIN
        AFX_IDS_SCRESTORE       "Restore the window to normal size"
        AFX_IDS_SCTASKLIST      "Activate Task List"
END


#ifndef APSTUDIO_INVOKED
/////////////////////////////////////////////////////////////////////////////
//
// Generated from the TEXTINCLUDE 3 resource.
//
#include "res\ticker.rc2"    // non-App Studio edited resources

#include "afxres.rc"    // Standard components
```

```
///////////////////////////////////////////////////////////////////////
////////
#endif    // not APSTUDIO_INVOKED
```

Listing 4.27   Resource.h

```
//{{NO_DEPENDENCIES}}
// App Studio generated include file.
// Used by TICKER.RC
//
#define IDR_MAINFRAME                   2
#define IDD_ABOUTBOX                    100
#define IDB_BITMAP1                     101
#define IDB_BITMAP2                     102

// Next default values for new objects
//
#ifdef APSTUDIO_INVOKED
#ifndef APSTUDIO_READONLY_SYMBOLS

#define _APS_NEXT_RESOURCE_VALUE        103
#define _APS_NEXT_COMMAND_VALUE         32768
#define _APS_NEXT_CONTROL_VALUE         101
#define _APS_NEXT_SYMED_VALUE           101
#endif
#endif
```

Listing 4.28   Ticker.mak

```
# Microsoft Visual C++ generated build script - Do not modify

PROJ = TICKER
DEBUG = 1
PROGTYPE = 0
CALLER =
ARGS =
DLLS =
D_RCDEFINES = /d_DEBUG
R_RCDEFINES = /dNDEBUG
ORIGIN = MSVC
ORIGIN_VER = 1.00
PROJPATH = E:\WMPRO\MT_BOOK\CHAP4\TICKER\
USEMFC = 1
```

```
CC = cl
CPP = cl
CXX = cl
CCREATEPCHFLAG =
CPPCREATEPCHFLAG =
CUSEPCHFLAG =
CPPUSEPCHFLAG =
FIRSTC =
FIRSTCPP = STDAFX.CPP
RC = rc
CFLAGS_D_WEXE = /nologo /G2 /W3 /Zi /AM /YX /Od /D "_DEBUG" /FR /GA
/Fd"TICKER.PDB" /Fp"TICKER.PCH"
CFLAGS_R_WEXE = /nologo /Gs /G2 /W3 /AM /YX /O1 /D "NDEBUG" /FR /GA
LFLAGS_D_WEXE = /NOLOGO /NOD /PACKC:61440 /STACK:10240 /ALIGN:16
/ONERROR:NOEXE /CO
LFLAGS_R_WEXE = /NOLOGO /NOD /PACKC:61440 /STACK:10240 /ALIGN:16
/ONERROR:NOEXE
LIBS_D_WEXE = mafxcwd oldnames libw mlibcew commdlg olesvr olecli shell
LIBS_R_WEXE = mafxcw oldnames libw mlibcew commdlg olesvr olecli shell
RCFLAGS = /nologo /z
RESFLAGS = /nologo /t
RUNFLAGS =
DEFFILE = TICKER.DEF
OBJS_EXT =
LIBS_EXT = UGLY.LIB
!if "$(DEBUG)" == "1"
CFLAGS = $(CFLAGS_D_WEXE)
LFLAGS = $(LFLAGS_D_WEXE)
LIBS = $(LIBS_D_WEXE)
MAPFILE = nul
RCDEFINES = $(D_RCDEFINES)
!else
CFLAGS = $(CFLAGS_R_WEXE)
LFLAGS = $(LFLAGS_R_WEXE)
LIBS = $(LIBS_R_WEXE)
MAPFILE = nul
RCDEFINES = $(R_RCDEFINES)
!endif
!if [if exist MSVC.BND del MSVC.BND]
!endif
SBRS = STDAFX.SBR \
            TICKER.SBR \
            MAINFRM.SBR \
            TICKEDOC.SBR \
            TICKEVW.SBR
```

```
UGLY_DEP =

TICKER_RCDEP = e:\wmpro\mt_book\chap4\ticker\res\ticker.ico \
    e:\wmpro\mt_book\chap4\ticker\res\chicklet.bmp \
    e:\wmpro\mt_book\chap4\ticker\res\ticker.rc2


STDAFX_DEP = e:\wmpro\mt_book\chap4\ticker\stdafx.h


TICKER_DEP = e:\wmpro\mt_book\chap4\ticker\stdafx.h \
    e:\wmpro\mt_book\chap4\ticker\ticker.h \
    e:\wmpro\mt_book\chap4\ticker\mainfrm.h \
    e:\wmpro\mt_book\chap4\ticker\tickedoc.h \
    e:\wmpro\mt_book\chap4\ticker\tickevw.h


MAINFRM_DEP = e:\wmpro\mt_book\chap4\ticker\stdafx.h \
    e:\wmpro\mt_book\chap4\ticker\ticker.h \
    e:\wmpro\mt_book\chap4\ticker\mainfrm.h


TICKEDOC_DEP = e:\wmpro\mt_book\chap4\ticker\stdafx.h \
    e:\wmpro\mt_book\chap4\ticker\ticker.h \
    e:\wmpro\mt_book\chap4\ticker\tickedoc.h


TICKEVW_DEP = e:\wmpro\mt_book\chap4\ticker\stdafx.h \
    e:\wmpro\mt_book\chap4\ticker\ticker.h \
    e:\wmpro\mt_book\chap4\ticker\tickedoc.h \
    e:\wmpro\mt_book\chap4\ticker\tickevw.h


all:$(PROJ).EXE $(PROJ).BSC

TICKER.RES: TICKER.RC $(TICKER_RCDEP)
    $(RC) $(RCFLAGS) $(RCDEFINES) -r TICKER.RC

STDAFX.OBJ: STDAFX.CPP $(STDAFX_DEP)
    $(CPP) $(CFLAGS) $(CPPCREATEPCHFLAG) /c STDAFX.CPP

TICKER.OBJ: TICKER.CPP $(TICKER_DEP)
    $(CPP) $(CFLAGS) $(CPPUSEPCHFLAG) /c TICKER.CPP
```

```
MAINFRM.OBJ: MAINFRM.CPP $(MAINFRM_DEP)
    $(CPP) $(CFLAGS) $(CPPUSEPCHFLAG) /c MAINFRM.CPP

TICKEDOC.OBJ:       TICKEDOC.CPP $(TICKEDOC_DEP)
    $(CPP) $(CFLAGS) $(CPPUSEPCHFLAG) /c TICKEDOC.CPP

TICKEVW.OBJ: TICKEVW.CPP $(TICKEVW_DEP)
    $(CPP) $(CFLAGS) $(CPPUSEPCHFLAG) /c TICKEVW.CPP


$(PROJ).EXE::       TICKER.RES

$(PROJ).EXE::       STDAFX.OBJ TICKER.OBJ MAINFRM.OBJ TICKEDOC.OBJ
TICKEVW.OBJ $(OBJS_EXT) $(DEFFILE)
    echo >NUL @<<$(PROJ).CRF
STDAFX.OBJ +
TICKER.OBJ +
MAINFRM.OBJ +
TICKEDOC.OBJ +
TICKEVW.OBJ +
$(OBJS_EXT)
$(PROJ).EXE
$(MAPFILE)
e:\wmpro\class\+
d:\msvc\lib\+
d:\msvc\mfc\lib\+
UGLY.LIB+
$(LIBS)
$(DEFFILE);
<<
    link $(LFLAGS) @$(PROJ).CRF
    $(RC) $(RESFLAGS) TICKER.RES $@
    @copy $(PROJ).CRF MSVC.BND

$(PROJ).EXE::       TICKER.RES
    if not exist MSVC.BND    $(RC) $(RESFLAGS) TICKER.RES $@

run: $(PROJ).EXE
    $(PROJ) $(RUNFLAGS)


$(PROJ).BSC: $(SBRS)
    bscmake @<<
/o$@ $(SBRS)
<<
```

This is all the source code for the new version of TICKER. It looks pretty much the same. However, when you click on the button in the title bar, the button 'presses' and pops up a menu that says About.... You can then select that menu item, and a message box pops up, displaying the message:

```
"Hello, I'm the happy about box!"
```

This seeming piece of frivolity actually hides a great deal of work that goes into making it happen. First, we have to add a second bitmap (for the down position of the button). This is easy to do, by simply adding another ResourceBitmap (part of the UGLY classes) to **mainfrm.h**: downBmp. Like chickletBmp, downBmp is loaded in the constructor of CMainFrame. (Of course, I also had to add it in using App Studio. One trick that I use is to refuse to let App Studio give my bitmaps an ID. I go in and edit the **resource.h** file so that each bitmap gets its own unique name. I prefer naming bitmaps rather than giving them ordinal numbers. It causes less confusion in the code, even though it's marginally slower to execute.)

Adding a second bitmap is easy, but how do we know when the user has clicked on it? This is a little trickier and relies on another non-client area message, WM_NCLBUTTONDOWN. This means "non-client left button down," meaning that the user has pressed the left button down somewhere in the non-client area.

Because this is another one of those messages that Class Wizard doesn't provide access to, we're again going to have to hook it ourselves. Just as before, we add the following line to **mainfrm.h**:

```
protected:
    //{{AFX_MSG(CMainFrame)
    afx_msg void OnActivateApp(BOOL bActive, HTASK hTask);
    afx_msg void OnNcPaint();
    afx_msg void OnNcLButtonDown(UINT nHitTest, CPoint point);
    //}}AFX_MSG
```

The bold line is the one that's been added. Again, this is based on the base CWnd class, which has the exact same function in it. Again, I can't stress strongly enough that if you don't do it exactly right, it won't work (worse, it won't give you any error message, either).

It also has to be added to the message map, and a member function of OnNcLButtonDown() has to be written for CMainFrame. Adding it to the message map is as follows:

```
BEGIN_MESSAGE_MAP(CMainFrame, CFrameWnd)
```

```
//{{AFX_MSG_MAP(CMainFrame)
ON_WM_ACTIVATEAPP()
ON_WM_NCPAINT()
ON_WM_NCLBUTTONDOWN()
ON_COMMAND(WM_USER+3663,OnOurAbout)
//}}AFX_MSG_MAP
END_MESSAGE_MAP()
```

Again, the bold code is code that I added by hand. The one for `ON_WM_NCLBUTTONDOWN()` is obvious enough (being the message handler for the WM_NCLBUTTONDOWN message), but the second one is a little odd. It arises out of an odd fact about the MFC command handler. If you have a menu entry for which you haven't defined a menu handler, then that menu entry will be grayed automatically.

There are two ways around this. The first is to set to FALSE the `m_bAutoMenuEnable` member variable of the `CFrameWnd()` class (which is the class that `CMainFrame()` is derived from). This member variable controls whether the classes check to see whether there is a command handler for menu entries.

I can see this being a useful thing to be able to turn off, but the truth was, I didn't want to do it. Not only because I thought it wasn't very clean, but also because I needed a control handler for my menu entry. It was important to not only have the menu be displayed, but have it actually do something.

But I'm getting a little ahead of myself. Before we can respond to a command from a menu entry, we first have to create and handle the menu.

Creating a Pop-Up Menu

Before I got sidetracked talking about dealing with command responses and gray menus, I was talking about responding to the WM_NCLBUTTONDOWN. I have just shown you how you hook up this message (akin to the way we hooked up the NCPAINT message in the first example). Now let's take a look at what the code actually does:

```
void CMainFrame::OnNcLButtonDown( UINT nHitTest, CPoint point )
{
    //
    // Calculate to see if we're in the box
    //
```

```
int     xPos;
int     yPos;

RECT    wndRect; // Window rectangle

//-------------------------

//
// Get button down point ( screen coords )
//

xPos = point.x;
yPos = point.y;

//
// Now get rectangle...
//

GetWindowRect ( &wndRect );

wndRect.left += xOffset;
wndRect.top  += yOffset;

wndRect.right  = wndRect.left + 32;
wndRect.bottom = wndRect.top + 16;

//
// Is click inside rectangle?
//

if ( wndRect.left   <= xPos &&
     wndRect.right  >= xPos &&
     wndRect.top    <= yPos &&
     wndRect.bottom >= yPos )
{
```

As you can see, all of this code deals with the simple question of whether the user clicked down inside the button. The non-client area is, after all, a pretty big place, and we don't want to just indiscriminately suck up all the messages destined for it. If we did, the user would never be able to resize the window, move the window or anything else! If we decide that the user didn't press in our little area, we pass the message on to the base class; this ensures that the window will continue to behave in the proper fashion.

The way we test for a hit inside the button is to see whether the button click was inside the same area in which we draw the button. If it is, then it's time for us to pop up our menu, using the following code:

```
HMENU    popMenu;

//-------------------------------

//
// Setup the proper drawing offsets
//

SetupDrawingOffsets ();

//
// Now draw the 'down' button...
//

DrawDownChicklet ();
```

First, we draw the image in the down state. This is to let the user know that they have pressed the button.

```
//
// Ok, click was within the rectangle!
//

popMenu = CreatePopupMenu();

//
// Add regular menus
//

AppendMenu ( popMenu,
             MF_STRING,
             WM_USER + 3663,
             "About Ticker!" );
```

The next thing we do is create a pop-up menu and append a menu entry to it. Creating a menu by hand is a lot of work compared with creating one in a resource file, but it does have one enormous advantage: you can do it dynamically, which means that you can change your menu entries on the fly.

After we create our menu and append a menu entry to it, it's time to track the pop-up menu, using the `TrackPopupMenu()` call. This function will bring up the menu and monitor it, just as if the user had pressed a menu entry in the menu bar.

If the user selects an entry from our menu (in this case, there's only one), then a WM_COMMAND message will be generated with the ID of the menu entry that was selected. (We created a menu with an ID of WM_USER + 3663 in the `AppendMenu()` call, above.)

```
//
// Now track the menu
//

TrackPopupMenu ( popMenu,
                 0,
                 wndRect.left,
                 wndRect.bottom,
                 0,
                 this->GetSafeHwnd(),
                 0 );
```

This is where we come back to wanting to have a command response handler for our menu entry. The way we are notified if the user selected our menu entry in our pop-up is exactly the same way that any other menu entry is processed. In other words, it comes through the command handler of the window. This means that all we have to do is add a command handler for the message, and we're set. That's what the line

```
ON_COMMAND(WM_USER+3663,OnOurAbout)
```

in our message map above does. It associates a command from menu entry WM_USER + 3663 (our menu ID that we created on the fly) with the routine `OnOurAbout()`.

The routine `OnOurAbout()` is a member function of `CMainFrame()`, which I defined by hand. It does nothing but pop a silly message box, but it could do a great deal more. For example, you could have it launch another Windows application via `WinExec()`. In any case, some simple Windows calls and a few sneaky tricks, and we have some unique functionality that heretofore has been available only in those big-name commercial applications!

Summary

This chapter took a close look at how non-client area painting can be achieved, as well as some methods for figuring out things like window frame size and title bar height. It also showed you how to hook up messages that aren't supported by Class Wizard (but are supported by the MFC classes). In the next chapter, I'll show you one of the most powerful (and least discussed) features of Windows: message hooks.

Window Hooks and How to Use Them

In the last chapter, I showed you how to draw in the non-client area of a window. In this chapter, we will explore what a Windows hook is and what you can use one for. Even if you don't know what a Windows hook is, chances are good that you have used a program that uses them. If you have ever run Spy (from Microsoft) or WinSight (from Borland), you have run a program that makes extensive use of Windows hooks.

What is a Windows hook? To answer that, we need to take a quick look at the basic messaging structure of Windows. In the normal scheme of things, when Windows sends your application a message, there are only two points along that message's journey: the starting point (the Window kernel) and the destination point (your application). A Windows hook is a way of intercepting that message and creating a second destination for it. In practical terms, this means that instead of having one action for a given Windows message, you can have two independent actions that occur, based on the same message.

In the case of Spy or WinSight, it is used for displaying the paths of the messages themselves; that is, which window a message is destined for, and what the window returned from the message. In this example application, we use it for something a little less useful (although more fun). I show you how to call a function in a DLL without having linked to that DLL.

A Few More Words about Hooks

Before we get to the example code, though, let's take a more in-depth look at Windows hooks. Figure 5.1 shows how a hook works. As you can see, by setting up a Windows hook, you can actually intercept messages on the way to an application and perform actions as a result of those messages. So instead of the message going directly from Windows to your application, the message actually takes a detour, to your hook procedure. The hook procedure can perform an action and pass the message along. (Some hook procedures actually allow you to keep the message so that it never actually reaches its intended destination.)

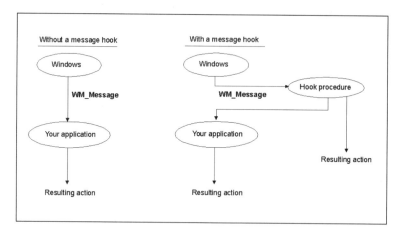

Figure 5.1 A graphic illustration of how a message is passed both with and without a Windows hook.

Suppose that you aren't going to do anything exotic (such as making messages disappear midstream). You need to set up the hook. The call you use to set up a Windows hook is as follows:

```
SetWindowsHook ( int       idHook,
                 HOOKPROC  hkProc )
```

Chapter 5: Window Hooks and How to Use Them **211**

This code returns a handle to the hook, or NULL if the call wasn't successful.

The first parameter, `idHook`, specifies what kind of hook you want to set up. You can set up quite a few different kinds of hooks. The second parameter, `hkProc`, is the procedure instance of the hook callback; in other words, this is the routine that you want Windows to call for the hook. Following is a list of the possible types and what functions they perform:

WH_CALLWNDPROC	This specifies a window procedure hook. This kind of a hook is called whenever the `SendMessage()` function is used. Because the hook function is called before the message is passed to the destination window, it's possible to alter the meaning of the message by changing the `wParam` or `lParam` of the message.
WH_CBT	This specifies a computer-based training hook. This hook allows you to do some serious changing of messages. Because of the nature of what this hook is designed for (that is, assisting people with computer based training), it is (potentially) more invasive than the other hooks listed here.
WH_DEBUG	This specifies a debug hook. A debugging hook is a special form of hook that is called before any other hook. (A normal hook doesn't know whether other hooks have been installed, nor in what order they have been called in.) The debug hook is passed information that allows it to determine what other hook is about to be called, and whether the system should call that hook function.
WH_GETMESSAGE	This specifies a window procedure hook. Similar to the WH_CALLWNDPROC form of hook, this type of hook is called whenever the `GetMessage()` function is used to retrieve a message from the message queue. As with the other hook, this hook function will get called before the message is returned to the requesting application (thus, an application will make a `GetMessage()` call, and before it's passed back a message, this hook will be called).

WH_HARDWARE	This specifies a non-standard hardware message hook. This hook enables you to do processing based on non-standard hardware. (The mouse and the keyboard are considered standard hardware; as a result, those kinds of messages are not passed through this hook.)
WH_JOURNALPLAYBACK	This specifies a journal playback hook. This form of hook is used to let you insert mouse or keyboard events into the system message queue.
WH_JOURNALRECORD	This specifies a journal recording hook. This form of hook lets you remove messages from the system queue. You can then play these messages back via the WH_JOURNALPLAYBACK hook.
WH_KEYBOARD	This specifies a keyboard hook. This hook function is called whenever either the GetMessage() or PeekMessage() functions indicate that there is a WM_KEYUP or WM_KEYDOWN message.
WH_MOUSE	This specifies a mouse hook. This function does the same thing as the WH_KEYBOARD hook, but for mouse messages. That is, whenever GetMessage() or PeekMessage() indicate that there's a mouse message, this hook is called.
WH_MSGFILTER	This specifies a message hook. This hook is called when a dialog box, message box, or menu has retrieved a message, but before the message is processed. Note that this version is a *task-specific* version (that is, only dialog boxes, message boxes or menus relating to the installing task will be processed). To set up a system-wide version of this filter, you need to use WH_SYSMSGFILTER.
WH_SHELL	This specifies a shell hook. This hook allows you to install a hook that receives messages a shell application (such as Progman or Norton Desktop) would find useful.

WH_SYSMSGFILTER   This specifies a message hook. This hook is called when a dialog box, message box, or menu has retrieved a message, but before the message is processed. Note that this version sets up a *system-wide* hook for these messages; a task wanting to be informed only for its own messages should use the WH_MSGFILTER.

Defining a Hook Callback

One of the first things to notice about most of these hooks is that they have to exist in a DLL. (A WH_MSGFILTER hook is an exception; it is able to live in the installing application.) This means that you need to create a DLL to use one.

I have done just that, with the DLL called **hook.dll**. This hook procedure is going to set up a system message hook that will play a whacking sound whenever a window is closed and a mooing sound whenever a window is moved. First, I'll show you the source code, and then I'll explain what it does, and how it works.

Listings 5.1 through 5.10 show the source code for **hook.dll**.

Listing 5.1 *Hookmain.cpp*

```
//
// Hookmain.cpp
//
//   Main entry code for the sound player
// hook routine
//
// Written by Alex Leavens, for ShadowCat Technologies
//

#include <skeleton.hpp>

//--------------------------------

static      HINSTANCE      hMyModule = NULL;

//------------------------
```

```
//
// LibMain()
//

    int FAR PASCAL
LibMain ( HANDLE     hModule,
     WORD            wDataSeg,
     WORD            cbHeapSize,
     LPSTR           lpszCmdLine )
{
    //-----------------------

    //
    // Prevent multiple instantiations of the dll...
    //

    if ( hMyModule != NULL )
    {
    return 0;
    }

    //
    // Save instance handles...
    //

    hMyModule = hModule;    // Save instance handle...

    hInst = hModule;        // Save instance handle...

    return 1;
}


//---------------------
//
// WEP() ( Windows Exit Procedure! )
//
//

    int FAR PASCAL

WEP ( int bSystemExit )
{
    return ( 1 );
}
```

Listing 5.2 *Hookcall.cpp*

```cpp
//
// HOOKCALL.CPP
//
//    This module contains all of
// the routines that are exported to the
// rest of the world for interfacing to.
//

#include <skeleton.hpp>

//-------------------------
//
// EnableSounds()
//
//    Enables system wide event sounds
//

    BOOL FAR PASCAL _export

EnableSounds ( BOOL   enable )
{
    //---------------

    //
    // Ok, setup the hook...
    //

    if ( enable )       // Enable the hook
    {
    if ( hookedNow == FALSE )
    {
        lpfnNextHook = SetWindowsHook ( WH_GETMESSAGE,
                                        GetProcAddress ( hInst,
                                            "SoundMsgHookProc" ) );

        lpCallWndNextHook = SetWindowsHook ( WH_CALLWNDPROC,
                                             GetProcAddress ( hInst,
                                                 "MySendMsgHookProc" ) );
        hookedNow = TRUE;
    }

    }
    else
    {
    if ( hookedNow == TRUE )
```

```
        {
            if ( lpfnNextHook )
            {
              UnhookWindowsHook ( WH_GETMESSAGE,
                                  GetProcAddress ( hInst,
                                          "SoundMsgHookProc" ) );
              lpfnNextHook = NULL;
            }

            if ( lpCallWndNextHook )
            {
                UnhookWindowsHook ( WH_CALLWNDPROC,
                                    GetProcAddress ( hInst,
                                            "MySendMsgHookProc" ) );
                lpCallWndNextHook = NULL;
            }

            hookedNow = FALSE;
        }

    }

    return TRUE;
}
```

Listing 5.3 *Hookcode.cpp*

```
//
// HOOKCODE.CPP
//
//    This is the code
// that actually handles the hook callbacks
//
// Written by Alex Leavens, for ShadowCat Technologies
//

#include <skeleton.hpp>

//---------------------------
//
// SoundMsgHookProc()
//
//    Hook function for the GETMESSAGE
// hook.  Because messages can come through
// either side, it's important for us
// to hook both sides...
```

```c
//

    VOID FAR PASCAL _export

SoundMsgHookProc ( int        code,
            WORD wParam,
            LONG lParam )
{
    LPMSG          lpMsg;

    //---------------------------

    DefHookProc ( code,
            wParam,
            lParam,
            &lpfnNextHook );

    if ( code < 0 )
            return;

    //
    // As long as the code isn't negative, do our stuff
    //

    if ( code >= 0 )
    {
    lpMsg = (LPMSG)lParam;

    SoundGMHook ( lpMsg );
    }

}

//-----------------------------------------
//
// MySendMsgHookProc()
//
//    Hooks the Send Message hook, so that
// we can trap WM_COMMAND messages...
//

    VOID FAR PASCAL _export

MySendMsgHookProc ( int      code,
            WORD     wParamCall,
            LONG     lParamCall )
```

```c
{
    LPWND_HOOK_STRUCT       lpHook;

    //---------------------------

    //
    // Ok, really call the real hook procedure
    // now ('cause we're not really _doing_ anything...
    //

    DefHookProc ( code,
                  wParamCall,
                  lParamCall,
                  &lpCallWndNextHook );

    //
    // Structure that gets passed in...
    //

    if ( code >= 0 )
    {
        //
        // Get the message here...
        //

        lpHook = (LPWND_HOOK_STRUCT) lParamCall;

        SoundSMHook ( lpHook );
    }

    return;
}

//---------------------------
//
// SoundGMHook()
//
//    Sound playback GetMessage handler
//

    void NEAR PASCAL

SoundGMHook ( LPMSG lpMsg )
{
    //---------------------
```

Chapter 5: Window Hooks and How to Use Them

```
    //
    // Check for system command messages here,
    // since they may be getting passed through...
    //

    switch ( lpMsg->message )
    {
      case WM_SYSCOMMAND:

             switch ( lpMsg->wParam & 0xFFF0 )
        {
            case SC_CLOSE:

                 CppSndPlaySound ( "hit1.wav",
                                   SND_ASYNC );
                 break;

            default:

                 break;
        }

             break;

        default:
             break;
      }
    }

//------------------------
//
// SoundSMHook()
//
//    Sound playback send message handler
//

    void NEAR PASCAL

SoundSMHook ( LPWND_HOOK_STRUCT    lpHook )
{
    //-----------------

    switch ( lpHook->message )
    {
    case WM_SYSCOMMAND:

        switch ( lpHook->wParam & 0xFFF0 )
        {
```

```
                case SC_CLOSE:

                    CppSndPlaySound ( "hit1.wav",
                                            SND_ASYNC );
                    break;

                case SC_MOVE:

                    //
                    // We need to check and see if the
                    // window is iconic, because we still get
                    // a MOVE message, even if the window
                    // is being restored (not what we want,
                    // we want the restore sound to get played.)
                    //

                    if ( IsIconic ( lpHook->hWnd ) == FALSE )
                    {
                        CppSndPlaySound ( "moo.wav",
                                            SND_ASYNC );
                    }
                    break;
            }

            break;

        default:
            break;
    }
}



//----------------------------------------
//
// CppSndPlaySound()
//
//      This routine allows us to wrapper the
// play sound call, by loading the call
// dynamically at run time.  That way, if
// it isn't there, we don't choke.
//

     void FAR PASCAL
CppSndPlaySound ( LPSTR       sndName,
              UINT    sndType )
{
```

Chapter 5: Window Hooks and How to Use Them

```
        BOOL ( FAR PASCAL *lpPlaySound) ( LPCSTR  sndIs,
                                          UINT    flags );

        //-----------------------------------


        //
        // Load the address of the sound playback hook.
        // If it ain't there, nothing will ever be played.
        //

        lpPlaySound = (lpSndCall)GetProcAddress ( GetModuleHandle ( "MMSYSTEM" ),
                                                  "SNDPLAYSOUND" );

        //
        // Try and get the address of the sound call;  if
        // it's there, great.  If not, don't play the
        // sound.
        //

        if ( lpPlaySound )
        {
        ( *lpPlaySound ) ( sndName,
                           sndType );
        }
    }
```

Listing 5.4 *Skelvars.cpp*

```
    //
    // SKELVARS.CPP
    //
    //   Global variables for the skeleton application
    //
    //

    #define      __SKELETON_GLOBAL_VARS

    #include <skeleton.hpp>

    //-------------------------------------------------
    //
    // All the following are standard global
    // variables used by the skeleton application
    //
```

```
HWND         MainhWnd;           // Main window handle

HINSTANCE    hInst;              // Instance handle that we need

HINSTANCE    hGlobalInstance;    // Instance handle of calling app

//--------------------------------
//
// Add custom variables here
//

FARPROC      lpfnNextHook;       // Callback hook to next hook

FARPROC      lpCallWndNextHook;  // Callback to the next
                                 // system message hook...

FARPROC      ourWndCallback;     // Address of our dynamic
                                 // window callback

char         winText [ 128 ];

char         trimBuff [ 128 ];

BOOL         hookedNow;          // Sounds enabled or not?
```

Listing 5.5 *Hookdfn.hpp*

```
//
// HOOKDFN.HPP
//
// Contains definitions of some structures
// that I need to twiddle message hooks with
//

#ifndef __HOOKDFN_HPP

#define __HOOKDFN_HPP

//------------------------------


//--------------------------------
//
// Other useful definitions
//
```

Chapter 5: Window Hooks and How to Use Them

```
typedef    struct   {
    LONG     lParam;
    WORD     wParam;
    WORD     message;
    HWND     hWnd;
        } WND_HOOK_STRUCT;

typedef     WND_HOOK_STRUCT FAR *     LPWND_HOOK_STRUCT;

//
// Defines and typedefs used by our Sound
// callback wrapper
//

typedef BOOL ( FAR PASCAL *lpSndCall ) (LPCSTR,
                                        UINT );

#define SND_SYNC         0x0000  /* play synchronously (default) */
#define SND_ASYNC        0x0001  /* play asynchronously */
#define SND_NODEFAULT    0x0002  /* don't use default sound */
#define SND_MEMORY       0x0004  /* lpszSoundName points to a memory file */
#define SND_LOOP         0x0008  /* loop the sound until next sndPlaySound */
#define SND_NOSTOP       0x0010  /* don't stop any currently playing sound */

//----------------------------


#endif      // __HOOKDFN_HPP
```

Listing 5.6 *Skeleton.hpp*

```
//
// Skeleton.hpp
//
//    Basic skeleton include file
//

#include <windows.h>

#include <hookdfn.hpp>           // Useful defines for message hook
twiddling

#include <skelextn.hpp>          // Global variables in our DLL

#include <skelprot.hpp>          // Prototypes for all functions
```

Listing 5.7 *Skelprot.hpp*

```
//
// Skelprot.hpp
//
//    Prototypes for all the
// functions used in the DLL
//
//   Written by Alex Leavens, for ShadowCat Technologies
//

#ifndef __SKELPROT_HPP

#define __SKELPROT_HPP


//---------------------------
//
// Extern C wrappers
//

#ifdef      __cplusplus

extern     "C" {

#endif

//-------------------------

    int FAR PASCAL
LibMain ( HANDLE      hModule,
     WORD           wDataSeg,
     WORD           cbHeapSize,
     LPSTR          lpszCmdLine );

    int FAR PASCAL
WEP ( int bSystemExit );

    VOID FAR PASCAL _export
SoundMsgHookProc ( int      code,
               WORD     wParam,
               LONG     lParam );

    VOID FAR PASCAL _export
MySendMsgHookProc ( int     code,
               WORD     wParamCall,
               LONG     lParamCall );
```

Chapter 5: Window Hooks and How to Use Them

```
    void NEAR PASCAL
SoundGMHook ( LPMSG   lpMsg );

    void NEAR PASCAL
SoundSMHook ( LPWND_HOOK_STRUCT    lpHook );

    void FAR PASCAL
CppSndPlaySound ( LPSTR    sndName,
                  UINT     sndType );

    BOOL FAR PASCAL _export
EnableSounds ( BOOL   enable );


//---------------------------
//
// Extern C wrappers
//

#ifdef      __cplusplus

};

#endif

//------------------------

#endif      // __SKELPROT_HPP
```

Listing 5.8 *Skelextn.hpp*

```
//
// Skelextn.hpp
//
//   Global variable externs for
// including in other C files
//
//

#ifndef __SKELEXTN_HPP

#define __SKELEXTN_HPP


#ifndef __SKELETON_GLOBAL_VARS
```

```
//--------------------------------------------------
//
// All the following are standard global
// variables used by the skeleton application
//

    extern      HWND        MainhWnd;           // Main window handle

    extern      HINSTANCE   hInst;              // Instance handle that we need

    extern      HINSTANCE   hGlobalInstance;    // Instance handle of calling app

//---------------------------------
//
// Add custom variables here
//

    extern      FARPROC     lpfnNextHook;       // Callback hook to next hook

    extern      FARPROC     lpCallWndNextHook;  // Callback to the next
                                                // system message hook...

    extern      FARPROC     ourWndCallback;     // Address of our dynamic
                                                // window callback

    extern      char        winText [ 128 ];

    extern      char        trimBuff [ 128 ];

    extern      BOOL        hookedNow;          // Sounds enabled or not?

    #endif      // __SKELETON_GLOBAL_VARS

    #endif      // __SKELEXTN_HPP
```

Listing 5.9 Hook.def

```
;
; HOOK.DEF
;
; Definition file for the Sound DLL
;

LIBRARY             HOOK
```

Chapter 5: Window Hooks and How to Use Them

```
DESCRIPTION            'Hook DLL, (C) 1992,1993 by ShadowCat Technologies'

EXETYPE                WINDOWS

CODE    PRELOAD MOVEABLE DISCARDABLE
DATA    PRELOAD SINGLE

HEAPSIZE  4192

EXPORTS                WEP                     @1 RESIDENTNAME
                       EnableSounds
                       SoundMsgHookProc
                       MySendMsgHookProc
```

Listing 5.10 *Hook.mak*

```
# Microsoft Visual C++ generated build script - Do not modify

PROJ = HOOK
DEBUG = 1
PROGTYPE = 1
CALLER =
ARGS =
DLLS =
D_RCDEFINES = -d_DEBUG
R_RCDEFINES = -dNDEBUG
ORIGIN = MSVC
ORIGIN_VER = 1.00
PROJPATH = E:\WMPRO\MT_BOOK\CHAP5\HOOK_DLL\
USEMFC = 0
CC = cl
CPP = cl
CXX = cl
CCREATEPCHFLAG =
CPPCREATEPCHFLAG =
CUSEPCHFLAG =
CPPUSEPCHFLAG =
FIRSTC =
FIRSTCPP =
RC = rc
CFLAGS_D_WDLL = /nologo /W3 /FR /G2 /Zi /D_DEBUG /Od /GD /ALw /Fd"HOOK.PDB"
CFLAGS_R_WDLL = /nologo /W3 /FR /O1 /DNDEBUG /GD /ALw
LFLAGS_D_WDLL = /NOLOGO /ONERROR:NOEXE /NOD /PACKC:61440 /CO /NOE /ALIGN:16
/MAP:FULL
```

```
LFLAGS_R_WDLL = /NOLOGO /ONERROR:NOEXE /NOD /PACKC:61440 /NOE /ALIGN:16
/MAP:FULL
LIBS_D_WDLL = oldnames libw commdlg shell olecli olesvr ldllcew
LIBS_R_WDLL = oldnames libw commdlg shell olecli olesvr ldllcew
RCFLAGS = /nologo
RESFLAGS = /nologo
RUNFLAGS =
DEFFILE = HOOK.DEF
OBJS_EXT =
LIBS_EXT =
!if "$(DEBUG)" == "1"
CFLAGS = $(CFLAGS_D_WDLL)
LFLAGS = $(LFLAGS_D_WDLL)
LIBS = $(LIBS_D_WDLL)
MAPFILE = nul
RCDEFINES = $(D_RCDEFINES)
!else
CFLAGS = $(CFLAGS_R_WDLL)
LFLAGS = $(LFLAGS_R_WDLL)
LIBS = $(LIBS_R_WDLL)
MAPFILE = nul
RCDEFINES = $(R_RCDEFINES)
!endif
!if [if exist MSVC.BND del MSVC.BND]
!endif
SBRS = HOOKCALL.SBR \
            HOOKCODE.SBR \
            HOOKMAIN.SBR \
            SKELVARS.SBR


all:$(PROJ).DLL $(PROJ).BSC

HOOKCALL.OBJ:        HOOKCALL.CPP $(HOOKCALL_DEP)
    $(CPP) $(CFLAGS) $(CPPUSEPCHFLAG) /c HOOKCALL.CPP

HOOKCODE.OBJ:        HOOKCODE.CPP $(HOOKCODE_DEP)
    $(CPP) $(CFLAGS) $(CPPUSEPCHFLAG) /c HOOKCODE.CPP

HOOKMAIN.OBJ:        HOOKMAIN.CPP $(HOOKMAIN_DEP)
    $(CPP) $(CFLAGS) $(CPPUSEPCHFLAG) /c HOOKMAIN.CPP

SKELVARS.OBJ:        SKELVARS.CPP $(SKELVARS_DEP)
    $(CPP) $(CFLAGS) $(CPPUSEPCHFLAG) /c SKELVARS.CPP


$(PROJ).DLL::        HOOKCALL.OBJ HOOKCODE.OBJ HOOKMAIN.OBJ SKELVARS.OBJ
$(OBJS_EXT) $(DEFFILE)
```

```
        echo >NUL @<<$(PROJ).CRF
HOOKCALL.OBJ +
HOOKCODE.OBJ +
HOOKMAIN.OBJ +
SKELVARS.OBJ +
$(OBJS_EXT)
$(PROJ).DLL
$(MAPFILE)
e:\wmpro\class\+
d:\msvc\lib\+
d:\msvc\mfc\lib\+
$(LIBS)
$(DEFFILE);
<<
    link $(LFLAGS) @$(PROJ).CRF
    $(RC) $(RESFLAGS) $@
    implib /nowep $(PROJ).LIB $(PROJ).DLL


run: $(PROJ).DLL
    $(PROJ) $(RUNFLAGS)


$(PROJ).BSC: $(SBRS)
    bscmake @<<
/o$@ $(SBRS)
<<
```

Setting up the Hooks

As you can see by looking at the **.def** file, there are only four entry points into the whole DLL. The first is the WEP (Windows Exit Procedure), which every DLL needs.

The second entry point is the routine `EnableSounds()`, which allows us to attach and detach our hook procedures. Following is the key piece of code in this routine:

```
if ( enable )// Enable the hook
    {
    if ( hookedNow == FALSE )
    {
        lpfnNextHook = SetWindowsHook ( WH_GETMESSAGE,
                                GetProcAddress ( hInst,
                                    "SoundMsgHookProc" ) );
```

```
    lpCallWndNextHook = SetWindowsHook ( WH_CALLWNDPROC,
                                         GetProcAddress ( hInst,
"MySendMsgHookProc" ) );
        hookedNow = TRUE;
    }
```

This sets up two Window hooks, one for messages passed through `GetMessage()` and one for whenever `SendMessage()` is called. Not too surprisingly, the call to `SetWindowsHook()` with the parameter `WH_GETMESSAGE` sets up the former hook, and the call to `SetWindowsHook()` with the parameter of `WH_CALLWNDPROC` sets up the latter. I get the address of the callback functions by using the function `GetProcAddress()`. This function returns the address of the specified function in the particular instance of the application. In this case, because this is a DLL, there is only one instance of the DLL, which means that there can only be one instance of each of the two callback functions.

Notice that the last two exports from the DLL are `SoundMsgHookProc()` and `MySendMsgHookProc()`. These are also the two callbacks that I provide for my two message hooks, which brings me to another important point: Because the hook callbacks are being called by Windows, they must be exported from the DLL in the **.def** file.

Enabling the sound player is pretty simple: we simply call `EnableSounds()` with a value of true, like this:

```
EnableSounds (TRUE)
```

Notice that first we test a Boolean flag, `hookedNow`, to make sure that we don't try and hook the system twice. Assuming that this is our first pass through the code, we'll set both Windows hooks, set the hookedNow flag to TRUE, and leave the routine.

Playing with Hooks: What It Does

As soon as we have done this, the hooks will become active and will begin to process messages. Let's look at how we do this, by examining the code for MySendMsgHookProc():

```
//----------------------------------------
//
```

Chapter 5: Window Hooks and How to Use Them

```
// MySendMsgHookProc()
//
//    Hooks the Send Message hook, so that
// we can trap WM_COMMAND messages...
//

    VOID FAR PASCAL _export

MySendMsgHookProc ( int     code,
                    WORD    wParamCall,
                    LONG    lParamCall )
{
    LPWND_HOOK_STRUCT       lpHook;

    //---------------------------

    //
    // Ok, really call the real hook procedure
    // now ('cause we're not really _doing_ anything...
    //

    DefHookProc ( code,
            wParamCall,
            lParamCall,
            &lpCallWndNextHook );

    //
    // Structure that gets passed in...
    //

    if ( code >= 0 )
    {
    //
    // Get the message here...
    //

    lpHook = (LPWND_HOOK_STRUCT) lParamCall;

    SoundSMHook ( lpHook );
    }

    return;
}
```

Multiple Hooks: Working on the Chain Gang

The first thing we do when we get into the routine is to call the next hook in the chain. This brings up an important point: it is possible to have more than one hook installed for the same type of message. Put another way, your application may not be the only one that has set up a hook for (say) `SendMessage()`. If another application has hooked first, then you're installing after it is, and are thereby setting up a hook *chain*.

Why is this important? If there are multiple hooks installed in the system for the same type of message, it's your responsibility to make sure that the next hook in the chain is called. This is where `DefHookProc()` comes in. By calling it with the hook handle that you got back from `SetWindowHook()`, you give Windows the ability to call the next hook in the chain (if there is one). If you don't do this, then any other application depending on a hook will be disrupted.

I call `DefHookProc()` before I do any processing, but you can also call it afterwards. Whichever way you do it, though, make sure that the call is there. (But you cannot call it both before and after.)

After I call `DefHookProc()`, I check to see whether the code that was passed in is greater than or equal to zero. If code is less than zero, I should avoid any further processing of the message and simply return from my hook function.

Assuming that code is greater than zero, I then get the value of `lParam`, which in this case is a pointer to a `WND_HOOK_STRUCT`, a structure that contains all the information about this message. It looks like this:

```
typedef    struct   {
    LONG   lParam;          // lParam of message
    WORD   wParam;          // wParam of message
    WORD   message;         // Message itself
    HWND   hWnd;            // Destination window
    } WND_HOOK_STRUCT;
```

Making It Talk: Choosing the Messages

What's contained in the `WND_HOOK_STRUCT` isn't too surprising; it's exactly what a standard window procedure receives. As a result, we can write code that will filter out certain kinds of messages. The next function that I call (SoundSMHook()) does just this:

```
//------------------------
//
// SoundSMHook()
//
//    Sound playback send message handler
//

    void NEAR PASCAL

SoundSMHook ( LPWND_HOOK_STRUCT      lpHook )
{
    //-----------------

    switch ( lpHook->message )
    {
    case WM_SYSCOMMAND:

        switch ( lpHook->wParam & 0xFFF0 )
        {
            case SC_CLOSE:

                CppSndPlaySound ( "hit1.wav",
                                SND_ASYNC );
                break;

            case SC_MOVE:

                //
                // We need to check and see if the
                // window is iconic, because we still get
                // a MOVE message, even if the window
                // is being restored (not what we want,
                // we want the restore sound to get played.)
                //

                if ( IsIconic ( lpHook->hWnd ) == FALSE )
                {
                    CppSndPlaySound ( "moo.wav",
                                SND_ASYNC );
                }
                break;
        }
```

```
            break;

    default:
        break;
    }
}
```

Unlike the exported functions, I have made this one a NEAR PASCAL function, because a NEAR function will take less time to call than a FAR one (this is assuming an Intel architecture, of course). Because I want the hook function to use as few system resources as possible, I opted for the speedier version. Making the function NEAR merely means that I have to keep both the calling function and this function in the same segment.

After we get into the function itself, we check to see what kind of message is being passed through us. For the sample application, the only message we care about is a `WM_SYSCOMMAND` message. Any other message is ignored.

The `WM_SYSCOMMAND` is sent not only when the user selects an item from the system menu, but also in response to certain window actions, as follows:

```
SC_CLOSE                    Window is being closed.
SC_HSCROLL                  Scroll horizontally.
SC_MAXIMIZE (or SC_ZOOM)    Maximize the window.
SC_MINIMIZE (or SC_ICON)    Minimize the window.
SC_MOVE                     Move the window.
SC_RESTORE                  Restore window to normal position and size.
SC_SIZE                     Size the window.
SC_VSCROLL                  Scroll vertically.
```

As you can see, this is a pretty comprehensive list of system actions that can be performed on a window. It's also a pretty complete list of all the system actions to which you can attach sounds using any one of several commercial sound-playing packages. Now you know how they do it; simply look for the appropriate system command and play the appropriate wave file in response. (That's how we're going to do it, too.)

In the line that looks like this:

```
switch ( lpHook->wParam & 0xFFF0 )
```

you might wonder why am I ANDing against 0xFFF0. In the documentation for `WM_SYSCOMMAND`, it notes that the low order 4 bits of `wParam` are used internally by Windows. This means that these bits must first be masked off before we can test for the proper system command.

Playing the Sound

If we discover the right message (in our case, either SC_CLOSE, or SC_MOVE) we want to play a sound. SC_CLOSE is pretty simple, we just play it. However, for SC_MOVE it's a little more complex:

```
if ( IsIconic ( lpHook->hWnd ) == FALSE )
{
    CppSndPlaySound ( "moo.wav",
                      SND_ASYNC );
}
```

This bit of code allows us to play the move sound only when the window is *not* iconified (that is, when a user is moving the window by clicking and dragging on the title bar and not on the icon). (I chose the sound of a cow, because we're 'mooooving' the window.) In fact, we could use this bit of code to play two different sounds when the window is moved: one for when the window is iconified and one for when it isn't.

The final bit of hand-waving that goes on in our DLL is the routine `CppSndPlaySound()`. If this looks like the standard multimedia call `SndPlaySound()`, it's not accidental. `CppSndPlaySound()` is a wrapper around that function that performs one very important purpose: it allows us to use the multimedia sound playing capability without knowing beforehand whether it is there or not. This means that whether or not the user has either Windows 3.1 or the multimedia extensions installed on their system, our program will work. Admittedly, if they don't have the multimedia stuff there, nothing will happen. That's better, however, than the alternative.

Dynamic Linking

The alternative to dynamic linking is static linking. This is the standard way of including Windows calls. Simply include the file (such as **mmsystem.h**) that defines the proper functions, include it in your application, and make sure to link with the proper library in the compiler. Using a system function like `SndPlaySound()` is pretty simple when you do this.

However, a problem is that at link time, the linker binds into your executable's header all the information it needs to run the program later. One of the things that it binds in is the name of all DLLs that your program requires. If you use the function `SndPlaySound()` in your code, the linker will dutifully bind in the information that your application requires, **mmsystem.dll**. At run time, if Windows can't find **mmsystem.dll**, then Windows will refuse to run your application (it will post a misleading message about Out of memory).

Now in our case, this isn't a terrible thing, but suppose that you want to build an executable that will run under both Windows 3.0 and Windows 3.1? Wouldn't it be nice to have the application run (and possibly post a message saying that it needs the multimedia extensions to work), than to simply choke?

Well, you can. Instead of static linking to the function that you want, you can dynamically link to it. (This is what a DLL is, after all: a dynamic link library). Here's how you do it:

```
//-------------------------------------
//
// CppSndPlaySound()
//
//    This routine allows us to wrapper the
// play sound call, by loading the call
// dynamically at run time.  That way, if
// it isn't there, we don't choke.
//

    void FAR PASCAL
CppSndPlaySound ( LPSTR    sndName,
                  UINT     sndType )
{

    BOOL ( FAR PASCAL *lpPlaySound) ( LPCSTR  sndIs,
                                      UINT    flags );

//-------------------------------------


    //
    // Load the address of the sound playback hook.
    // If it ain't there, nothing will ever be played.
    //

    lpPlaySound = (lpSndCall)GetProcAddress ( GetModuleHandle ( "MMSYSTEM" ),
                                              "SNDPLAYSOUND" );

    //
    // Try and get the address of the sound call;  if
```

```
        // it's there, great.  If not, don't play the
        // sound.
        //

        if ( lpPlaySound )
            {
            ( *lpPlaySound ) ( sndName,
                                sndType );
            }
    }
```

We have to prototype the function that we're going to get the address of so that we can call it. We do this as follows:

```
        BOOL ( FAR PASCAL *lpPlaySound) ( LPCSTR  sndIs,
                                          UINT    flags );
```

Next, we get the procedure address of the function `SndPlaySound()`. We do this by using the same call that we used to get the procedure address of a function in our own DLL: `GetProcAddress()`. Although you normally use `GetProcAddress()` for getting your own routine's addresses, there's nothing that prevents you from using it to get entry points in other DLLs.

The first parameter to `GetProcAddress()` is the instance handle of the module that contains the routine we want. When we're getting routines out of our own DLL, we simply use our own instance handle. In this case, however, we want the instance handle of the MMSYSTEM DLL. To get it, we need to use `GetModuleHandle()`.

`GetModuleHandle()` will return to us the instance handle of whatever named DLL we pass in. If the DLL is already loaded, then `GetModuleHandle()` simply returns the instance handle of that DLL. However, if the DLL isn't loaded, then `GetModuleHandle()` will attempt to load it (first out of the current directory, then out of the home directory of the calling application, and then out of the Windows System directory.) If `GetModuleHandle()` finds the requested DLL, it loads it, starts the DLL's `LibMain()` function, and then returns the instance handle to us. Only if the DLL is not loaded and cannot be found to be loaded will `GetModuleHandle()` return a NULL.

If the module MMSYSTEM is found, and we can get the procedure address of `SndPlaySound()` (note that we use all uppercase in the call to `GetProcAddress()`), then we have a pointer to a function that we can now call:

```
if ( lpPlaySound )
   {
   ( *lpPlaySound ) ( sndName,
                      sndType );
   }
```

We pass to the routine the same things that we were passed, namely the name of the wave file to be played, and how it should be played. If for any reason we weren't able to get the address of the procedure to call, then the call simply returns without doing anything. Although the call failed (we couldn't play the sound), we haven't prevented the user from executing the application.

In our case, where the only purpose of the application is to play a sound, this is a little pointless. However, for a larger application, in which you might be using sound as an additional feature but not a necessary one, it will allow the user to still use your product without having sound installed on their system.

Putting It All Together

All that's left for us to do is to enable our sound player from an application. Listings 5.11 through 5.25 give you the source code of that application.

Listing 5.11 *player.cpp*

```
// player.cpp : Defines the class behaviors for the application.
//

#include "stdafx.h"
#include "player.h"

#include "mainfrm.h"
#include "playedoc.h"
#include "playevw.h"

#ifdef _DEBUG
#undef THIS_FILE
static char BASED_CODE THIS_FILE[] = __FILE__;
#endif

/////////////////////////////////////////////////////////////////////////////
```

Chapter 5: Window Hooks and How to Use Them

```
// CPlayerApp

BEGIN_MESSAGE_MAP(CPlayerApp, CWinApp)
    //{{AFX_MSG_MAP(CPlayerApp)
    ON_COMMAND(ID_APP_ABOUT, OnAppAbout)
        // NOTE - the Class Wizard will add and remove mapping macros here.
        //    DO NOT EDIT what you see in these blocks of generated code !
    //}}AFX_MSG_MAP
    // Standard file based document commands
    ON_COMMAND(ID_FILE_NEW, CWinApp::OnFileNew)
    ON_COMMAND(ID_FILE_OPEN, CWinApp::OnFileOpen)
END_MESSAGE_MAP()

/////////////////////////////////////////////////////////////////////////////
// CPlayerApp construction

CPlayerApp::CPlayerApp()
{
    // TODO: add construction code here,
    // Place all significant initialization in InitInstance
}

/////////////////////////////////////////////////////////////////////////////
// The one and only CPlayerApp object

CPlayerApp NEAR theApp;

/////////////////////////////////////////////////////////////////////////////
// CPlayerApp initialization

BOOL CPlayerApp::InitInstance()
{
    // Standard initialization
    // If you are not using these features and wish to reduce the size
    //  of your final executable, you should remove from the following
    //  the specific initialization routines you do not need.

    SetDialogBkColor();        // set dialog background color to gray
    LoadStdProfileSettings(); // Load standard INI file options (including MRU)

    // Register the application's document templates.  Document templates
    //  serve as the connection between documents, frame windows and views.

    AddDocTemplate(new CSingleDocTemplate(IDR_MAINFRAME,
            RUNTIME_CLASS(CPlayerDoc),
            RUNTIME_CLASS(CMainFrame),     // main SDI frame window
            RUNTIME_CLASS(CPlayerView)));
```

```
        // create a new (empty) document
        OnFileNew();

        if (m_lpCmdLine[0] != '\0')
        {
                // TODO: add command line processing here
        }

        return TRUE;
}

/////////////////////////////////////////////////////////////////////////////
// CAboutDlg dialog used for App About

class CAboutDlg : public CDialog
{
public:
    CAboutDlg();

// Dialog Data
    //{{AFX_DATA(CAboutDlg)
    enum { IDD = IDD_ABOUTBOX };
    //}}AFX_DATA

// Implementation
protected:
    virtual void DoDataExchange(CDataExchange* pDX);    // DDX/DDV support
    //{{AFX_MSG(CAboutDlg)
            // No message handlers
    //}}AFX_MSG
    DECLARE_MESSAGE_MAP()
};

CAboutDlg::CAboutDlg() : CDialog(CAboutDlg::IDD)
{
    //{{AFX_DATA_INIT(CAboutDlg)
    //}}AFX_DATA_INIT
}

void CAboutDlg::DoDataExchange(CDataExchange* pDX)
{
    CDialog::DoDataExchange(pDX);
    //{{AFX_DATA_MAP(CAboutDlg)
    //}}AFX_DATA_MAP
}

BEGIN_MESSAGE_MAP(CAboutDlg, CDialog)
```

```
    //{{AFX_MSG_MAP(CAboutDlg)
        // No message handlers
    //}}AFX_MSG_MAP
END_MESSAGE_MAP()

// App command to run the dialog
void CPlayerApp::OnAppAbout()
{
    CAboutDlg aboutDlg;
    aboutDlg.DoModal();
}

/////////////////////////////////////////////////////////////////////////////
// CPlayerApp commands
```

Listing 5.12   player.h

```
// player.h : main header file for the PLAYER application
//

#ifndef __AFXWIN_H__
    #error include 'stdafx.h' before including this file for PCH
#endif

#include "resource.h"       // main symbols

/////////////////////////////////////////////////////////////////////////////
// CPlayerApp:
// See player.cpp for the implementation of this class
//

class CPlayerApp : public CWinApp
{
public:
    CPlayerApp();

// Overrides
    virtual BOOL InitInstance();

// Implementation

    //{{AFX_MSG(CPlayerApp)
    afx_msg void OnAppAbout();
        // NOTE - the Class Wizard will add and remove member functions here.
        //    DO NOT EDIT what you see in these blocks of generated code !
```

```
        //}}AFX_MSG
        DECLARE_MESSAGE_MAP()
};


////////////////////////////////////////////////////////////////////////
```

Listing 5.13 *mainfrm.cpp*

```
// mainfrm.cpp : implementation of the CMainFrame class
//

#include "stdafx.h"
#include "player.h"

#include "mainfrm.h"

#ifdef _DEBUG
#undef THIS_FILE
static char BASED_CODE THIS_FILE[] = __FILE__;
#endif

////////////////////////////////////////////////////////////////////////
// CMainFrame

IMPLEMENT_DYNCREATE(CMainFrame, CFrameWnd)

BEGIN_MESSAGE_MAP(CMainFrame, CFrameWnd)
        //{{AFX_MSG_MAP(CMainFrame)
        // NOTE - the Class Wizard will add and remove mapping macros here.
        //    DO NOT EDIT what you see in these blocks of generated code !
        //}}AFX_MSG_MAP
END_MESSAGE_MAP()


////////////////////////////////////////////////////////////////////////
// CMainFrame construction/destruction

CMainFrame::CMainFrame()
{
    EnableSounds ( TRUE );

    // TODO: add member initialization code here
}
```

```
CMainFrame::~CMainFrame()
{
    EnableSounds ( FALSE );
}


/////////////////////////////////////////////////////////////////////////////
// CMainFrame diagnostics

#ifdef _DEBUG
void CMainFrame::AssertValid() const
{
    CFrameWnd::AssertValid();
}

void CMainFrame::Dump(CDumpContext& dc) const
{
    CFrameWnd::Dump(dc);
}

#endif //_DEBUG

/////////////////////////////////////////////////////////////////////////////
// CMainFrame message handlers
```

Listing 5.14 *mainfrm.h*

```
// mainfrm.h : interface of the CMainFrame class
//
/////////////////////////////////////////////////////////////////////////////

class CMainFrame : public CFrameWnd
{
protected: // create from serialization only
    CMainFrame();
    DECLARE_DYNCREATE(CMainFrame)

// Attributes
public:

// Operations
public:

// Implementation
public:
```

```
        virtual ~CMainFrame();
#ifdef _DEBUG
    virtual void AssertValid() const;
    virtual void Dump(CDumpContext& dc) const;
#endif



// Generated message map functions
protected:
    //{{AFX_MSG(CMainFrame)
        // NOTE - the Class Wizard will add and remove member functions here.
        //    DO NOT EDIT what you see in these blocks of generated code !
    //}}AFX_MSG
    DECLARE_MESSAGE_MAP()
};

/////////////////////////////////////////////////////////////////////////////
```

Listing 5.15 *playedoc.cpp*

```
// playedoc.cpp : implementation of the CPlayerDoc class
//

#include "stdafx.h"
#include "player.h"

#include "playedoc.h"

#ifdef _DEBUG
#undef THIS_FILE
static char BASED_CODE THIS_FILE[] = __FILE__;
#endif

/////////////////////////////////////////////////////////////////////////////
// CPlayerDoc

IMPLEMENT_DYNCREATE(CPlayerDoc, CDocument)

BEGIN_MESSAGE_MAP(CPlayerDoc, CDocument)
    //{{AFX_MSG_MAP(CPlayerDoc)
        // NOTE - the Class Wizard will add and remove mapping macros here.
        //    DO NOT EDIT what you see in these blocks of generated code !
    //}}AFX_MSG_MAP
END_MESSAGE_MAP()
```

Chapter 5: Window Hooks and How to Use Them

```
/////////////////////////////////////////////////////////////////////
// CPlayerDoc construction/destruction

CPlayerDoc::CPlayerDoc()
{
    // TODO: add one-time construction code here
}

CPlayerDoc::~CPlayerDoc()
{
}

BOOL CPlayerDoc::OnNewDocument()
{
    if (!CDocument::OnNewDocument())
            return FALSE;
    // TODO: add reinitialization code here
    // (SDI documents will reuse this document)
    return TRUE;
}

/////////////////////////////////////////////////////////////////////
// CPlayerDoc serialization

void CPlayerDoc::Serialize(CArchive& ar)
{
    if (ar.IsStoring())
    {
            // TODO: add storing code here
    }
    else
    {
            // TODO: add loading code here
    }
}


/////////////////////////////////////////////////////////////////////
// CPlayerDoc diagnostics

#ifdef _DEBUG
void CPlayerDoc::AssertValid() const
{
    CDocument::AssertValid();
}

void CPlayerDoc::Dump(CDumpContext& dc) const
```

```
    {
        CDocument::Dump(dc);
    }

    #endif //_DEBUG

    /////////////////////////////////////////////////////////////////////////////
    // CPlayerDoc commands
```

Listing 5.16 *playedoc.h*

```
    // playedoc.h : interface of the CPlayerDoc class
    //
    /////////////////////////////////////////////////////////////////////////////

    class CPlayerDoc : public CDocument
    {
    protected: // create from serialization only
        CPlayerDoc();
        DECLARE_DYNCREATE(CPlayerDoc)

    // Attributes
    public:

    // Operations
    public:

    // Implementation
    public:
        virtual ~CPlayerDoc();
        virtual void Serialize(CArchive& ar);    // overridden for document i/o
    #ifdef _DEBUG
        virtual void AssertValid() const;
        virtual void Dump(CDumpContext& dc) const;
    #endif
    protected:
        virtual BOOL    OnNewDocument();

    // Generated message map functions
    protected:
        //{{AFX_MSG(CPlayerDoc)
            // NOTE - the Class Wizard will add and remove member functions here.
            //    DO NOT EDIT what you see in these blocks of generated code !
        //}}AFX_MSG
```

```
    DECLARE_MESSAGE_MAP()
};

/////////////////////////////////////////////////////////////////////////////
```

Listing 5.17 *playevw.cpp*

```
// playevw.cpp : implementation of the CPlayerView class
//

#include "stdafx.h"
#include "player.h"

#include "playedoc.h"
#include "playevw.h"

#ifdef _DEBUG
#undef THIS_FILE
static char BASED_CODE THIS_FILE[] = __FILE__;
#endif

/////////////////////////////////////////////////////////////////////////////
// CPlayerView

IMPLEMENT_DYNCREATE(CPlayerView, CView)

BEGIN_MESSAGE_MAP(CPlayerView, CView)
    //{{AFX_MSG_MAP(CPlayerView)
        // NOTE - the Class Wizard will add and remove mapping macros here.
        //    DO NOT EDIT what you see in these blocks of generated code !
    //}}AFX_MSG_MAP
END_MESSAGE_MAP()

/////////////////////////////////////////////////////////////////////////////
// CPlayerView construction/destruction

CPlayerView::CPlayerView()
{
    // TODO: add construction code here
}

CPlayerView::~CPlayerView()
{
}
```

```
/////////////////////////////////////////////////////////////////////
// CPlayerView drawing

void CPlayerView::OnDraw(CDC* pDC)
{
    CPlayerDoc* pDoc = GetDocument();

    // TODO: add draw code here
}



/////////////////////////////////////////////////////////////////////
// CPlayerView diagnostics

#ifdef _DEBUG
void CPlayerView::AssertValid() const
{
    CView::AssertValid();
}

void CPlayerView::Dump(CDumpContext& dc) const
{
    CView::Dump(dc);
}

CPlayerDoc* CPlayerView::GetDocument() // non-debug version is inline
{
    ASSERT(m_pDocument->IsKindOf(RUNTIME_CLASS(CPlayerDoc)));
    return (CPlayerDoc*) m_pDocument;
}

#endif //_DEBUG

/////////////////////////////////////////////////////////////////////
// CPlayerView message handlers
```

Listing 5.18 *playevw.h*

```
// playevw.h : interface of the CPlayerView class
//
/////////////////////////////////////////////////////////////////////

class CPlayerView : public CView
{
```

Chapter 5: Window Hooks and How to Use Them

```cpp
protected: // create from serialization only
    CPlayerView();
    DECLARE_DYNCREATE(CPlayerView)

// Attributes
public:
    CPlayerDoc* GetDocument();

// Operations
public:

// Implementation
public:
    virtual ~CPlayerView();
    virtual void OnDraw(CDC* pDC);  // overridden to draw this view
#ifdef _DEBUG
    virtual void AssertValid() const;
    virtual void Dump(CDumpContext& dc) const;
#endif


// Generated message map functions
protected:
    //{{AFX_MSG(CPlayerView)
        // NOTE - the Class Wizard will add and remove member functions here.
        //    DO NOT EDIT what you see in these blocks of generated code !
    //}}AFX_MSG
    DECLARE_MESSAGE_MAP()
};

#ifndef _DEBUG       // debug version in playevw.cpp
inline CPlayerDoc* CPlayerView::GetDocument()
    { return (CPlayerDoc*) m_pDocument; }
#endif

/////////////////////////////////////////////////////////////////////
```

Listing 5.19 *stdafx.cpp*

```cpp
// stdafx.cpp : source file that includes just the standard includes
//   stdafx.pch will be the pre-compiled header
//   stdafx.obj will contain the pre-compiled type information

#include "stdafx.h"
```

Listing 5.20 *stdafx.h*

```
// stdafx.h : include file for standard system include files,
//  or project specific include files that are used frequently, but
//          are changed infrequently
//

#include <afxwin.h>         // MFC core and standard components
#include <afxext.h>         // MFC extensions (including VB)
#include <hookprot.hpp>     // Sound hook prototypes
```

Listing 5.21 *hookprot.hpp*

```
//
// Hookprot.hpp
//
//    Prototypes that exist
// in our sound player DLL
//

#ifndef __HOOKPROT_HPP

#define __HOOKPROT_HPP

//---------------------------
//
// Extern C wrappers
//

#ifdef       __cplusplus

extern       "C" {

#endif

//----------------------------

    BOOL FAR PASCAL _export
EnableSounds ( BOOL  enable );

//---------------------------
//
// Extern C wrappers
//
```

Chapter 5: Window Hooks and How to Use Them

```
#ifdef      __cplusplus

};

#endif

//-------------------------------

#endif              //  __HOOKPROT_HPP
```

Listing 5.22 *player.def*

```
; player.def : Declares the module parameters for the application.

NAME            PLAYER
DESCRIPTION     'PLAYER Windows Application'
EXETYPE         WINDOWS

CODE            PRELOAD MOVEABLE DISCARDABLE
DATA            PRELOAD MOVEABLE MULTIPLE

HEAPSIZE        1024    ; initial heap size
; Stack size is passed as argument to linker's /STACK option
```

Listing 5.23 *player.rc*

```
//Microsoft App Studio generated resource script.
//
#include "resource.h"

#define APSTUDIO_READONLY_SYMBOLS
/////////////////////////////////////////////////////////////////////////////
//
// From TEXTINCLUDE 2
//
#include "afxres.h"

/////////////////////////////////////////////////////////////////////////////
#undef APSTUDIO_READONLY_SYMBOLS

#ifdef APSTUDIO_INVOKED
```

```
//////////////////////////////////////////////////////////////////////
//
// TEXTINCLUDE
//

1 TEXTINCLUDE DISCARDABLE
BEGIN
    "resource.h\0"
END

2 TEXTINCLUDE DISCARDABLE
BEGIN
    "#include ""afxres.h""\r\n"
    "\0"
END

3 TEXTINCLUDE DISCARDABLE
BEGIN
    "#include ""res\\player.rc2""  // non-App Studio edited resources\r\n"
    "\r\n"
    "#include ""afxres.rc""  // Standard components\r\n"
    "\0"
END

//////////////////////////////////////////////////////////////////////
#endif    // APSTUDIO_INVOKED


//////////////////////////////////////////////////////////////////////
//
// Icon
//

IDR_MAINFRAME           ICON    DISCARDABLE     res\player.ico


//////////////////////////////////////////////////////////////////////
//
// Menu
//

IDR_MAINFRAME MENU PRELOAD DISCARDABLE
BEGIN
    POPUP "&File"
    BEGIN
```

```
                MENUITEM "&New\tCtrl+N",              ID_FILE_NEW
                MENUITEM "&Open...\tCtrl+O",          ID_FILE_OPEN
                MENUITEM "&Save\tCtrl+S",             ID_FILE_SAVE
                MENUITEM "Save &As...",               ID_FILE_SAVE_AS
                MENUITEM SEPARATOR
                MENUITEM "Recent File",               ID_FILE_MRU_FILE1,GRAYED
                MENUITEM SEPARATOR
                MENUITEM "E&xit",                     ID_APP_EXIT
        END
        POPUP "&Edit"
        BEGIN
                MENUITEM "&Undo\tCtrl+Z",             ID_EDIT_UNDO
                MENUITEM SEPARATOR
                MENUITEM "Cu&t\tCtrl+X",              ID_EDIT_CUT
                MENUITEM "&Copy\tCtrl+C",             ID_EDIT_COPY
                MENUITEM "&Paste\tCtrl+V",            ID_EDIT_PASTE
        END
        POPUP "&Help"
        BEGIN
                MENUITEM "&About PLAYER...",          ID_APP_ABOUT
        END
END


/////////////////////////////////////////////////////////////////////////////
//
// Accelerator
//

IDR_MAINFRAME ACCELERATORS PRELOAD MOVEABLE
BEGIN
    "N",            ID_FILE_NEW,            VIRTKEY,CONTROL
    "O",            ID_FILE_OPEN,           VIRTKEY,CONTROL
    "S",            ID_FILE_SAVE,           VIRTKEY,CONTROL
    "Z",            ID_EDIT_UNDO,           VIRTKEY,CONTROL
    "X",            ID_EDIT_CUT,            VIRTKEY,CONTROL
    "C",            ID_EDIT_COPY,           VIRTKEY,CONTROL
    "V",            ID_EDIT_PASTE,          VIRTKEY,CONTROL
    VK_BACK,        ID_EDIT_UNDO,           VIRTKEY,ALT
    VK_DELETE,      ID_EDIT_CUT,            VIRTKEY,SHIFT
    VK_INSERT,      ID_EDIT_COPY,           VIRTKEY,CONTROL
    VK_INSERT,      ID_EDIT_PASTE,          VIRTKEY,SHIFT
    VK_F6,          ID_NEXT_PANE,           VIRTKEY
    VK_F6,          ID_PREV_PANE,           VIRTKEY,SHIFT
END
```

```
///////////////////////////////////////////////////////////////////////
//
// Dialog
//

IDD_ABOUTBOX DIALOG DISCARDABLE  34, 22, 217, 55
CAPTION "About PLAYER"
STYLE DS_MODALFRAME | WS_POPUP | WS_CAPTION | WS_SYSMENU
FONT 8, "MS Sans Serif"
BEGIN
    ICON            IDR_MAINFRAME,IDC_STATIC,11,17,20,20
    LTEXT           "PLAYER Application Version 1.0",IDC_STATIC,40,10,119,8
    LTEXT           "Copyright \251 1993",IDC_STATIC,40,25,119,8
    DEFPUSHBUTTON   "OK",IDOK,176,6,32,14,WS_GROUP
END


///////////////////////////////////////////////////////////////////////
//
// String Table
//

STRINGTABLE PRELOAD DISCARDABLE
BEGIN
    IDR_MAINFRAME           "PLAYER Windows Application\nPlayer\nPLAYER
Document"
END
STRINGTABLE PRELOAD DISCARDABLE
BEGIN
    AFX_IDS_APP_TITLE       "PLAYER Windows Application"
    AFX_IDS_IDLEMESSAGE     "Ready"
END
STRINGTABLE DISCARDABLE
BEGIN
    ID_INDICATOR_EXT        "EXT"
    ID_INDICATOR_CAPS       "CAP"
    ID_INDICATOR_NUM        "NUM"
    ID_INDICATOR_SCRL       "SCRL"
    ID_INDICATOR_OVR        "OVR"
    ID_INDICATOR_REC        "REC"
END
STRINGTABLE DISCARDABLE
BEGIN
    ID_FILE_NEW             "Create a new document"
    ID_FILE_OPEN            "Open an existing document"
```

```
    ID_FILE_CLOSE           "Close the active document"
    ID_FILE_SAVE            "Save the active document"
    ID_FILE_SAVE_AS         "Save the active document with a new name"
    ID_APP_ABOUT            "Display program information, version number and
copyright"
    ID_APP_EXIT             "Quit the application; prompts to save documents"
    ID_FILE_MRU_FILE1       "Open this document"
    ID_FILE_MRU_FILE2       "Open this document"
    ID_FILE_MRU_FILE3       "Open this document"
    ID_FILE_MRU_FILE4       "Open this document"
    ID_NEXT_PANE            "Switch to the next window pane"
    ID_PREV_PANE            "Switch back to the previous window pane"
    ID_EDIT_CLEAR           "Erase the selection"
    ID_EDIT_CLEAR_ALL       "Erase everything"
    ID_EDIT_COPY            "Copy the selection and put it on the Clipboard"
    ID_EDIT_CUT             "Cut the selection and put it on the Clipboard"
    ID_EDIT_FIND            "Find the specified text"
    ID_EDIT_PASTE           "Insert Clipboard contents"
    ID_EDIT_REPEAT          "Repeat the last action"
    ID_EDIT_REPLACE         "Replace specific text with different text"
    ID_EDIT_SELECT_ALL      "Select the entire document"
    ID_EDIT_UNDO            "Undo the last action"
    ID_EDIT_REDO            "Redo the previously undone action"
END

STRINGTABLE DISCARDABLE
BEGIN
    AFX_IDS_SCSIZE          "Change the window size"
    AFX_IDS_SCMOVE          "Change the window position"
    AFX_IDS_SCMINIMIZE      "Reduce the window to an icon"
    AFX_IDS_SCMAXIMIZE      "Enlarge the window to full size"
    AFX_IDS_SCNEXTWINDOW    "Switch to the next document window"
    AFX_IDS_SCPREVWINDOW    "Switch to the previous document window"
    AFX_IDS_SCCLOSE         "Close the active window and prompts to save the documents"
    AFX_IDS_SCRESTORE       "Restore the window to normal size"
    AFX_IDS_SCTASKLIST      "Activate Task List"
END


#ifndef APSTUDIO_INVOKED
/////////////////////////////////////////////////////////////////////////////
//
// From TEXTINCLUDE 3
//
```

```
#include "res\player.rc2"   // non-App Studio edited resources

#include "afxres.rc"   // Standard components

/////////////////////////////////////////////////////////////////////////
#endif    // not APSTUDIO_INVOKED
```

Listing 5.24 *resource.h*

```
//{{NO_DEPENDENCIES}}
// App Studio generated include file.
// Used by PLAYER.RC
//
#define IDR_MAINFRAME                   2
#define IDD_ABOUTBOX                    100

#define _APS_NEXT_RESOURCE_VALUE        101
#define _APS_NEXT_CONTROL_VALUE         101
#define _APS_NEXT_SYMED_VALUE           101
#define _APS_NEXT_COMMAND_VALUE         32768
```

Listing 5.25 *player.mak*

```
# Microsoft Visual C++ generated build script - Do not modify

PROJ = PLAYER
DEBUG = 1
PROGTYPE = 0
CALLER =
ARGS =
DLLS =
D_RCDEFINES = /d_DEBUG
R_RCDEFINES = /dNDEBUG
ORIGIN = MSVC
ORIGIN_VER = 1.00
PROJPATH = E:\WMPRO\MT_BOOK\CHAP5\PLAYER\
USEMFC = 1
CC = cl
CPP = cl
CXX = cl
CCREATEPCHFLAG =
```

Chapter 5: Window Hooks and How to Use Them

```
CPPCREATEPCHFLAG = /YcSTDAFX.H
CUSEPCHFLAG =
CPPUSEPCHFLAG = /YuSTDAFX.H
FIRSTC =
FIRSTCPP = STDAFX.CPP
RC = rc
CFLAGS_D_WEXE = /nologo /G2 /W3 /Zi /AM /Od /D "_DEBUG" /FR /GA
/Fd"PLAYER.PDB"
CFLAGS_R_WEXE = /nologo /Gs /G2 /W3 /AM /O1 /D "NDEBUG" /FR /GA
LFLAGS_D_WEXE = /NOLOGO /NOD /PACKC:61440 /STACK:10240 /ALIGN:16
/ONERROR:NOEXE /CO
LFLAGS_R_WEXE = /NOLOGO /NOD /PACKC:61440 /STACK:10240 /ALIGN:16
/ONERROR:NOEXE
LIBS_D_WEXE = mafxcwd oldnames libw mlibcew commdlg olesvr olecli shell
LIBS_R_WEXE = mafxcw oldnames libw mlibcew commdlg olesvr olecli shell
RCFLAGS = /nologo /z
RESFLAGS = /nologo /t
RUNFLAGS =
DEFFILE = PLAYER.DEF
OBJS_EXT =
LIBS_EXT = HOOK.LIB
!if "$(DEBUG)" == "1"
CFLAGS = $(CFLAGS_D_WEXE)
LFLAGS = $(LFLAGS_D_WEXE)
LIBS = $(LIBS_D_WEXE)
MAPFILE = nul
RCDEFINES = $(D_RCDEFINES)
!else
CFLAGS = $(CFLAGS_R_WEXE)
LFLAGS = $(LFLAGS_R_WEXE)
LIBS = $(LIBS_R_WEXE)
MAPFILE = nul
RCDEFINES = $(R_RCDEFINES)
!endif
!if [if exist MSVC.BND del MSVC.BND]
!endif
SBRS = STDAFX.SBR \
        PLAYER.SBR \
        MAINFRM.SBR \
        PLAYEDOC.SBR \
        PLAYEVW.SBR
```

```
PLAYER_RCDEP = e:\wmpro\mt_book\chap5\player\res\player.ico \
    e:\wmpro\mt_book\chap5\player\res\player.rc2


STDAFX_DEP = e:\wmpro\mt_book\chap5\player\stdafx.h


PLAYER_DEP = e:\wmpro\mt_book\chap5\player\stdafx.h \
    e:\wmpro\mt_book\chap5\player\player.h \
    e:\wmpro\mt_book\chap5\player\mainfrm.h \
    e:\wmpro\mt_book\chap5\player\playedoc.h \
    e:\wmpro\mt_book\chap5\player\playevw.h


MAINFRM_DEP = e:\wmpro\mt_book\chap5\player\stdafx.h \
    e:\wmpro\mt_book\chap5\player\player.h \
    e:\wmpro\mt_book\chap5\player\mainfrm.h


PLAYEDOC_DEP = e:\wmpro\mt_book\chap5\player\stdafx.h \
    e:\wmpro\mt_book\chap5\player\player.h \
    e:\wmpro\mt_book\chap5\player\playedoc.h


PLAYEVW_DEP = e:\wmpro\mt_book\chap5\player\stdafx.h \
    e:\wmpro\mt_book\chap5\player\player.h \
    e:\wmpro\mt_book\chap5\player\playedoc.h \
    e:\wmpro\mt_book\chap5\player\playevw.h


HOOK_DEP =

all:$(PROJ).EXE $(PROJ).BSC

PLAYER.RES:  PLAYER.RC $(PLAYER_RCDEP)
    $(RC) $(RCFLAGS) $(RCDEFINES) -r PLAYER.RC

STDAFX.OBJ:  STDAFX.CPP $(STDAFX_DEP)
    $(CPP) $(CFLAGS) $(CPPCREATEPCHFLAG) /c STDAFX.CPP

PLAYER.OBJ:  PLAYER.CPP $(PLAYER_DEP)
    $(CPP) $(CFLAGS) $(CPPUSEPCHFLAG) /c PLAYER.CPP
```

Chapter 5: Window Hooks and How to Use Them

```
MAINFRM.OBJ: MAINFRM.CPP $(MAINFRM_DEP)
    $(CPP) $(CFLAGS) $(CPPUSEPCHFLAG) /c MAINFRM.CPP

PLAYEDOC.OBJ:       PLAYEDOC.CPP $(PLAYEDOC_DEP)
    $(CPP) $(CFLAGS) $(CPPUSEPCHFLAG) /c PLAYEDOC.CPP

PLAYEVW.OBJ: PLAYEVW.CPP $(PLAYEVW_DEP)
    $(CPP) $(CFLAGS) $(CPPUSEPCHFLAG) /c PLAYEVW.CPP


$(PROJ).EXE::       PLAYER.RES

$(PROJ).EXE::       STDAFX.OBJ PLAYER.OBJ MAINFRM.OBJ PLAYEDOC.OBJ
PLAYEVW.OBJ $(OBJS_EXT) $(DEFFILE)
    echo >NUL @<<$(PROJ).CRF
STDAFX.OBJ +
PLAYER.OBJ +
MAINFRM.OBJ +
PLAYEDOC.OBJ +
PLAYEVW.OBJ +
$(OBJS_EXT)
$(PROJ).EXE
$(MAPFILE)
e:\wmpro\class\+
d:\msvc\lib\+
d:\msvc\mfc\lib\+
HOOK.LIB+
$(LIBS)
$(DEFFILE);
<<
    link $(LFLAGS) @$(PROJ).CRF
    $(RC) $(RESFLAGS) PLAYER.RES $@
    @copy $(PROJ).CRF MSVC.BND

$(PROJ).EXE::       PLAYER.RES
    if not exist MSVC.BND    $(RC) $(RESFLAGS) PLAYER.RES $@

run: $(PROJ).EXE
    $(PROJ) $(RUNFLAGS)


$(PROJ).BSC: $(SBRS)
```

```
        bscmake @<<
/o$@ $(SBRS)
<<
```

A couple of things are worth noting here. First, how does this application cause our DLL to be fired up? In the constructor for CMainFrame(), we call EnableSounds(TRUE) to start the sound hook, and in the destructor we call EnableSounds(FALSE) to stop the sound hook.

```
CMainFrame::CMainFrame()
{
    EnableSounds ( TRUE );

    // TODO: add member initialization code here
}

CMainFrame::~CMainFrame()
{
    EnableSounds ( FALSE );
}
```

That's really all there is to it. To properly link, we also need to provide a prototype for our DLL functions; this we do in **hookprot.hpp**. Finally, we need to link with **hook.lib**, which is the library file created by the linker when we created our DLL earlier.

When you run this application, it will load the DLL (assuming it can find it, of course; to ensure this, I copy the DLL to the same directory as the application). From that point on, whenever you close a window or move a window, the DLL will attempt to play the wave file **hit1.wav** (for a close) or **moo.wav** (for a move). You also need to place these wave files in the same directory as the application and DLL. Otherwise, it won't be able to find them.

Summary

Of course, as it stands, this application is pretty stripped down. It would be really nice if we could assign sounds to all the different system events (you'll need to handle all the WM_SYSCOMMAND events, not just the two I have shown you), as well as assign a particular wave file to a particular sound (by building a list box of wave files and a list box of events).

I actually did all of that for a commercial application that I wrote. This app used a series of DLLs and executable applets to control sound assignments and play back. One of the trickier aspects of the project was the fact that the applications and DLLs often had to communicate with one another, without knowing beforehand if a particular one was running or not.

Broadcasting messages was the obvious answer, but not so obvious was another problem related to the value WM_USER. Microsoft defines this value as a user-defined command, but many different applications have their own meanings for WM_USER and WM_USER + <value>. Given that I didn't want other applications to respond erroneously to messages that were intended for only my own pieces, I needed a way of ensuring that I had a set of unique messages I could use for my own purposes. How I did that is the topic of the next chapter.

Custom Window Messages, Preventing Multiple Instances of an App, and Other Esoteric Subjects

In the last chapter, I showed you how you could hook Window messages to play a wave file based on certain events. (Admittedly, this has other uses, but I picked one that we could have fun with.) As I mentioned, I based a commercial application on this idea. My app enables you to do the following things:

- Hook sounds to various Windows system events, text buttons, and window actions
- Animate your icons
- Animate your cursors
- Create and edit your own icons, cursors, and small bitmaps
- Provide a pop-up program launcher

It was more complicated than it sounded. In Figure 6.1, you can see how the structure of the app worked. The app in the lower left, the Navigator, was responsible for launching all the other apps, as well as starting the DLLs. Each of the apps, in turn, communicated with both the Navigator and the DLLs through a series of messages that I defined. This allowed each app to update information dynamically, and then inform the appropriate DLL of the actions to take.

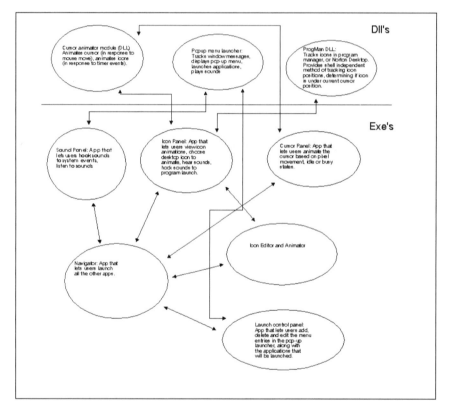

Figure 6.1 *My commercial app, and its components. Note that there are six **.exes** and three DLLs all of which talk to at least one other .exe or DLL. The double-headed arrows indicate the flow of communication between modules, via user-defined window messages.*

For example, at any time the user could launch the menu setup application from the menu pop-up DLL, which provided a small lightning bolt in the upper left corner of the active window. This menu enabled the user to dynamically launch any application at any time from any active window simply by creating a menu entry and hooking an application to it. Of course, the user could also add, change, or delete any of the menu entries in the pop-up at any time simply by using the **Setup** menu entry.

The pop-up menu itself lived in a DLL. This was in large part due to the fact that it had to dynamically subclass window procedures on the fly. The DLL handled all the menu display and updating actions. However, if the user clicked on the **Setup** menu entry in the pop-up, then the DLL simply did a `WinExec()` on the Menu Setup application.

At this point, the flow of control had been transferred to the Menu Setup Application. Suppose that the user added a menu entry. How did I communicate that to the pop-up DLL, which was responsible for displaying the new menu entry? I did two things. First, I created an **.ini** file, which contained each menu entry, along with what the menu entry was supposed to do when selected. Second, I sent a message back to the pop-up DLL using one of my own window messages.

User-Defined Messages

Because of the nature of my application, which was essentially a whole series of TSRs along with a controlling **.exe**, I needed to make sure that I had a set of unique messages, which I could pass around freely between my applications and DLLs. By the time I was done, I had more than 30 different custom messages that my modules could talk to each other with.

The key word here is *unique* messages. It's all very well to grab `WM_USER` and add an arbitrary number to it, but that's not going to give you a unique number, but just a number that is unlikely to be used by any other application. Given the growing number of applications that are out there, it's becoming more and more likely that the unique number you picked is going to be used by two or three other applications as well.

Fortunately, there's a better way. The call `RegisterWindowMessage()` provides a way of giving to Windows a unique text string (say, `IDS_STOMACH_UPSET`) and getting back a unique numerical identifier. Windows guarantees that any application doing this will get back a unique identifier for each unique string. The other good thing is that if two different applications register the same text string as a message, then each application will get back the same numerical ID.

This is very nice if you stop and think about it. It means that you can write 2, 3, or even 20 different modules and have each one perform a

RegisterWindowMessage() using the same string. Each module will get back the same number, at which point they can all start communicating with each other using this ID.

You don't even have to have each application separately registering the same text string as a window message. You can create a DLL to do all the tedious work, at which point it becomes easy to create as many unique window messages as you need.

Following is the example code. The first set of listings details the source code for the message registration DLL, **mesg_dll.dll**. This DLL's mission in life is to provide a set of unique window messages to whatever applications want them. Listings 6.1 through 6.15 show **mesg_dll** in all its glory.

Listing 6.1 *dskleton.cpp*

```
//
// SKELETON.CPP
//
//     The skeleton DLL....
//
//

#include <skeleton.hpp>

//-------------------------
//
// LibMain()
//

    int FAR PASCAL
LibMain ( HANDLE     hModule,
          WORD       wDataSeg,
          WORD       cbHeapSize,
          LPSTR      lpszCmdLine )
{
    //----------------------

    hInst = hModule;         // Instance handle for the module...

    MainhWnd = NULL;         // No main window for DLL's...

    SkeletonInitDLL ( hModule );    // Perform any user inits...

    return 1;
}
```

```
//---------------------
//
// WEP()  ( Windows Exit Procedure! )
//
//

    int FAR PASCAL

WEP ( int bSystemExit )
{
    return ( 1 );
}
```

Listing 6.2 *Dsklinit.cpp*

```
//
// DSKLINIT.CPP
//
//    Initialization routines for the skeleton
// application
//
//

#include <skeleton.hpp>


//------------------------------------
//
// SkeletonInitDLL()
//
//    Performs any initializing of the DLL that
// needs doing...
//

    void
SkeletonInitDLL ( HANDLE    hModule )
{
    //---------------------

    //
    // Ok, let's register all the messages
    //

    CppRegisterWindowMessages();
}
```

Listing 6.3 *Dsklvars.cpp*

```
//
// DSKLVARS.CPP
//
//   Global variables for the skeleton application
//
//

#define         __SKELETON_GLOBAL_VARS

#include <skeleton.hpp>

//--------------------------------------------------
//
// All the following are standard global
// variables used by the skeleton application
//

HWND        MainhWnd;          // Main window handle

HINSTANCE   hInst;             // Instance handle that we need

//---------------------------------
//
// Add custom variables here
//

//---------------------------
//
//  Area that holds the privately registered
// window messages
//
//

UINTmessageIDs [ MAX_WINDOW_MESSAGES ];
```

Listing 6.4 *message.cpp*

```
//
// Message.cpp
//
//   Entry points for the external
// world wishing to register with
// and use the messaging system.
//
```

```
#include <skeleton.hpp>

//----------------------------
//
// CppGetRCString()
//
//    Loads the specified resource string into the
// specified buffer, and returns.
//
// Parms:
//    sID - id of the string resource to load
//
// Returns:
//    none
//
// Assumptions:
//
//    That the variable 'hInst' is the instance handle.
//

     void FAR PASCAL

CppGetRCString ( int      sID,         // ID of string to load
                 LPSTR    lpBuff )     // Buffer to put string into
{
    /*----------------------*/

    LoadString ( hInst,
          sID,
          (LPSTR) lpBuff,
          lstrlen ( lpBuff ) );
}

//-------------------------
//
// CppRegisterWindowMessages()
//
//    This routine registers all of the messages that
// we use between the applications
//

     void FAR PASCAL _export

CppRegisterWindowMessages ( void )
{
    //------------------
```

```
            messageIDs [ 0 ] = RegisterWindowMessage ( "IDS_YUPPIE_FLU" );
            messageIDs [ 1 ] = RegisterWindowMessage ( "IDS_SNEEZE" );
            messageIDs [ 2 ] = RegisterWindowMessage ( "IDS_COUGH" );
            messageIDs [ 3 ] = RegisterWindowMessage ( "IDS_STOMACH_UPSET" );

}

//----------------------
//
// CppCheckForOurWindowMessage()
//
//   Returns a value
// indicating whether or not this
// was a window message that we
// registered
//
//    Return:   -1 -- Not one of the window messages
//              0 - N - One of the messages (see above list)
//

      int FAR PASCAL _export

CppCheckForOurWindowMessage ( UINT    message )
{
     int             i;

     //-------------------------------------

     for ( i = 0; i < MAX_WINDOW_MESSAGES; i++ )
     {
     if ( message == messageIDs [ i ] )
     {
            return i;
     }
     }

     return -1;
}

//--------------------------
//
// CppGetOurMessageID()
//
//    Given an index (that we know about)
// this function will return the ID of that
// message, or 0 if there isn't an ID available
//
//
```

Chapter 6: Custom Window Messages and Other Esoteric Subjects

```
    UINT FAR PASCAL _export

CppGetOurMessageID ( UINT    messageToGet )
{
    UINT    i;

    //------------------

    for ( i = 0; i < MAX_WINDOW_MESSAGES; i++ )
    {
    if ( messageToGet == i )
    {
        return messageIDs [ i ];
    }
    }

    return NULL;
}
```

Listing 6.5 *Skeleton.hpp*

```
//
// SKELETON.HPP
//
//    Mondo include file for
// the skeleton app.
//
//   __EVERYTHING__ gets included here, ONCE.
//
// That's it.
//

#ifndef     __SKELETON_HPP

#define __SKELETON_HPP

//-----------------------------------

#include <WINDOWS.H>

#include <skelincs.hpp>       // Defines of string variables

#include <skelextn.hpp>       // Externs for the global variables

#include <skelprot.hpp>       // Prototypes for all functions in skeleton
```

```
//----------------------------------


#endif        // __SKELETON_HPP
```

Listing 6.6 *Skeldfns.hpp*

```
//
// SKELDFNS.HPP
//
//    Defines used by the skeleton application
//

#ifndef      __SKELDFNS_HPP

#define __SKELDFNS_HPP

//----------------------------------


#define            MAX_WINDOW_MESSAGES      4

//----------------------------------

#endif       // __SKELDFNS_HPP
```

Listing 6.7 *Msgprot.hpp*

```
//
// MSGPROT.HPP
//
//    Prototypes for those functions
// that other programs are going
// to include.
//

#ifndef __MSGPROT_HPP
```

Chapter 6: Custom Window Messages and Other Esoteric Subjects

```cpp
#define __MSGPROT_HPP

//---------------------------
//
// Extern C wrappers
//

#ifdef      __cplusplus

extern      "C" {

#endif


//---------------------------

    void FAR PASCAL _export
CppRegisterWindowMessages ( void );

    int FAR PASCAL _export
CppCheckForOurWindowMessage ( UINT    message );

    UINT FAR PASCAL _export
CppGetOurMessageID ( UINT    messageToGet );

//---------------------------
//
// Extern C wrappers
//

#ifdef      __cplusplus

};

#endif


//---------------------------



#endif      // __MSGPROT_HPP
```

Listing 6.8 *Skelextn.hpp*

```
//
// SKELEXTN.HPP
//
//     External define file for the skeleton app
//
//

#ifndef __SKELETON_GLOBAL_VARS

#define __SKELETON_GLOBAL_VARS

//-------------------------------------

extern    HWND        MainhWnd;      // Main window handle

extern    HINSTANCE   hInst;         // Instance handle that we need


//------------------------------------------
//
// User defined variables go here....
//


//---------------------------
//
//  Area that holds the privately registered
// window messages
//
//

extern    UINT    messageIDs [ MAX_WINDOW_MESSAGES ];



//-----------------------------------

#endif     // __SKELETON_GLOBAL_VARS
```

Listing 6.9 *Skelincs.hpp*

```
//
// SKELINCS.HPP
//
```

```
//    Skeleton includes.
//
//    Packaged this way so that both the
//    .cpp files and the .rc files can
//    use them.
//

#ifndef      __SKELINCS_HPP

#define __SKELINCS_HPP

//--------------------------------

#include <WINDOWS.H>

#include <cppstrng.h>        // Resource ID defines

#include <skeldfns.hpp>      // Defines for constants


//--------------------------------

#endif      // __SKELINCS_HPP
```

Listing 6.10 *Skelprot.hpp*

```
//
// SKELPROT.HPP
//
//    Prototype file
//

//-----------------

#ifndef __SKELETON_PROTOTYPES_HPP

#define __SKELETON_PROTOTYPES_HPP

//-----------------------------------


#include <msgprot.hpp>       // Exported prototypes


//---------------------------
//
```

```
// Extern C wrappers
//

#ifdef      __cplusplus

extern      "C" {

#endif

//-----------------------------------------

    int FAR PASCAL
LibMain ( HANDLE    hModule,
          WORD      wDataSeg,
          WORD      cbHeapSize,
          LPSTR     lpszCmdLine );

    int FAR PASCAL
WEP ( int bSystemExit );

    void
SkeletonInitDLL ( HANDLE    hModule );

//-----------------------------------------
//
// Additional (user-defined) prototypes go here...
//

    void FAR PASCAL
CppGetRCString ( int sID,
            LPSTR   lpBuff );


//---------------------------
//
// Extern C wrappers
//

#ifdef      __cplusplus

};

#endif


//-----------------------------------

#endif      // __SKELETON_PROTOTYPES__HPP
```

Chapter 6: Custom Window Messages and Other Esoteric Subjects

Listing 6.11 *Cppres.rc*

```
//
// Cppres.rc
//
//   String resource file
//


STRINGTABLE

BEGIN

IDS_YUPPIE_FLU,      "IDS_YUPPIE_FLU"
IDS_SNEEZE,          "IDS_SNEEZE"
IDS_COUGH,           "IDS_COUGH"
IDS_STOMACH_UPSET,   "IDS_STOMACH_UPSET"

END
```

Listing 6.12 *Cppstrng.h*

```
//
// Cppstrng.h
//
//   Defines of the string resources
// (which also correspond to the position
// of the message in the message table)
//

#define     IDS_YUPPIE_FLU       0x00
#define     IDS_SNEEZE           0x01
#define     IDS_COUGH            0x02
#define     IDS_STOMACH_UPSET    0x03
```

Listing 6.13 *Mesg_dll.def*

```
;
; MESG_DLL.DEF
;
; Definition file for the Resource DLL
;

LIBRARY              MESG_DLL
```

```
DESCRIPTION            'Message DLL, (C) 1992,1993 by ShadowCat
Technologies'

EXETYPE                WINDOWS

CODE    PRELOAD MOVEABLE DISCARDABLE
DATA    PRELOAD SINGLE

HEAPSIZE    4192

EXPORTS                WEP              @1 RESIDENTNAME
                       CppCheckForOurWindowMessage
                       CppGetOurMessageID
                       CppRegisterWindowMessages
```

Listing 6.14 *Skeleton.rc*

```
//
// Skeleton.rc
//

#include <skelincs.hpp>

#include <cppres.rc>          // String resources
```

Listing 6.15 *Mesg_dll.mak*

```
# Microsoft Visual C++ generated build script - Do not modify

PROJ = MESG_DLL
DEBUG = 1
PROGTYPE = 1
CALLER = ..\main_app\sickness.exe
ARGS =
DLLS =
D_RCDEFINES = -d_DEBUG
R_RCDEFINES = -dNDEBUG
ORIGIN = MSVC
ORIGIN_VER = 1.00
PROJPATH = E:\WMPRO\MT_BOOK\CHAP6\MESG_DLL\
USEMFC = 0
CC = cl
CPP = cl
```

Chapter 6: *Custom Window Messages and Other Esoteric Subjects* **279**

```
CXX = cl
CCREATEPCHFLAG =
CPPCREATEPCHFLAG =
CUSEPCHFLAG =
CPPUSEPCHFLAG =
FIRSTC =
FIRSTCPP =
RC = rc
CFLAGS_D_WDLL = /nologo /W3 /FR /G2 /Zi /D_DEBUG /Od /GD /ALw
/Fd"MESG_DLL.PDB"
CFLAGS_R_WDLL = /nologo /W3 /FR /O1 /DNDEBUG /GD /ALw
LFLAGS_D_WDLL = /NOLOGO /ONERROR:NOEXE /NOD /PACKC:61440 /CO /NOE /ALIGN:16
/MAP:FULL
LFLAGS_R_WDLL = /NOLOGO /ONERROR:NOEXE /NOD /PACKC:61440 /NOE /ALIGN:16
/MAP:FULL
LIBS_D_WDLL = oldnames libw commdlg shell olecli olesvr ldllcew
LIBS_R_WDLL = oldnames libw commdlg shell olecli olesvr ldllcew
RCFLAGS = /nologo
RESFLAGS = /nologo
RUNFLAGS =
DEFFILE = MESG_DLL.DEF
OBJS_EXT =
LIBS_EXT =
!if "$(DEBUG)" == "1"
CFLAGS = $(CFLAGS_D_WDLL)
LFLAGS = $(LFLAGS_D_WDLL)
LIBS = $(LIBS_D_WDLL)
MAPFILE = nul
RCDEFINES = $(D_RCDEFINES)
!else
CFLAGS = $(CFLAGS_R_WDLL)
LFLAGS = $(LFLAGS_R_WDLL)
LIBS = $(LIBS_R_WDLL)
MAPFILE = nul
RCDEFINES = $(R_RCDEFINES)
!endif
!if [if exist MSVC.BND del MSVC.BND]
!endif
SBRS = MESSAGE.SBR \
        DSKLETON.SBR \
        DSKLINIT.SBR \
        DSKLVARS.SBR


all:$(PROJ).DLL $(PROJ).BSC

MESSAGE.OBJ: MESSAGE.CPP $(MESSAGE_DEP)
```

```
             $(CPP) $(CFLAGS) $(CPPUSEPCHFLAG) /c MESSAGE.CPP

DSKLETON.OBJ:      DSKLETON.CPP $(DSKLETON_DEP)
        $(CPP) $(CFLAGS) $(CPPUSEPCHFLAG) /c DSKLETON.CPP

DSKLINIT.OBJ:      DSKLINIT.CPP $(DSKLINIT_DEP)
        $(CPP) $(CFLAGS) $(CPPUSEPCHFLAG) /c DSKLINIT.CPP

DSKLVARS.OBJ:      DSKLVARS.CPP $(DSKLVARS_DEP)
        $(CPP) $(CFLAGS) $(CPPUSEPCHFLAG) /c DSKLVARS.CPP

SKELETON.RES:      SKELETON.RC $(SKELETON_RCDEP)
        $(RC) $(RCFLAGS) $(RCDEFINES) -r SKELETON.RC


$(PROJ).DLL::      SKELETON.RES

$(PROJ).DLL::      MESSAGE.OBJ DSKLETON.OBJ DSKLINIT.OBJ DSKLVARS.OBJ
$(OBJS_EXT) $(DEFFILE)
    echo >NUL @<<$(PROJ).CRF
MESSAGE.OBJ +
DSKLETON.OBJ +
DSKLINIT.OBJ +
DSKLVARS.OBJ +
$(OBJS_EXT)
$(PROJ).DLL
$(MAPFILE)
e:\wmpro\class\+
d:\msvc\lib\+
d:\msvc\mfc\lib\+
$(LIBS)
$(DEFFILE);
<<
    link $(LFLAGS) @$(PROJ).CRF
    $(RC) $(RESFLAGS) SKELETON.RES $@
    @copy $(PROJ).CRF MSVC.BND
    implib /nowep $(PROJ).LIB $(PROJ).DLL

$(PROJ).DLL::      SKELETON.RES
    if not exist MSVC.BND    $(RC) $(RESFLAGS) SKELETON.RES $@

run: $(PROJ).DLL
    $(PROJ) $(RUNFLAGS)


$(PROJ).BSC: $(SBRS)
    bscmake @<<
```

```
/o$@ $(SBRS)
<<
```

And there you have it. The standard components of the DLL, `LibMain()` and `WEP()`, are there, of course. For us, the interesting bits lie in the following three calls:

```
CppRegisterWindowMessages()
CppCheckForOurWindowMessage()
CppGetOurMessageID
```

The first of these, `CppRegisterWindowMessages()`, provides the the applications with a method of registering window messages that can then be used. As you can see, we take each message that we get back from RegisterWindowMessage() and insert it into an array of message IDs:

```
//--------------------------
//
// CppRegisterWindowMessages()
//
//    This routine registers all of the messages that
// we use between the applications
//

    void FAR PASCAL _export
CppRegisterWindowMessages ( void )
{
    //-------------------

    messageIDs [ 0 ] = RegisterWindowMessage ( "IDS_YUPPIE_FLU" );
    messageIDs [ 1 ] = RegisterWindowMessage ( "IDS_SNEEZE" );
    messageIDs [ 2 ] = RegisterWindowMessage ( "IDS_COUGH" );
    messageIDs [ 3 ] = RegisterWindowMessage ( "IDS_STOMACH_UPSET" );

}
```

Note that we don't even need to call this routine from every application that wants to use it (although it won't hurt, because Windows will keep returning the same number for each string). Rather, it's sufficient to call it once, when the DLL itself is being initialized, because this will fill the array with the message IDs that we need.

Next is `CppCheckForOurWindowMessage()`, which provides a way of checking to see whether a message is one that we have registered or not. By passing through to this routine any messages that we don't recognize, we can check to see whether it is one of ours. (You'll see how we do this in just a minute, when we get to the application side of things.) The caller passes in a message ID, and this routine simply loops through, checking the message ID against each one that we have put into the array. If there is a match, then we return the index of the item; otherwise we return a -1:

```
//----------------------
//
// CppCheckForOurWindowMessage()
//
//   Returns a value
// indicating whether or not this
// was a window message that we
// registered
//
//    Return:   -1 -- Not one of the window messages
//              0 - N - One of the messages (see above list)
//

    int FAR PASCAL _export

CppCheckForOurWindowMessage ( UINT    message )
{
    int           i;

    //-------------------------------------

    for ( i = 0; i < MAX_WINDOW_MESSAGES; i++ )
    {
    if ( message == messageIDs [ i ] )
    {
            return i;
    }
    }

    return -1;
}
```

With some clever defines, we can immediately use this to the advantage. By defining the IDs like this:

```
#define     IDS_YUPPIE_FLU          0x00
#define     IDS_SNEEZE              0x01
#define     IDS_COUGH               0x02
#define     IDS_STOMACH_UPSET       0x03
```

Chapter 6: *Custom Window Messages and Other Esoteric Subjects*

we can track the own window messages without having to know in advance what they are. Thus, this routine is acting as a translation layer between the value of the Window message (which we pass around in the external world, so that we have a unique ID), and the own internal coding, where we want to have a linear set of IDs that we can program to in advance.

`CppCheckForOurWindowMessage()` provides a translation from the registered message to an index that is internally meaningful to us. The next routine, `CppGetOurMessageID()` provides a way of translating from the internal index (which we know at compile time) to the registered message (which we only get when we run the program):

```
//--------------------------
//
// CppGetOurMessageID()
//
//    Given an index (that we know about)
// this function will return the ID of that
// message, or 0 if there isn't an ID available
//
//

    UINT FAR PASCAL _export

CppGetOurMessageID ( UINT    messageToGet )
{
    UINT    i;

    //------------------

    for ( i = 0; i < MAX_WINDOW_MESSAGES; i++ )
    {
    if ( messageToGet == i )
    {
       return messageIDs [ i ];
    }
    }

    return NULL;
}
```

As you can see, it simply provides a translation the other way, from a zero-based index into one of the messages that we have registered.

We now have all the pieces we need to use the own defined window messages. Let's put these pieces to work in an application.

Sickness, the Application that Infects Itself

In keeping with my tradition of writing slightly demented applications that nevertheless demonstrate important Windows principles, I now present the Sickness app!

Yes, you have heard of Trojan horses, you have heard of viruses, and you have heard of Trojan viruses, but with Sickness, you actually have an app that infects itself! OK, I admit this is a pretty silly idea. But the underlying principle behind this app is quite sound. It uses user-defined messages to communicate with other instances of itself, thus ensuring that no other program receives its communiqués. Figure 6.2 shows the Sickness app in action.

Figure 6.2 The Sickness app, demonstrating one of four possible maladies that it can transmit to itself.

The basic idea is that this application uses the message DLL that we have built to create a series of unique Window messages. It then uses those messages to send to itself a series of commands. In this case, we're simply posting a silly message box, but this concept can clearly be extended to sending useful messages that actually contain information. What kind of information? Basically, it's up to you. Let's look at how much information you can pack into a message:

- The message itself. Each message has a unique meaning; this allows you to define messages for a multiplicity of actions

- Because you can use the standard Windows messaging calls, `SendMessage()` and `PostMessage()` with user-defined messages, this means you also get to pass a `wParam` and an `lParam`. What do the `wParam` and `lParam` mean? Anything you want them to! They're your messages, so you get to define them.

Chapter 6: *Custom Window Messages and Other Esoteric Subjects*

For example, you might want to have the `lParam` be a pointer to a structure containing data that was relevant to your application. Or you might want the `wParam` to be an index, or a key value, specifying which of several possible actions to take.

The possibilities are really limitless, because as the creator of your Window message, you can make it mean whatever you need it to.

One thing you'll observe when you run **sickness.exe** is that the first time you run it nothing happens. You have to run a second copy of the program to start it communicating with itself.

Listings 6.16 through 6.28 give you all the source code to the Sickness app.

Listing 6.16 *Skeleton.cpp*

```
//
// SKELETON.CPP
//
//    The skeleton application...
//
// This is a basic framework Windows application
//
// Written by Alex Leavens, for ShadowCat Technologies
//
//

#include <skeleton.hpp>

//-----------------------
//
// WinMain()
//

    int PASCAL
WinMain ( HINSTANCE   hInstance,
          HINSTANCE   hPrevInstance,
          LPSTR       lpCmdLine,
          int         nCmdShow )
{
    MSG             msg;            // Message holder...

    BOOL    returnCode = TRUE;      // Return code...

    //----------------------------
```

```
                hInst = hInstance;          // Save instance handle...

                //
                // Initialize the application as needed
                //

                if ( !SkeletonInitApplication ( hInstance,
                                                hPrevInstance,
                                                &nCmdShow,
                                                lpCmdLine ) )
                {
                returnCode = FALSE;
                goto Leave;
                }

                //
                // Initialize the class, if necessary...
                //

                if ( !hPrevInstance )
                {
                if ( !SkeletonRegisterClass ( hInstance ) )
                {
                    returnCode = FALSE;
                    goto Leave;
                }
                }
                else
                {
                HWND    lastWnd;

                int     idValue;

                //----------------------

                lastWnd = FindWindow ( "SICKNESS",
                                       NULL );

                idValue = GetRandom();   // Get a pseudo-random number between
                                         // 0 and 3

                if ( CppGetOurMessageID ( idValue ) &&
                     lastWnd )
                {
                    SendMessage ( lastWnd,
                                  CppGetOurMessageID ( idValue ),
                                  NULL,
                                  NULL );
```

Chapter 6: Custom Window Messages and Other Esoteric Subjects

```
    }
}

//
// Create the main window...
//

MainhWnd = SkeletonCreateWindow ( hInstance );

if ( !MainhWnd )
{
returnCode = FALSE;
goto Leave;
}

//
// Show the window, so that the message loop gets pumped...
//

ShowWindow ( MainhWnd,
          nCmdShow );

UpdateWindow ( MainhWnd );

//
// Now do the message loop
//

while ( GetMessage ( &msg,
                 0,
                 0,
                 0 ) )
{
TranslateMessage ( &msg );
DispatchMessage ( &msg );
}

Leave:

SkeletonExitApp();             // Cleanup if necessary

//
// Give back the proper return code...
//

if ( returnCode == TRUE )
{
```

```
            return ( msg.wParam );
            }
        else
            {
            return FALSE;
            }
    }


//----------------------
//
// MainWindowProc()
//
//      Main window callback procedure
//

        LONG FAR PASCAL

SkeletonMainWindowProc ( HWND hWnd,
                         UINT    message,
                         UINT    wParam,
                         LONG    lParam )
    {

    //----------------

    switch ( message )
        {

    case WM_DESTROY:

        PostQuitMessage ( 0 );

        return DefWindowProc ( hWnd,
                               message,
                               wParam,
                               lParam );
        break;

    case WM_COMMAND:

        return DefWindowProc ( hWnd,
                               message,
                               wParam,
                               lParam );
        break;

    case WM_CREATE:
```

Chapter 6: Custom Window Messages and Other Esoteric Subjects

```
            return DefWindowProc ( hWnd,
                                   message,
                                   wParam,
                                   lParam );
        break;

    default:

        //
        // Here's where we check and see if we're passing
        // ourselves a message.  If we are, then
        // we'll pop a message box.
        //

        int         isOurMessage;

        int         retCode;

        //-------------

        isOurMessage = CppCheckForOurWindowMessage ( message );

        switch ( isOurMessage )
        {
            case IDS_YUPPIE_FLU:

                retCode = MessageBox ( hWnd,
                                       "Doctor, doctor, gimme the news...",
                                       "I'm SICK!",
                                       MB_OKCANCEL | MB_ICONHAND );

                break;

            case IDS_SNEEZE:

                retCode = MessageBox ( hWnd,
                                       "Ah...ah....ah.....   CHOOOOO!",
                                       "I'm SICK!",
                                       MB_OKCANCEL | MB_ICONHAND );

                break;

            case IDS_COUGH:

                retCode = MessageBox ( hWnd,
                                       "Uh-huh-huh <HACK!>",
                                       "I'm SICK!",
```

```
                                    MB_OKCANCEL | MB_ICONHAND );
            break;

        case IDS_STOMACH_UPSET:

            retCode = MessageBox ( hWnd,
                                   "Uh-oh... I don't feel so good...",
                                   "I'm SICK!",
                                   MB_OKCANCEL | MB_ICONHAND );
            break;

        default:

            return DefWindowProc ( hWnd,
                                   message,
                                   wParam,
                                   lParam );
            break;
    }

    //
    // Now that we have been infected, let's see if
    // we can infect somebody else...
    //

    HWND    lastWnd;

    int     idValue;

    //----------------------

    lastWnd = FindWindow ( "SICKNESS",
                           NULL );

    idValue = GetRandom();      // Get a pseudo-random number between
                                // 0 and 3

    if ( CppGetOurMessageID ( idValue ) &&
         lastWnd &&
         retCode == IDOK )
    {
        PostMessage ( lastWnd,
                      CppGetOurMessageID ( idValue ),
                      NULL,
                      NULL );
    }
```

Chapter 6: Custom Window Messages and Other Esoteric Subjects

```
            return DefWindowProc ( hWnd,
                                   message,
                                   wParam,
                                   lParam );
            break;
    }

    return  FALSE;           // Returns FALSE if processed

}

//---------------------
//
// GetRandom()
//
//    Function that returns a
// pseudo-random number based
// on the tick count
//

    int FAR PASCAL

GetRandom ( void )
{
    int         value;

    //------------------

    value = (int)GetTickCount() & 0x03;

    return value;
}
```

Listing 6.17 *Skelinit.cpp*

```
//
// SKELINIT.CPP
//
//    Initialization routines for the skeleton
// application
//
//
```

```
#include <skeleton.hpp>


//----------------------------------
//
// SkeletonInitApplication()
//
//      Initialize the application.
//

    BOOL
SkeletonInitApplication ( HINSTANCE   hInst,
                          HINSTANCE   hPrev,
                          int         *pCmdSHow,
                          LPSTR       lpCmd )
{
    //
    // Force the window messages to be registered...
    //

    CppRegisterWindowMessages();

    return TRUE;
}


//---------------------------
//
// SkeletonRegisterClass()
//
//      Registers the skeleton class
//

    BOOL
SkeletonRegisterClass ( HINSTANCE     hInstance )
{
    WNDCLASS WndClass;

    //-----------------------------

    hMBrush = CreateSolidBrush(RGB(192,192,192));

    WndClass.style          = 0;
    WndClass.lpfnWndProc    = SkeletonMainWindowProc;
    WndClass.cbClsExtra     = 0;
    WndClass.cbWndExtra     = 0;
    WndClass.hInstance      = hInstance;
    WndClass.hIcon          = LoadIcon ( hInstance,
```

Chapter 6: *Custom Window Messages and Other Esoteric Subjects*

```
                                "SKELETON" );

    WndClass.hCursor        = LoadCursor ( NULL,
                                           IDC_ARROW );
    WndClass.hbrBackground  = hMBrush;

    WndClass.lpszMenuName   = NULL;

    WndClass.lpszClassName  = "SICKNESS";

    return RegisterClass(&WndClass);
}

//-----------------------
//
// SkeletonCreateWindow()
//
//    Creates the main skeleton window
//

    HWND
SkeletonCreateWindow ( HINSTANCE    hInstance )
{
    HWND    hWnd;

    int         coords[4];

    //--------------------------

    coords [ 0 ] = CW_USEDEFAULT;
    coords [ 1 ] = 0;
    coords [ 2 ] = CW_USEDEFAULT;
    coords [ 3 ] = 0;

    hWnd = CreateWindow (
                "SICKNESS",
                "The Sneeze Application",
                WS_OVERLAPPED |
                    WS_THICKFRAME |
                    WS_SYSMENU |
                    WS_MINIMIZEBOX |
                    WS_MAXIMIZEBOX,
                coords [ 0 ],
                coords [ 1 ],
                coords [ 2 ],
                coords [ 3 ],
                0,                      // Parent handle
```

```
                        0,              // Child id
                        hInstance,      // Instance handle
                        (LPSTR)NULL );  // No additional info
    return hWnd;
}

//----------------------------
//
// SkeletonExitApp()
//
//   Does any final cleanup...
//
    void
SkeletonExitApp( void )
{
    //---------------------

    if ( hMBrush )
    {
    DeleteObject ( hMBrush );

    hMBrush = 0;
    }
}
```

Listing 6.18 *Skelvars.cpp*

```
//
// SKELVARS.CPP
//
//   Global variables for the skeleton application
//
//

#define     __SKELETON_GLOBAL_VARS

#include <skeleton.hpp>

//--------------------------------------------------
//
// All the following are standard global
// variables used by the skeleton application
//

HBRUSH              hMBrush;// Brush for window background
```

Chapter 6: Custom Window Messages and Other Esoteric Subjects

```
HWND        MainhWnd;         // Main window handle

HINSTANCE   hInst;            // Instance handle that we need



//--------------------------------
//
// Add custom variables here
//
```

Listing 6.19 *Skeleton.hpp*

```
//
// SKELETON.HPP
//
//    Mondo include file for
// the skeleton app.
//
//    __EVERYTHING__ gets included here, ONCE.
//
// That's it.
//

#ifndef    __SKELETON_HPP

#define __SKELETON_HPP

//----------------------------------

#include <WINDOWS.H>

#include <skelincs.hpp>

#include <skelextn.hpp>     // Externs for the global variables

#include <skelprot.hpp>     // Prototypes for all functions in skeleton

#include <msgprot.hpp>      // Message handling prototypes
                            // (These functions are exported
                            // from the DLL)

//----------------------------------


#endif      // __SKELETON_HPP
```

Listing 6.20 *Skeldfns.hpp*

```
//
// SKELDFNS.HPP
//
//    Defines used by the skeleton application
//

#ifndef      __SKELDFNS_HPP

#define __SKELDFNS_HPP

//----------------------------------

#define          SKELETON_BASE_ID 4000


//------------

#define          ID_SkeletonExit          SKELETON_BASE_ID + 0


//----------------------------------

#endif     // __SKELDFNS_HPP
```

Listing 6.21 *Skelextn.hpp*

```
//
// SKELEXTN.HPP
//
//    External define file for the skeleton app
//
//

#ifndef __SKELETON_GLOBAL_VARS

#define __SKELETON_GLOBAL_VARS

//------------------------------------
```

Chapter 6: Custom Window Messages and Other Esoteric Subjects

```
extern      HBRUSH      hMBrush;        // Brush for window background

extern      HWND        MainhWnd;       // Main window handle

extern      HINSTANCE   hInst;          // Instance handle that we need


//-------------------------------------------


//----------------------------------

#endif      // __SKELETON_GLOBAL_VARS
```

Listing 6.22 *Skelincs.hpp*

```
//
// SKELINCS.HPP
//
//    Skeleton includes.
//
//    Packaged this way so that both the
// .cpp files and the .rc files can
// use them.
//

#ifndef     __SKELINCS_HPP

#define __SKELINCS_HPP

//-------------------------------

#include <WINDOWS.H>

#include <skeldfns.hpp>              // Resource and other ID defines

#include <cppstrng.h>                // String defines

//-------------------------------

#endif      // __SKELINCS_HPP
```

Listing 6.23 *Skelprot.hpp*

```
//
// SKELPROT.HPP
//
//    Prototype file
//

#ifndef __SKELETON_PROTOTYPES_HPP

#define __SKELETON_PROTOTYPES_HPP

//-----------------------------------

//--------------------------
//
// Extern C wrappers
//

#ifdef       __cplusplus

extern      "C" {

#endif

//-------------------------------------------

    int PASCAL
WinMain ( HINSTANCE    hInstance,
          HINSTANCE    hPrevInstance,
          LPSTR        lpCmdLine,
          int          nCmdShow );

    LONG FAR PASCAL
SkeletonMainWindowProc ( HWND     hWnd,
                         UINT     message,
                         UINT     wParam,
                         LONG     lParam );
    BOOL
SkeletonInitApplication ( HINSTANCE   hInst,
                          HINSTANCE   hPrev,
                          int         *pCmdSHow,
                          LPSTR       lpCmd );
    BOOL
SkeletonRegisterClass ( HINSTANCE    hInstance );

    HWND
```

Chapter 6: Custom Window Messages and Other Esoteric Subjects

```
SkeletonCreateWindow ( HINSTANCE    hInstance );

    void
SkeletonExitApp( void );


    int FAR PASCAL
GetRandom ( void );


//------------------------------------------

//--------------------------
//
// Extern C wrappers
//

#ifdef      __cplusplus

};

#endif


//----------------------------------

#endif      // __SKELETON_PROTOTYPES__HPP
```

Listing 6.24 *Msgprot.hpp*

```
//
// MSGPROT.HPP
//
//   Prototypes for those functions
// that other programs are going
// to include.
//

#ifndef __MSGPROT_HPP

#define __MSGPROT_HPP

//---------------------------
//
// Extern C wrappers
```

```
//

#ifdef      __cplusplus

extern      "C" {

#endif


//---------------------------

    void FAR PASCAL _export
CppRegisterWindowMessages ( void );

    int FAR PASCAL _export
CppCheckForOurWindowMessage ( UINT   message );

    UINT FAR PASCAL _export
CppGetOurMessageID ( UINT   messageToGet );

//---------------------------
//
// Extern C wrappers
//

#ifdef      __cplusplus

};

#endif


//---------------------------



#endif      // __MSGPROT_HPP
```

Listing 6.25 *Cppstrng.h*

```
//
// Cppstrng.h
//
//   Defines of the string resources
// (which also correspond to the position
```

```
// of the message in the message table)
//

#define     IDS_YUPPIE_FLU          0x00
#define     IDS_SNEEZE              0x01
#define     IDS_COUGH               0x02
#define     IDS_STOMACH_UPSET       0x03
```

Listing 6.26 *Sickness.def*

```
NAME        SICKNESS
EXETYPE     WINDOWS
CODE        PRELOAD MOVEABLE DISCARDABLE
DATA        PRELOAD MOVEABLE MULTIPLE
HEAPSIZE    2048

EXPORTS
;    ===List your explicitly exported functions here===
```

Listing 6.27 *Sickness.mak*

```
# Microsoft Visual C++ generated build script - Do not modify

PROJ = SICKNESS
DEBUG = 1
PROGTYPE = 0
CALLER =
ARGS =
DLLS =
D_RCDEFINES = -d_DEBUG
R_RCDEFINES = -dNDEBUG
ORIGIN = MSVC
ORIGIN_VER = 1.00
PROJPATH = E:\WMPRO\MT_BOOK\CHAP6\MAIN_APP\
USEMFC = 0
CC = cl
CPP = cl
CXX = cl
CCREATEPCHFLAG =
CPPCREATEPCHFLAG =
CUSEPCHFLAG =
CPPUSEPCHFLAG =
FIRSTC =
FIRSTCPP =
```

```
RC = rc
CFLAGS_D_WEXE = /nologo /W3 /FR /G2 /Zi /D_DEBUG /Od /AM /GA
/Fd"SICKNESS.PDB"
CFLAGS_R_WEXE = /nologo /W3 /FR /O1 /DNDEBUG /AM /GA
LFLAGS_D_WEXE = /NOLOGO /ONERROR:NOEXE /NOD /PACKC:61440 /CO /ALIGN:16
/STACK:10240
LFLAGS_R_WEXE = /NOLOGO /ONERROR:NOEXE /NOD /PACKC:61440 /ALIGN:16
/STACK:10240
LIBS_D_WEXE = oldnames libw commdlg shell olecli olesvr mlibcew
LIBS_R_WEXE = oldnames libw commdlg shell olecli olesvr mlibcew
RCFLAGS = /nologo
RESFLAGS = /nologo
RUNFLAGS =
DEFFILE = SICKNESS.DEF
OBJS_EXT =
LIBS_EXT = MESG_DLL.LIB
!if "$(DEBUG)" == "1"
CFLAGS = $(CFLAGS_D_WEXE)
LFLAGS = $(LFLAGS_D_WEXE)
LIBS = $(LIBS_D_WEXE)
MAPFILE = nul
RCDEFINES = $(D_RCDEFINES)
!else
CFLAGS = $(CFLAGS_R_WEXE)
LFLAGS = $(LFLAGS_R_WEXE)
LIBS = $(LIBS_R_WEXE)
MAPFILE = nul
RCDEFINES = $(R_RCDEFINES)
!endif
!if [if exist MSVC.BND del MSVC.BND]
!endif
SBRS = SKELETON.SBR \
            SKELINIT.SBR \
            SKELVARS.SBR


MESG_DLL_DEP =

all:$(PROJ).EXE $(PROJ).BSC

SKELETON.OBJ:      SKELETON.CPP $(SKELETON_DEP)
    $(CPP) $(CFLAGS) $(CPPUSEPCHFLAG) /c SKELETON.CPP

SKELINIT.OBJ:      SKELINIT.CPP $(SKELINIT_DEP)
    $(CPP) $(CFLAGS) $(CPPUSEPCHFLAG) /c SKELINIT.CPP

SKELVARS.OBJ:      SKELVARS.CPP $(SKELVARS_DEP)
```

Chapter 6: Custom Window Messages and Other Esoteric Subjects **303**

```
        $(CPP) $(CFLAGS) $(CPPUSEPCHFLAG) /c SKELVARS.CPP


$(PROJ).EXE::      SKELETON.OBJ SKELINIT.OBJ SKELVARS.OBJ $(OBJS_EXT)
$(DEFFILE)
       echo >NUL @<<$(PROJ).CRF
SKELETON.OBJ +
SKELINIT.OBJ +
SKELVARS.OBJ +
$(OBJS_EXT)
$(PROJ).EXE
$(MAPFILE)
e:\wmpro\class\+
d:\msvc\lib\+
d:\msvc\mfc\lib\+
MESG_DLL.LIB+
$(LIBS)
$(DEFFILE);
<<
     link $(LFLAGS) @$(PROJ).CRF
     $(RC) $(RESFLAGS) $@


run: $(PROJ).EXE
     $(PROJ) $(RUNFLAGS)


$(PROJ).BSC: $(SBRS)
     bscmake @<<
/o$@ $(SBRS)
<<
```

Listing 6.28 *Skeleton.rc*

```
//
// Skeleton.rc
//

#include <skelincs.hpp>

#include <cppres.rc>

//#include <skeleton.dlg>

//-----------------------
```

```
//
// Bitmaps, icons, cursors
//

SKELETON        ICON            SKELETON.ICO


//--------------------------
//
// Menus
//

SKELETON MENU
    BEGIN
    POPUP "Skeleton"
        BEGIN
            MENUITEM "Exit", ID_SkeletonExit
        END
    END
```

One thing that you'll notice right away is that this isn't a Visual C++ generated application. That is, I didn't use Class Wizard, App Wizard, or Visual C++ to generate the framework for the application. Instead, this code is based on a skeleton application that I have lying around, called the Skeleton application. It serves as the basic framework for a C++-based Windows application, and allows me to plug in both C and C++ code into an already-working Windows app.

I used my own skeleton Windows application and not a Visual C++/MFC generated one because with a Visual C++-generated application there isn't any way to get hold of the window class name before you register it. This is one of the things that MFC does for you when you use it. Normally, this is a good thing; having to worry about all the details of window class registration can be (most of the time) a headache.

In this case, however, we have a very good reason for wanting to know what the window class name is: we're going to use that knowledge to broadcast messages to ourselves. Here's how:

```
    HWND    lastWnd;

    int     idValue;

    //---------------------

    lastWnd = FindWindow ( "SICKNESS",
                           NULL );
```

Chapter 6: Custom Window Messages and Other Esoteric Subjects

```
        idValue = GetRandom();    // Get a pseudo-random number between
                                  // 0 and 3

        if ( CppGetOurMessageID ( idValue ) &&
             lastWnd )
        {
            SendMessage ( lastWnd,
                          CppGetOurMessageID ( idValue ),
                          NULL,
                          NULL );
        }
```

This code fragment is from the very beginning of the application, after we have registered the window class, but before we have created the main window. You'll notice that the first thing we do here is make a call to `FindWindow()`, using the window class name, and NULL. Let me quote from the SDK documentation:

"The FindWindow() function retrieves the handle of the window whose class name and window name match the specified strings. This function does not search child windows."

What this means in practical terms is that, given the class name of a window class, you can get a handle to an instance of that kind of window (if one exists) by using this call. In the code just before the fragment, we have tested to see whether `hPrevInstance` is NULL. If it is, then there are no other instances of this window class in existence (and hence no other copies of the application running). If there is an instance of the window class, then at least one other copy of the application must be running. That's why it's vitally important that we get to name the window class ourselves. We need that knowledge to be able to find out whether we're running or not.

The window class registration takes place in the function `SkeletonRegisterClass()`, which looks like this:

```
    BOOL
SkeletonRegisterClass ( HINSTANCE    hInstance )
{
    WNDCLASS WndClass;

    //-----------------------------

    hMBrush = CreateSolidBrush(RGB(192,192,192));

    WndClass.style        = 0;
    WndClass.lpfnWndProc  = SkeletonMainWindowProc;
```

```
        WndClass.cbClsExtra    = 0;
        WndClass.cbWndExtra    = 0;
        WndClass.hInstance     = hInstance;
        WndClass.hIcon         = LoadIcon ( hInstance,
                                            "SKELETON" );

        WndClass.hCursor       = LoadCursor ( NULL,
                                              IDC_ARROW );

        WndClass.hbrBackground = hMBrush;

        WndClass.lpszMenuName  = NULL;

        WndClass.lpszClassName = "SICKNESS";

        return RegisterClass(&WndClass);
    }

    and the critical piece here is the line:

        WndClass.lpszClassName = "SICKNESS";
```

This is where we define the class name of the window. Knowing this, you can tell whether there are other instances of yourself running.

You can use this knowledge to your benefit if you need to have an application that executes only one copy of itself at any given time. I'm taking this little side excursion because of one of my pet peeves: applications which aren't smart enough to figure out that they're already running. You have probably seen this in action yourself. You run a copy of your favorite application program, do some things, and then minimize the app. A little later on, forgetting that you have run the first copy of the app, you run it a second time, and see a dialog box that looks the one shown in Figure 6.3.

Figure 6.3 *The app that can't figure out how to bring itself to the front... (Name obscured to protect the guilty, but mostly because the lawyers insisted.)*

Chapter 6: *Custom Window Messages and Other Esoteric Subjects*

They have done the hard work, figuring out that they're running. Why on earth couldn't they take the next step, and bring themselves back on top? To save your application from this same painful fate, you need to do a couple of things. The first I have already shown you. You need to determine whether there is another instance of yourself running; if there is, then you need to send yourself a user-defined message. After you have sent yourself this message, you can then exit your application. This is the second copy of your application, remember, so you want it to go away.

Your application also has to be able to receive the message you have just sent, so you'll need the following piece of code in your main window procedure:

```
    switch ( message )
        {
.
.
.
        default:

            //
            // Here's where we check and see if we're passing
            // ourselves a message.  If we are, then
            // we'll pop a message box.
            //

            int         isOurMessage;

            int         retCode;

            //-------------

            isOurMessage = CppCheckForOurWindowMessage ( message );

            switch ( isOurMessage )
            {
                case IDS_YUPPIE_FLU:

                    retCode = MessageBox ( hWnd,
                                    "Doctor, doctor, gimme the news...",
                                    "I'm SICK!",
                                    MB_OKCANCEL | MB_ICONHAND );

                    break;

    etc.
```

Because we have passed ourselves a user-defined message, we need to put the test in the default portion of the message switch. That is, if the message isn't a standard Window message that we have processed, we need to check it and see whether it matches one of the user-defined ones. We do this with a call to the DLL, `CppCheckForOurWindowMessage()`. This function, remember, takes the message we pass in, and matches it against a list of messages that we created. If it does match, then it returns the index of the position in the array that the message occupies. Using clever defines, we can make a numerical identifier that matches the string ID that we used to create the message, as follows:

```
messageID [ 0 ] = RegisterWindowMessage ( "IDS_YUPPIE_FLU" );
```

and

```
#define IDS_YUPPIE_FLU      0x00
```

Note that the index into the messageID array of the string "IDS_YUPPIE_FLU" (the index is zero) is the same as the defined constant that we have created, IDS_YUPPIE_FLU. This allows us to translate the user-defined message (which is going to change each time we run the program) to and from a numerical constant that won't change, which means that we can manipulate it much more easily.

This clever bit of trickery allows us to program as though the user-defined messages were defined constants, just like Windows messages, even though they are dynamically created each time we execute the code.

In the example app, we simply display a message box in response to this message post from the second instance of the app, but that's hardly the only thing we can do. Suppose that instead of defining IDS_YUPPIE_FLU as a message that displays a message box, we define it to mean "Top yourself." Here's what the code would look like:

```
case IDS_YUPPIE_FLU:

    if ( MainhWnd != NULL )
    {
        ShowWindow ( MainhWnd,
                    SW_RESTORE );

        SetActiveWindow ( MainhWnd );
    }
```

This code will ensure that you have only one copy of your application running at any one time, and further, that if you do try to run a second copy of the app, that the first one will come to the top and be activated.

This is one interesting thing that you can do with user-defined messages, but there are many more.

Summary

In this chapter, we have looked at how you create user-defined messages and how you use them. We packaged this functionality into a DLL so that all your applications can share a common, custom-defined messaging system. I also showed you how to have an application that is smart enough to bring itself to the top when it is run a second time.

Version 1.5 of Visual C++

As the first edition of this book was being put to bed, Microsoft was in the process of beta-testing version 1.5 of Visual C++. For version 1.5 there were a number of new features and enhancements, and this appendix will tell you a little about them.

So, What's New?

There are a couple of major new enhancements and lots of little ones. There are also a number of bug fixes, and the IDE itself is much better about giving back all the resources that it used. (Version 1.0 of the IDE had a number of nasty resource leaks in it.)

The major stuff:

- **MFC support for OLE 2.0**. OLE (short for Object Linking and Embedding) is an extremely useful feature of the newest versions of Windows. Basically, it allows you to embed documents within other documents and then to do in-place editing of those documents. For users, this is great, but for programmers, it is a virtual guarantee of large headaches. This stuff is *hard*.

However, the new version of MFC makes it much easier to write OLE 2.0 applications. The new version of MFC provides the following support through the OLE 2 visual editing classes:

- In-place editing
- Fully opened editing (compatible with OLE 1 support in version 1.0)
- Clipboard copy, paste, and paste link of OLE objects
- Drag and drop visual editing

The visual editing classes provide you with support for building visual editing servers, visual editing containers, or both (i.e., a server/container). In addition, the new classes provide automatic OLE registration on startup of the server application.

- **AppWizard support for OLE 2 applications**. What good are the new classes if you can't build them easily? Fortunately, you can. AppWizard has been upgraded to allow you to create a skeleton application whose application, document, view, and frame window classes are tailored for OLE. You also now have specific options for creating containers, miniservers, full servers, combination server/containers, and automation servers.

- **ClassWizard was upgraded to support the new OLE classes**. You can use ClassWizard to add new classes that expose their member functions and/or member variables. Member functions that are exposed via OLE automation can be designed so that they support various return types, multiple parameters, and parameter types.

- **The OLE 2.0 SDK was included in Visual C++ version 1.5**. This includes all the headers, necessary libraries, samples, and on-line documentation.

- **New MFC support for Database application development**. There are MFC classes that simplify (actually, make it painfully easy) to create ODBC data sources. Class support now exists for automatically exchanging data between a C++ recordset object and columns of a table or a query result. This support exists for both dynamic recordsets (dynasets) and snapshot recordsets (shapshots). In addition, database transactions (i.e., commit and rollback) are now available, as are common access functions such as changing, adding, and deleting records.

- **The new MFC class that supports database application development, CRecordView, allows you use AppStudio to create a database form as a dialog template**. This dialog template lets you view data in the database via a form-view in your application. AppWizard and ClassWizard support this creation by automatically mapping database elements to elements in the recordset. You can then hook up elements to the dialog, allowing you to view one record at a time.

- **Developing 16-bit applications under NT**. There is now built-in support for creating 16-bit applications (i.e., Windows 3.1) directly under NT. This means that you can host your development under NT. Although there was a downloadable patch for this in version 1.0, version 1.5 supports it directly.

- **New shortcut keys**. You can create class member variables in AppStudio by Ctrl-double-clicking on a control, which brings up ClassWizard's Add Member Variable dialog.

- **ClassWizard now sports tabbed dialog pages**. This allows easier navigation through the various options. This feature is very nice, because it greatly simplifies navigation.

- **Double Byte Character Support**. DBCS was added by MFC 2.5 when running under a DBCS version of Windows.

Some of the new features are simple enhancements; others, such as the OLE 2.0 support and the ODBC database exchange classes, are major upgrades that will give you much greater flexibility and power when you are developing applications. In particular, the database stuff is going to make life easier for developing viewers onto databases because it makes developing a viewer almost trivial (you'll notice that I said *almost*). This feature alone made version 1.5 a major upgrade for many users.

Using the Built-in Support for ODBC

The most interesting part of this is the fact that in order to use the database features of the MFC classes it is not necessary to write *any* code. There are a number of steps that you have to take (which I'll show you), but you won't need to write any of your own code; it's all done for you.

In order for you to use the example I've created, you'll have to have installed the enrollment database that comes with Visual C++ 1.5, in order to register it as an ODBC data server. The easiest way to do this is to let Visual C++ install it for you; one of the options you have when you install Visual C++ 1.5 is to install the samples and examples. If you choose to do this, then the Enroll database is automagically registered.

In any case, you'll need the Enroll database, because my sample application uses it. Listings A.1 through A.17 are the source code for the Enroll application.

Listing A.1 *Enroldoc.h*

```
// enroldoc.h : interface of the CEnrollDoc class
//
/////////////////////////////////////////////////////////////////////

class CEnrollDoc : public CDocument
{
protected: // create from serialization only
    CEnrollDoc();
    DECLARE_DYNCREATE(CEnrollDoc)

// Attributes
public:
    CEnrollSet m_enrollSet;

// Operations
public:

// Implementation
public:
    virtual ~CEnrollDoc();
#ifdef _DEBUG
    virtual void AssertValid() const;
    virtual void Dump(CDumpContext& dc) const;
#endif

protected:
    virtual BOOL OnNewDocument();

// Generated message map functions
```

Appendix A: *Version 1.5 of Visual C++* **315**

```
    protected:
        //{{AFX_MSG(CEnrollDoc)
            // NOTE - the ClassWizard will add and remove member functions here.
            //    DO NOT EDIT what you see in these blocks of generated code !
        //}}AFX_MSG
        DECLARE_MESSAGE_MAP()
    };

    /////////////////////////////////////////////////////////////////////////////
```

Listing A.2 *Enroldoc.cpp*

```
    // enroldoc.cpp : implementation of the CEnrollDoc class
    //

    #include "stdafx.h"
    #include "enroll.h"

    #include "enrolset.h"
    #include "enroldoc.h"

    #ifdef _DEBUG
    #undef THIS_FILE
    static char BASED_CODE THIS_FILE[] = __FILE__;
    #endif

    /////////////////////////////////////////////////////////////////////////////
    // CEnrollDoc

    IMPLEMENT_DYNCREATE(CEnrollDoc, CDocument)

    BEGIN_MESSAGE_MAP(CEnrollDoc, CDocument)
        //{{AFX_MSG_MAP(CEnrollDoc)
            // NOTE - the ClassWizard will add and remove mapping macros here.
            //    DO NOT EDIT what you see in these blocks of generated code!
        //}}AFX_MSG_MAP
    END_MESSAGE_MAP()

    /////////////////////////////////////////////////////////////////////////////
    // CEnrollDoc construction/destruction

    CEnrollDoc::CEnrollDoc()
    {
        // TODO: add one-time construction code here
    }
```

```
CEnrollDoc::~CEnrollDoc()
{
}

BOOL CEnrollDoc::OnNewDocument()
{
    if (!CDocument::OnNewDocument())
            return FALSE;

    // TODO: add reinitialization code here
    // (SDI documents will reuse this document)

    return TRUE;
}

/////////////////////////////////////////////////////////////////////////
// CEnrollDoc diagnostics

#ifdef _DEBUG
void CEnrollDoc::AssertValid() const
{
    CDocument::AssertValid();
}

void CEnrollDoc::Dump(CDumpContext& dc) const
{
    CDocument::Dump(dc);
}
#endif //_DEBUG

/////////////////////////////////////////////////////////////////////////
// CEnrollDoc commands
```

Listing A.3 *Enroll.h*

```
// enroll.h : main header file for the ENROLL application
//

#ifndef __AFXWIN_H__
    #error include 'stdafx.h' before including this file for PCH
#endif

#include "resource.h"       // main symbols
```

```
/////////////////////////////////////////////////////////////////////////
// CEnrollApp:
// See enroll.cpp for the implementation of this class
//

class CEnrollApp : public CWinApp
{
public:
    CEnrollApp();

// Overrides
    virtual BOOL InitInstance();

// Implementation

    //{{AFX_MSG(CEnrollApp)
    afx_msg void OnAppAbout();
        // NOTE - the ClassWizard will add and remove member functions here.
        //    DO NOT EDIT what you see in these blocks of generated code !
    //}}AFX_MSG
    DECLARE_MESSAGE_MAP()
};


/////////////////////////////////////////////////////////////////////////
```

Listing A.4 *Enroll.cpp*

```
// enroll.cpp : Defines the class behaviors for the application.
//

#include "stdafx.h"
#include "enroll.h"

#include "mainfrm.h"
#include "enrolset.h"
#include "enroldoc.h"
#include "enrolvw.h"

#ifdef _DEBUG
#undef THIS_FILE
static char BASED_CODE THIS_FILE[] = __FILE__;
#endif

/////////////////////////////////////////////////////////////////////////
```

```
// CEnrollApp

BEGIN_MESSAGE_MAP(CEnrollApp, CWinApp)
    //{{AFX_MSG_MAP(CEnrollApp)
    ON_COMMAND(ID_APP_ABOUT, OnAppAbout)
        // NOTE - the ClassWizard will add and remove mapping macros here.
        //    DO NOT EDIT what you see in these blocks of generated code!
    //}}AFX_MSG_MAP
    // Standard print setup command
    ON_COMMAND(ID_FILE_PRINT_SETUP, CWinApp::OnFilePrintSetup)
END_MESSAGE_MAP()

/////////////////////////////////////////////////////////////////////////////
// CEnrollApp construction

CEnrollApp::CEnrollApp()
{
    // TODO: add construction code here,
    // Place all significant initialization in InitInstance
}

/////////////////////////////////////////////////////////////////////////////
// The one and only CEnrollApp object

CEnrollApp NEAR theApp;

/////////////////////////////////////////////////////////////////////////////
// CEnrollApp initialization

BOOL CEnrollApp::InitInstance()
{
    // Standard initialization
    // If you are not using these features and wish to reduce the size
    // of your final executable, you should remove from the following
    // the specific initialization routines you do not need.

    SetDialogBkColor();        // Set dialog background color to gray
    LoadStdProfileSettings();  // Load standard INI file options (including MRU)

    // Register the application's document templates.  Document templates
    // serve as the connection between documents, frame windows and views.

    CSingleDocTemplate* pDocTemplate;
    pDocTemplate = new CSingleDocTemplate(
            IDR_MAINFRAME,
            RUNTIME_CLASS(CEnrollDoc),
            RUNTIME_CLASS(CMainFrame),     // main SDI frame window
```

```
                RUNTIME_CLASS(CEnrollView));
    AddDocTemplate(pDocTemplate);

    // create a new (empty) document
    OnFileNew();

    if (m_lpCmdLine[0] != '\0')
    {
        // TODO: add command line processing here
    }


    return TRUE;
}

/////////////////////////////////////////////////////////////////////////////
// CAboutDlg dialog used for App About

class CAboutDlg : public CDialog
{
public:
    CAboutDlg();

// Dialog Data
    //{{AFX_DATA(CAboutDlg)
    enum { IDD = IDD_ABOUTBOX };
    //}}AFX_DATA

// Implementation
protected:
    virtual void DoDataExchange(CDataExchange* pDX);    // DDX/DDV support
    //{{AFX_MSG(CAboutDlg)
        // No message handlers
    //}}AFX_MSG
    DECLARE_MESSAGE_MAP()
};

CAboutDlg::CAboutDlg() : CDialog(CAboutDlg::IDD)
{
    //{{AFX_DATA_INIT(CAboutDlg)
    //}}AFX_DATA_INIT
}

void CAboutDlg::DoDataExchange(CDataExchange* pDX)
{
    CDialog::DoDataExchange(pDX);
    //{{AFX_DATA_MAP(CAboutDlg)
```

```
        //}}AFX_DATA_MAP
    }

    BEGIN_MESSAGE_MAP(CAboutDlg, CDialog)
        //{{AFX_MSG_MAP(CAboutDlg)
            // No message handlers
        //}}AFX_MSG_MAP
    END_MESSAGE_MAP()

    // App command to run the dialog
    void CEnrollApp::OnAppAbout()
    {
        CAboutDlg aboutDlg;
        aboutDlg.DoModal();
    }

    /////////////////////////////////////////////////////////////////////////
    // CEnrollApp commands
```

Listing A.5 *Enrolset.h*

```
    // enrolset.h : interface of the CEnrollSet class
    //
    /////////////////////////////////////////////////////////////////////////

    class CEnrollSet : public CRecordset
    {
    DECLARE_DYNAMIC(CEnrollSet)

    public:
        CEnrollSet(CDatabase* pDatabase = NULL);

    // Field/Param Data
        //{{AFX_FIELD(CEnrollSet, CRecordset)
        long    m_StudentID;
        CString m_Name;
        int     m_GradYear;
        //}}AFX_FIELD

    // Implementation
    protected:
        virtual CString GetDefaultConnect();      // Default connection string
        virtual CString GetDefaultSQL(); // default SQL for Recordset
        virtual void DoFieldExchange(CFieldExchange* pFX);// RFX support
    };
```

Listing A.6 *Enrolset.cpp*

```cpp
// enrolset.cpp : implementation of the CEnrollSet class
//

#include "stdafx.h"
#include "enroll.h"
#include "enrolset.h"

/////////////////////////////////////////////////////////////////////////////
// CEnrollSet implementation

IMPLEMENT_DYNAMIC(CEnrollSet, CRecordset)

CEnrollSet::CEnrollSet(CDatabase* pdb)
    : CRecordset(pdb)
{
    //{{AFX_FIELD_INIT(CEnrollSet)
    m_StudentID = 0;
    m_Name = "";
    m_GradYear = 0;
    m_nFields = 3;
    //}}AFX_FIELD_INIT
}

CString CEnrollSet::GetDefaultConnect()
{
    return "ODBC;DSN=Student Registration;";
}

CString CEnrollSet::GetDefaultSQL()
{
    return "STUDENT";
}

void CEnrollSet::DoFieldExchange(CFieldExchange* pFX)
{
    //{{AFX_FIELD_MAP(CEnrollSet)
    pFX->SetFieldType(CFieldExchange::outputColumn);
    RFX_Long(pFX, "StudentID", m_StudentID);
    RFX_Text(pFX, "Name", m_Name);
    RFX_Int(pFX, "GradYear", m_GradYear);
    //}}AFX_FIELD_MAP
}
```

Listing A.7 *Enrolvw.h*

```
// enrolvw.h : interface of the CEnrollView class
//
/////////////////////////////////////////////////////////////////////////

class CEnrollSet;

class CEnrollView : public CRecordView
{
protected: // create from serialization only
    CEnrollView();
    DECLARE_DYNCREATE(CEnrollView)

public:
    //{{AFX_DATA(CEnrollView)
    enum { IDD = IDD_ENROLL_FORM };
    CEnrollSet* m_pSet;
    //}}AFX_DATA

// Attributes
public:
    CEnrollDoc* GetDocument();

// Operations
public:
    virtual CRecordset* OnGetRecordset();

// Implementation
public:
    virtual ~CEnrollView();
#ifdef _DEBUG
    virtual void AssertValid() const;
    virtual void Dump(CDumpContext& dc) const;
#endif

protected:
    virtual void DoDataExchange(CDataExchange* pDX);    // DDX/DDV support
    virtual void OnInitialUpdate(); // called first time after construct

    // Printing support
    virtual BOOL OnPreparePrinting(CPrintInfo* pInfo);
    virtual void OnBeginPrinting(CDC* pDC, CPrintInfo* pInfo);
    virtual void OnEndPrinting(CDC* pDC, CPrintInfo* pInfo);

// Generated message map functions
protected:
    //{{AFX_MSG(CEnrollView)
```

Appendix A: *Version 1.5 of Visual C++*

```
    // NOTE - the ClassWizard will add and remove member functions here.
    //    DO NOT EDIT what you see in these blocks of generated code !
    //}}AFX_MSG
    DECLARE_MESSAGE_MAP()
};

#ifndef _DEBUG  // debug version in enrolvw.cpp
inline CEnrollDoc* CEnrollView::GetDocument()
   { return (CEnrollDoc*)m_pDocument; }
#endif

/////////////////////////////////////////////////////////////////////
```

Listing A.8 *Enrolvw.cpp*

```
// enrolvw.cpp : implementation of the CEnrollView class
//

#include "stdafx.h"
#include "enroll.h"

#include "enrolset.h"
#include "enroldoc.h"
#include "enrolvw.h"

#ifdef _DEBUG
#undef THIS_FILE
static char BASED_CODE THIS_FILE[] = __FILE__;
#endif

/////////////////////////////////////////////////////////////////////
// CEnrollView

IMPLEMENT_DYNCREATE(CEnrollView, CRecordView)

BEGIN_MESSAGE_MAP(CEnrollView, CRecordView)
    //{{AFX_MSG_MAP(CEnrollView)
       // NOTE - the ClassWizard will add and remove mapping macros here.
       //    DO NOT EDIT what you see in these blocks of generated code!
    //}}AFX_MSG_MAP
    // Standard printing commands
    ON_COMMAND(ID_FILE_PRINT, CRecordView::OnFilePrint)
    ON_COMMAND(ID_FILE_PRINT_PREVIEW, CRecordView::OnFilePrintPreview)
END_MESSAGE_MAP()

/////////////////////////////////////////////////////////////////////
```

```cpp
// CEnrollView construction/destruction

CEnrollView::CEnrollView()
    : CRecordView(CEnrollView::IDD)
{
    //{{AFX_DATA_INIT(CEnrollView)
    m_pSet = NULL;
    //}}AFX_DATA_INIT
    // TODO: add construction code here
}

CEnrollView::~CEnrollView()
{
}

void CEnrollView::DoDataExchange(CDataExchange* pDX)
{
    CRecordView::DoDataExchange(pDX);
    //{{AFX_DATA_MAP(CEnrollView)
    DDX_FieldText(pDX, IDC_STUDENT_NAME, m_pSet->m_Name, m_pSet);
    DDX_FieldText(pDX, IDC_STUDENT_ID, m_pSet->m_StudentID, m_pSet);
    DDX_FieldText(pDX, IDC_YEAR_GRADUATES, m_pSet->m_GradYear, m_pSet);
    //}}AFX_DATA_MAP
}

void CEnrollView::OnInitialUpdate()
{
    m_pSet = &GetDocument()->m_enrollSet;
    CRecordView::OnInitialUpdate();
}

/////////////////////////////////////////////////////////////////////////////
// CEnrollView printing

BOOL CEnrollView::OnPreparePrinting(CPrintInfo* pInfo)
{
    // default preparation
    return DoPreparePrinting(pInfo);
}

void CEnrollView::OnBeginPrinting(CDC* /*pDC*/, CPrintInfo* /*pInfo*/)
{
    // TODO: add extra initialization before printing
}

void CEnrollView::OnEndPrinting(CDC* /*pDC*/, CPrintInfo* /*pInfo*/)
```

Appendix A: *Version 1.5 of Visual C++* **325**

```
{
    // TODO: add cleanup after printing
}

/////////////////////////////////////////////////////////////////////
// CEnrollView diagnostics

#ifdef _DEBUG
void CEnrollView::AssertValid() const
{
    CRecordView::AssertValid();
}

void CEnrollView::Dump(CDumpContext& dc) const
{
    CRecordView::Dump(dc);
}

CEnrollDoc* CEnrollView::GetDocument() // non-debug version is inline
{
    ASSERT(m_pDocument->IsKindOf(RUNTIME_CLASS(CEnrollDoc)));
    return (CEnrollDoc*)m_pDocument;
}
#endif //_DEBUG

/////////////////////////////////////////////////////////////////////
// CEnrollView database support

CRecordset* CEnrollView::OnGetRecordset()
{
    return m_pSet;
}


/////////////////////////////////////////////////////////////////////
// CEnrollView message handlers
```

Listing A.9 *Mainfrm.h*

```
// mainfrm.h : interface of the CMainFrame class
//
/////////////////////////////////////////////////////////////////////

class CMainFrame : public CFrameWnd
{
```

```
protected: // create from serialization only
    CMainFrame();
    DECLARE_DYNCREATE(CMainFrame)

// Attributes
public:

// Operations
public:

// Implementation
public:
    virtual ~CMainFrame();
#ifdef _DEBUG
    virtual void AssertValid() const;
    virtual void Dump(CDumpContext& dc) const;
#endif

protected:  // control bar embedded members
    CStatusBar  m_wndStatusBar;
    CToolBar    m_wndToolBar;

// Generated message map functions
protected:
    //{{AFX_MSG(CMainFrame)
    afx_msg int OnCreate(LPCREATESTRUCT lpCreateStruct);
        // NOTE - the ClassWizard will add and remove member functions here.
        //    DO NOT EDIT what you see in these blocks of generated code!
    //}}AFX_MSG
    DECLARE_MESSAGE_MAP()
};

/////////////////////////////////////////////////////////////////////////
```

Listing A.10 *Mainfrm.cpp*

```
// mainfrm.cpp : implementation of the CMainFrame class
//

#include "stdafx.h"
#include "enroll.h"

#include "mainfrm.h"

#ifdef _DEBUG
```

```
#undef THIS_FILE
static char BASED_CODE THIS_FILE[] = __FILE__;
#endif

/////////////////////////////////////////////////////////////////////////
// CMainFrame

IMPLEMENT_DYNCREATE(CMainFrame, CFrameWnd)

BEGIN_MESSAGE_MAP(CMainFrame, CFrameWnd)
    //{{AFX_MSG_MAP(CMainFrame)
        // NOTE - the ClassWizard will add and remove mapping macros here.
        //    DO NOT EDIT what you see in these blocks of generated code !
    ON_WM_CREATE()
    //}}AFX_MSG_MAP
END_MESSAGE_MAP()

/////////////////////////////////////////////////////////////////////////
// arrays of IDs used to initialize control bars

// toolbar buttons - IDs are command buttons
static UINT BASED_CODE buttons[] =
{
    // same order as in the bitmap 'toolbar.bmp'
    ID_EDIT_CUT,
    ID_EDIT_COPY,
    ID_EDIT_PASTE,
            ID_SEPARATOR,
    ID_FILE_PRINT,
            ID_SEPARATOR,
    ID_RECORD_FIRST,
    ID_RECORD_PREV,
    ID_RECORD_NEXT,
    ID_RECORD_LAST,
            ID_SEPARATOR,
    ID_APP_ABOUT,
};

static UINT BASED_CODE indicators[] =
{
    ID_SEPARATOR,           // status line indicator
    ID_INDICATOR_CAPS,
    ID_INDICATOR_NUM,
    ID_INDICATOR_SCRL,
};

/////////////////////////////////////////////////////////////////////////
```

```
// CMainFrame construction/destruction

CMainFrame::CMainFrame()
{
    // TODO: add member initialization code here
}

CMainFrame::~CMainFrame()
{
}

int CMainFrame::OnCreate(LPCREATESTRUCT lpCreateStruct)
{
    if (CFrameWnd::OnCreate(lpCreateStruct) == -1)
        return -1;

    if (!m_wndToolBar.Create(this) ||
        !m_wndToolBar.LoadBitmap(IDR_MAINFRAME) ||
        !m_wndToolBar.SetButtons(buttons,
          sizeof(buttons)/sizeof(UINT)))
    {
        TRACE("Failed to create toolbar\n");
        return -1;      // fail to create
    }

    if (!m_wndStatusBar.Create(this) ||
        !m_wndStatusBar.SetIndicators(indicators,
          sizeof(indicators)/sizeof(UINT)))
    {
        TRACE("Failed to create status bar\n");
        return -1;      // fail to create
    }

    return 0;
}

/////////////////////////////////////////////////////////////////////////////
// CMainFrame diagnostics

#ifdef _DEBUG
void CMainFrame::AssertValid() const
{
    CFrameWnd::AssertValid();
}

void CMainFrame::Dump(CDumpContext& dc) const
{
```

```
    CFrameWnd::Dump(dc);
}

#endif //_DEBUG

/////////////////////////////////////////////////////////////////////////////
// CMainFrame message handlers
```

Listing A.11 *Resource.h*

```
//{{NO_DEPENDENCIES}}
// App Studio generated include file.
// Used by ENROLL.RC
//
#define IDR_MAINFRAME                   2
#define IDD_ABOUTBOX                    100
#define IDD_ENROLL_FORM                 101
#define IDP_FAILED_OPEN_DATABASE        103
#define IDC_STUDENT_NAME                1000
#define IDC_STUDENT_ID                  1001
#define IDC_YEAR_GRADUATES              1002

// Next default values for new objects
//
#ifdef APSTUDIO_INVOKED
#ifndef APSTUDIO_READONLY_SYMBOLS

#define _APS_NEXT_RESOURCE_VALUE        102
#define _APS_NEXT_COMMAND_VALUE         32771
#define _APS_NEXT_CONTROL_VALUE         1003
#define _APS_NEXT_SYMED_VALUE           101
#endif
#endif
```

Listing A.12 *Stdafx.h*

```
// stdafx.h : include file for standard system include files,
//  or project specific include files that are used frequently, but
//      are changed infrequently
//

#include <afxwin.h>         // MFC core and standard components
#include <afxext.h>         // MFC extensions (including VB)
#include <afxdb.h>          // MFC database classes
```

Listing A.13 *Stdafx.cpp*

```
// stdafx.cpp : source file that includes just the standard includes
//   stdafx.pch will be the pre-compiled header
//   stdafx.obj will contain the pre-compiled type information

#include "stdafx.h"
```

Listing A.14 *Enroll.def*

```
; enroll.def : Declares the module parameters for the application.

NAME            ENROLL
DESCRIPTION     'ENROLL Windows Application'
EXETYPE         WINDOWS

CODE            PRELOAD MOVEABLE DISCARDABLE
DATA            PRELOAD MOVEABLE MULTIPLE

HEAPSIZE        1024    ; initial heap size
; Stack size is passed as argument to linker's /STACK option
```

Listing A.15 *Enroll.rc*

```
//Microsoft App Studio generated resource script.
//
#include "resource.h"

#define APSTUDIO_READONLY_SYMBOLS
/////////////////////////////////////////////////////////////////////////////
//
// Generated from the TEXTINCLUDE 2 resource.
//
#include "afxres.h"


/////////////////////////////////////////////////////////////////////////////
#undef APSTUDIO_READONLY_SYMBOLS

#ifdef APSTUDIO_INVOKED
/////////////////////////////////////////////////////////////////////////////
//
// TEXTINCLUDE
//
```

Appendix A: Version 1.5 of Visual C++

```
1 TEXTINCLUDE DISCARDABLE
BEGIN
    "resource.h\0"
END

2 TEXTINCLUDE DISCARDABLE
BEGIN
    "#include ""afxres.h""\r\n"
    "\0"
END

3 TEXTINCLUDE DISCARDABLE
BEGIN
    "#include ""res\\enroll.rc2""  // non-App Studio edited resources\r\n"
    "\r\n"
    "#include ""afxres.rc""  \011// Standard components\r\n"
    "#include ""afxprint.rc""\011// printing/print preview resources\r\n"
    "#include ""afxdb.rc""\011\011// Database resources\r\n"
    "\0"
END

/////////////////////////////////////////////////////////////////////////
#endif    // APSTUDIO_INVOKED


/////////////////////////////////////////////////////////////////////////
//
// Icon
//

IDR_MAINFRAME           ICON    DISCARDABLE     "RES\\ENROLL.ICO"

/////////////////////////////////////////////////////////////////////////
//
// Bitmap
//

IDR_MAINFRAME           BITMAP  MOVEABLE PURE   "RES\\TOOLBAR.BMP"

/////////////////////////////////////////////////////////////////////////
//
// Menu
//

IDR_MAINFRAME MENU PRELOAD DISCARDABLE
BEGIN
    POPUP "&File"
```

```
    BEGIN
        MENUITEM "&Print...\tCtrl+P",        ID_FILE_PRINT
        MENUITEM "Print Pre&view",           ID_FILE_PRINT_PREVIEW
        MENUITEM "P&rint Setup...",          ID_FILE_PRINT_SETUP
        MENUITEM SEPARATOR
        MENUITEM "E&xit",                    ID_APP_EXIT
    END
    POPUP "&Edit"
    BEGIN
        MENUITEM "&Undo\tCtrl+Z",            ID_EDIT_UNDO
        MENUITEM SEPARATOR
        MENUITEM "Cu&t\tCtrl+X",             ID_EDIT_CUT
        MENUITEM "&Copy\tCtrl+C",            ID_EDIT_COPY
        MENUITEM "&Paste\tCtrl+V",           ID_EDIT_PASTE
    END
    POPUP "&Record"
    BEGIN
        MENUITEM "&First Record",            ID_RECORD_FIRST
        MENUITEM "&Previous Record",         ID_RECORD_PREV
        MENUITEM "&Next Record",             ID_RECORD_NEXT
        MENUITEM "&Last Record",             ID_RECORD_LAST
    END
    POPUP "&View"
    BEGIN
        MENUITEM "&Toolbar",                 ID_VIEW_TOOLBAR
        MENUITEM "&Status Bar",              ID_VIEW_STATUS_BAR
    END
    POPUP "&Help"
    BEGIN
        MENUITEM "&About Enroll...",         ID_APP_ABOUT
    END
END


/////////////////////////////////////////////////////////////////////////
//
// Accelerator
//

IDR_MAINFRAME ACCELERATORS PRELOAD MOVEABLE PURE
BEGIN
    "P",         ID_FILE_PRINT,      VIRTKEY,CONTROL
    "Z",         ID_EDIT_UNDO,       VIRTKEY,CONTROL
    "X",         ID_EDIT_CUT,        VIRTKEY,CONTROL
    "C",         ID_EDIT_COPY,       VIRTKEY,CONTROL
    "V",         ID_EDIT_PASTE,      VIRTKEY,CONTROL
    VK_BACK,     ID_EDIT_UNDO,       VIRTKEY,ALT
```

Appendix A: Version 1.5 of Visual C++

```
        VK_DELETE,      ID_EDIT_CUT,        VIRTKEY,SHIFT
        VK_INSERT,      ID_EDIT_COPY,       VIRTKEY,CONTROL
        VK_INSERT,      ID_EDIT_PASTE,      VIRTKEY,SHIFT
        VK_F6,          ID_NEXT_PANE,       VIRTKEY
        VK_F6,          ID_PREV_PANE,       VIRTKEY,SHIFT
END


/////////////////////////////////////////////////////////////////////////
//
// Dialog
//

IDD_ABOUTBOX DIALOG DISCARDABLE  34, 22, 217, 55
STYLE DS_MODALFRAME | WS_POPUP | WS_CAPTION | WS_SYSMENU
CAPTION "About Enroll"
FONT 8, "MS Sans Serif"
BEGIN
    ICON            IDR_MAINFRAME,IDC_STATIC,11,17,20,20
    LTEXT           "Enroll Application Version 1.0",IDC_STATIC,40,10,119,8
    LTEXT           "Copyright \251 1993",IDC_STATIC,40,25,119,8
    DEFPUSHBUTTON   "OK",IDOK,176,6,32,14,WS_GROUP
END

IDD_ENROLL_FORM DIALOG DISCARDABLE  0, 0, 225, 93
STYLE WS_CHILD
FONT 8, "MS Sans Serif"
BEGIN
    LTEXT           "Student:",IDC_STATIC,19,6,45,13
    EDITTEXT        IDC_STUDENT_NAME,71,2,100,19,ES_AUTOHSCROLL
    LTEXT           "Student ID:",IDC_STATIC,19,35,45,15
    EDITTEXT        IDC_STUDENT_ID,71,33,101,18,ES_AUTOHSCROLL
    LTEXT           "Graduates:",IDC_STATIC,19,67,47,13
    EDITTEXT        IDC_YEAR_GRADUATES,71,65,71,16,ES_AUTOHSCROLL
END


/////////////////////////////////////////////////////////////////////////
//
// String Table
//

STRINGTABLE DISCARDABLE
BEGIN
    IDP_FAILED_OPEN_DATABASE "Cannot open database."
END
```

```
STRINGTABLE PRELOAD DISCARDABLE
BEGIN
    IDR_MAINFRAME           "Enroll Windows Application\nEnroll\nEnroll
Document\n\n\nEnroll.Document\nEnroll Document"
END

STRINGTABLE PRELOAD DISCARDABLE
BEGIN
    AFX_IDS_APP_TITLE       "Enroll Windows Application"
    AFX_IDS_IDLEMESSAGE     "Ready"
END

STRINGTABLE DISCARDABLE
BEGIN
    ID_INDICATOR_EXT        "EXT"
    ID_INDICATOR_CAPS       "CAP"
    ID_INDICATOR_NUM        "NUM"
    ID_INDICATOR_SCRL       "SCRL"
    ID_INDICATOR_OVR        "OVR"
    ID_INDICATOR_REC        "REC"
END

STRINGTABLE DISCARDABLE
BEGIN
    ID_FILE_PAGE_SETUP      "Change the printing options"
    ID_FILE_PRINT_SETUP     "Change the printer and printing options"
    ID_FILE_PRINT           "Print the active document"
    ID_FILE_PRINT_PREVIEW   "Display full pages"
END

STRINGTABLE DISCARDABLE
BEGIN
    ID_APP_ABOUT    "Display program information, version number and copyright"
    ID_APP_EXIT     "Quit the application; prompts to save documents"
END

STRINGTABLE DISCARDABLE
BEGIN
    ID_FILE_MRU_FILE1       "Open this document"
    ID_FILE_MRU_FILE2       "Open this document"
    ID_FILE_MRU_FILE3       "Open this document"
    ID_FILE_MRU_FILE4       "Open this document"
END

STRINGTABLE DISCARDABLE
BEGIN
    ID_NEXT_PANE            "Switch to the next window pane"
```

```
        ID_PREV_PANE            "Switch back to the previous window pane"
END

STRINGTABLE DISCARDABLE
BEGIN
    ID_EDIT_CLEAR               "Erase the selection"
    ID_EDIT_CLEAR_ALL           "Erase everything"
    ID_EDIT_COPY                "Copy the selection and put it on the Clipboard"
    ID_EDIT_CUT                 "Cut the selection and put it on the Clipboard"
    ID_EDIT_FIND                "Find the specified text"
    ID_EDIT_PASTE               "Insert Clipboard contents"
    ID_EDIT_REPEAT              "Repeat the last action"
    ID_EDIT_REPLACE             "Replace specific text with different text"
    ID_EDIT_SELECT_ALL          "Select the entire document"
    ID_EDIT_UNDO                "Undo the last action"
    ID_EDIT_REDO                "Redo the previously undone action"
END

STRINGTABLE DISCARDABLE
BEGIN
    ID_VIEW_TOOLBAR             "Show or hide the toolbar"
    ID_VIEW_STATUS_BAR          "Show or hide the status bar"
END

STRINGTABLE DISCARDABLE
BEGIN
    ID_RECORD_FIRST             "Move to first record"
    ID_RECORD_LAST              "Move to final record"
    ID_RECORD_NEXT              "Move to next record"
    ID_RECORD_PREV              "Move to previous record"
END

STRINGTABLE DISCARDABLE
BEGIN
  AFX_IDS_SCSIZE            "Change the window size"
  AFX_IDS_SCMOVE            "Change the window position"
  AFX_IDS_SCMINIMIZE        "Reduce the window to an icon"
  AFX_IDS_SCMAXIMIZE        "Enlarge the window to full size"
  AFX_IDS_SCNEXTWINDOW      "Switch to the next document window"
  AFX_IDS_SCPREVWINDOW      "Switch to the previous document window"
  AFX_IDS_SCCLOSE           "Close the active window and prompts to save the documents"
END

STRINGTABLE DISCARDABLE
BEGIN
    AFX_IDS_SCRESTORE           "Restore the window to normal size"
    AFX_IDS_SCTASKLIST          "Activate Task List"
```

```
    END


#ifndef APSTUDIO_INVOKED
/////////////////////////////////////////////////////////////////////////////
//
// Generated from the TEXTINCLUDE 3 resource.
//
#include "res\enroll.rc2"    // non-App Studio edited resources

#include "afxres.rc"         // Standard components
#include "afxprint.rc"       // printing/print preview resources
#include "afxdb.rc"          // Database resources


/////////////////////////////////////////////////////////////////////////////
#endif    // not APSTUDIO_INVOKED
```

Listing A.16 *Enroll.mak*

```
# Microsoft Visual C++ generated build script - Do not modify

PROJ = ENROLL
DEBUG = 1
PROGTYPE = 0
CALLER =
ARGS =
DLLS =
D_RCDEFINES = /d_DEBUG
R_RCDEFINES = /dNDEBUG
ORIGIN = MSVC
ORIGIN_VER = 1.00
PROJPATH = E:\WMPRO\MT_BOOK\APPENDIX\SOURCE\
USEMFC = 1
CC = cl
CPP = cl
CXX = cl
CCREATEPCHFLAG =
CPPCREATEPCHFLAG = /YcSTDAFX.H
CUSEPCHFLAG =
CPPUSEPCHFLAG = /YuSTDAFX.H
FIRSTC =
FIRSTCPP = STDAFX.CPP
RC = rc
CFLAGS_D_WEXE = /nologo /G2 /W3 /Zi /AM /Od /D "_DEBUG" /FR /GA
/Fd"ENROLL.PDB"
```

```
CFLAGS_R_WEXE = /nologo /Gs /G2 /W3 /AM /O1 /D "NDEBUG" /FR /GA
LFLAGS_D_WEXE = /NOLOGO /NOD /PACKC:61440 /STACK:10240 /ALIGN:16
/ONERROR:NOEXE /CO
LFLAGS_R_WEXE = /NOLOGO /NOD /PACKC:61440 /STACK:10240 /ALIGN:16
/ONERROR:NOEXE
LIBS_D_WEXE = mafxcwd oldnames libw mlibcew commdlg shell  odbc
LIBS_R_WEXE = mafxcw oldnames libw mlibcew commdlg shell  odbc
RCFLAGS = /nologo /z
RESFLAGS = /nologo /t
RUNFLAGS =
DEFFILE = ENROLL.DEF
OBJS_EXT =
LIBS_EXT =
!if "$(DEBUG)" == "1"
CFLAGS = $(CFLAGS_D_WEXE)
LFLAGS = $(LFLAGS_D_WEXE)
LIBS = $(LIBS_D_WEXE)
MAPFILE = nul
RCDEFINES = $(D_RCDEFINES)
!else
CFLAGS = $(CFLAGS_R_WEXE)
LFLAGS = $(LFLAGS_R_WEXE)
LIBS = $(LIBS_R_WEXE)
MAPFILE = nul
RCDEFINES = $(R_RCDEFINES)
!endif
!if [if exist MSVC.BND del MSVC.BND]
!endif
SBRS = STDAFX.SBR \
            ENROLL.SBR \
            MAINFRM.SBR \
            ENROLDOC.SBR \
            ENROLVW.SBR \
            ENROLSET.SBR


ENROLL_RCDEP = e:\wmpro\mt_book\appendix\source\res\enroll.ico \
    e:\wmpro\mt_book\appendix\source\res\enroll.rc2 \
    d:\msvc\mfc\include\afxdb.rc


STDAFX_DEP = e:\wmpro\mt_book\appendix\source\stdafx.h \
    d:\msvc\mfc\include\afxdb.h \
    d:\msvc\include\sql.h \
    d:\msvc\include\sqlext.h \
    d:\msvc\mfc\include\afxdb.inl


ENROLL_DEP = e:\wmpro\mt_book\appendix\source\stdafx.h \
    d:\msvc\mfc\include\afxdb.h \
```

```
        d:\msvc\include\sql.h \
        d:\msvc\include\sqlext.h \
        d:\msvc\mfc\include\afxdb.inl \
        e:\wmpro\mt_book\appendix\source\enroll.h \
        e:\wmpro\mt_book\appendix\source\mainfrm.h \
        e:\wmpro\mt_book\appendix\source\enrolset.h \
        e:\wmpro\mt_book\appendix\source\enroldoc.h \
        e:\wmpro\mt_book\appendix\source\enrolvw.h


MAINFRM_DEP = e:\wmpro\mt_book\appendix\source\stdafx.h \
        d:\msvc\mfc\include\afxdb.h \
        d:\msvc\include\sql.h \
        d:\msvc\include\sqlext.h \
        d:\msvc\mfc\include\afxdb.inl \
        e:\wmpro\mt_book\appendix\source\enroll.h \
        e:\wmpro\mt_book\appendix\source\mainfrm.h


ENROLDOC_DEP = e:\wmpro\mt_book\appendix\source\stdafx.h \
        d:\msvc\mfc\include\afxdb.h \
        d:\msvc\include\sql.h \
        d:\msvc\include\sqlext.h \
        d:\msvc\mfc\include\afxdb.inl \
        e:\wmpro\mt_book\appendix\source\enroll.h \
        e:\wmpro\mt_book\appendix\source\enrolset.h \
        e:\wmpro\mt_book\appendix\source\enroldoc.h


ENROLVW_DEP = e:\wmpro\mt_book\appendix\source\stdafx.h \
        d:\msvc\mfc\include\afxdb.h \
        d:\msvc\include\sql.h \
        d:\msvc\include\sqlext.h \
        d:\msvc\mfc\include\afxdb.inl \
        e:\wmpro\mt_book\appendix\source\enroll.h \
        e:\wmpro\mt_book\appendix\source\enrolset.h \
        e:\wmpro\mt_book\appendix\source\enroldoc.h \
        e:\wmpro\mt_book\appendix\source\enrolvw.h


ENROLSET_DEP = e:\wmpro\mt_book\appendix\source\stdafx.h \
        d:\msvc\mfc\include\afxdb.h \
        d:\msvc\include\sql.h \
        d:\msvc\include\sqlext.h \
        d:\msvc\mfc\include\afxdb.inl \
        e:\wmpro\mt_book\appendix\source\enroll.h \
        e:\wmpro\mt_book\appendix\source\enrolset.h
```

```
all:$(PROJ).EXE $(PROJ).BSC

ENROLL.RES: ENROLL.RC $(ENROLL_RCDEP)
    $(RC) $(RCFLAGS) $(RCDEFINES) -r ENROLL.RC

STDAFX.OBJ: STDAFX.CPP $(STDAFX_DEP)
    $(CPP) $(CFLAGS) $(CPPCREATEPCHFLAG) /c STDAFX.CPP

ENROLL.OBJ: ENROLL.CPP $(ENROLL_DEP)
    $(CPP) $(CFLAGS) $(CPPUSEPCHFLAG) /c ENROLL.CPP

MAINFRM.OBJ: MAINFRM.CPP $(MAINFRM_DEP)
    $(CPP) $(CFLAGS) $(CPPUSEPCHFLAG) /c MAINFRM.CPP

ENROLDOC.OBJ:       ENROLDOC.CPP $(ENROLDOC_DEP)
    $(CPP) $(CFLAGS) $(CPPUSEPCHFLAG) /c ENROLDOC.CPP

ENROLVW.OBJ: ENROLVW.CPP $(ENROLVW_DEP)
    $(CPP) $(CFLAGS) $(CPPUSEPCHFLAG) /c ENROLVW.CPP

ENROLSET.OBJ:       ENROLSET.CPP $(ENROLSET_DEP)
    $(CPP) $(CFLAGS) $(CPPUSEPCHFLAG) /c ENROLSET.CPP


$(PROJ).EXE::       ENROLL.RES

$(PROJ).EXE::       STDAFX.OBJ ENROLL.OBJ MAINFRM.OBJ ENROLDOC.OBJ
ENROLVW.OBJ ENROLSET.OBJ $(OBJS_EXT) $(DEFFILE)
    echo >NUL @<<$(PROJ).CRF
STDAFX.OBJ +
ENROLL.OBJ +
MAINFRM.OBJ +
ENROLDOC.OBJ +
ENROLVW.OBJ +
ENROLSET.OBJ +
$(OBJS_EXT)
$(PROJ).EXE
$(MAPFILE)
e:\wmpro\class\+
d:\msvc\lib\+
d:\msvc\mfc\lib\+
d:\msvc\ole2\samples\lib\+
$(LIBS)
$(DEFFILE);
<<
```

```
        link $(LFLAGS) @$(PROJ).CRF
        $(RC) $(RESFLAGS) ENROLL.RES $@
        @copy $(PROJ).CRF MSVC.BND

$(PROJ).EXE::        ENROLL.RES
    if not exist MSVC.BND    $(RC) $(RESFLAGS) ENROLL.RES $@

run: $(PROJ).EXE
    $(PROJ) $(RUNFLAGS)


$(PROJ).BSC: $(SBRS)
    bscmake @<<
/o$@ $(SBRS)
<<
```

Listing A.17 *Enroll.clw*

```
; CLW file contains information for the MFC ClassWizard

[General Info]
Version=1
LastClass=CEnrollSet
LastTemplate=CDialog
NewFileInclude1=#include "stdafx.h"
NewFileInclude2=#include "enroll.h"
VbxHeaderFile=enroll.h
VbxImplementationFile=enroll.cpp
LastPage=1

ClassCount=6
Class1=CEnrollApp
Class2=CEnrollDoc
Class3=CEnrollView
Class4=CMainFrame
Class6=CAboutDlg

ResourceCount=7
Resource1=IDD_ABOUTBOX
Resource2=IDR_MAINFRAME
Class5=CEnrollSet
Resource7=IDD_ENROLL_FORM

[CLS:CEnrollApp]
Type=0
```

```
HeaderFile=enroll.h
ImplementationFile=enroll.cpp
Filter=N

[CLS:CEnrollDoc]
Type=0
HeaderFile=enroldoc.h
ImplementationFile=enroldoc.cpp
Filter=N

[CLS:CEnrollView]
Type=0
HeaderFile=enrolvw.h
ImplementationFile=enrolvw.cpp
Filter=D

[CLS:CEnrollSet]
Type=0
HeaderFile=enrolset.h
ImplementationFile=enrolset.cpp
Filter=D

[DB:CEnrollSet]
DB=1
ColumnCount=3
Column1=StudentID,4,4,1
Column2=Name,1,40,1
Column3=GradYear,5,2,1


[CLS:CMainFrame]
Type=0
HeaderFile=mainfrm.h
ImplementationFile=mainfrm.cpp
Filter=T

[CLS:CAboutDlg]
Type=0
HeaderFile=enroll.cpp
ImplementationFile=enroll.cpp
Filter=D

[DLG:IDD_ABOUTBOX]
Type=1
ControlCount=4
Control1=IDC_STATIC,static,1342177283
Control2=IDC_STATIC,static,1342308352
```

```
Control3=IDC_STATIC,static,1342308352
Control4=IDOK,button,1342373889
Class=CAboutDlg

[MNU:IDR_MAINFRAME]
Type=1
Class=CMainFrame
Command7=ID_FILE_PRINT
Command8=ID_FILE_PRINT_PREVIEW
Command9=ID_FILE_PRINT_SETUP
Command10=ID_FILE_MRU_FILE1
Command11=ID_APP_EXIT
Command12=ID_EDIT_UNDO
Command13=ID_EDIT_CUT
Command14=ID_EDIT_COPY
Command15=ID_EDIT_PASTE
Command20=ID_RECORD_FIRST
Command21=ID_RECORD_PREV
Command22=ID_RECORD_NEXT
Command23=ID_RECORD_LAST
Command24=ID_VIEW_TOOLBAR
Command25=ID_VIEW_STATUS_BAR
Command28=ID_APP_ABOUT
CommandCount=28

[ACL:IDR_MAINFRAME]
Type=1
Class=CMainFrame
Command4=ID_FILE_PRINT
Command5=ID_EDIT_UNDO
Command6=ID_EDIT_CUT
Command7=ID_EDIT_COPY
Command8=ID_EDIT_PASTE
Command9=ID_EDIT_UNDO
Command10=ID_EDIT_CUT
Command11=ID_EDIT_COPY
Command12=ID_EDIT_PASTE
Command13=ID_NEXT_PANE
Command14=ID_PREV_PANE
CommandCount=17

[DLG:IDD_ENROLL_FORM]
Type=1
Class=CEnrollView
ControlCount=6
Control1=IDC_STATIC,static,1342308352
Control2=IDC_STUDENT_NAME,edit,1350631552
```

```
Control3=IDC_STATIC,static,1342308352
Control4=IDC_STUDENT_ID,edit,1350631552
Control5=IDC_STATIC,static,1342308352
Control6=IDC_YEAR_GRADUATES,edit,1350631552
```

Figure A.1 is a screen shot of my application in action.

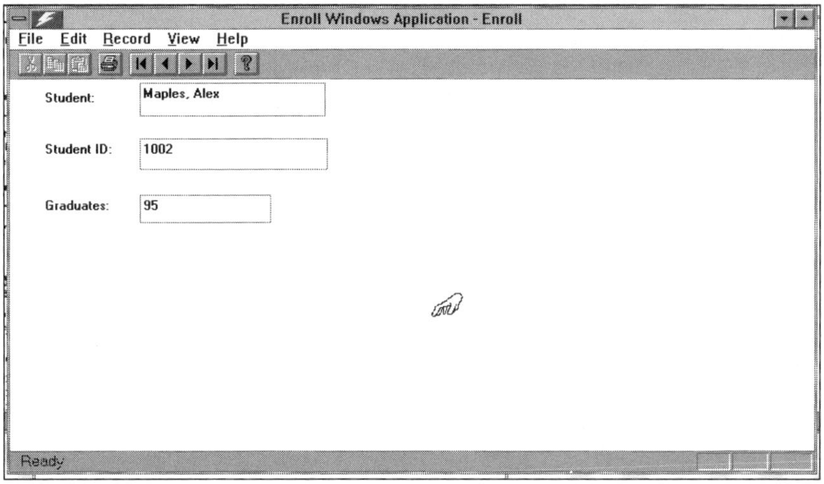

Figure A.1 *The enrollment application in action.*

If you look in the resource file with App Studio, you'll see that all the controls being displayed in the main window are actually contained within a dialog. It's here that you can actually hook up controls with records in the database. For example, to hook up the student name record with the edit control that's labeled as being the student name, I first created an edit control, and then Ctrl-double-clicked on it to bring up the message mapping dialog. This is a new method for associating member functions with controls, and in this case, it automagically brings up the dialog that allows you to hook up a particular record with the control. The dialog in this case is going to list three—the student name, the student ID, and the year that the student is going to graduate.

But I'm getting ahead of myself here because I haven't told you how AppStudio knows about the structure of the database. It knows this because when I first created the application using AppWizard, I selected the **Database Support, No File Support** option. This means that AppWizard is going to automatically create the necessary class structures to support database access. It does this by creating a pair of classes derived from the CRecordset and CRecordView classes.

In my case, the classes it created were CEnrollSet and CEnrollView (shown below); if you're only going to have one recordset/view pair. If you're going to have more than one recordset/view pair, you'll probably want to rename each class set to match the recordset that it'll be attached to (this will help prevent confusion from similarly named classes where you're not sure which one talks to what).

```
// enrolvw.cpp : implementation of the CEnrollView class
//

#include "stdafx.h"
#include "enroll.h"

#include "enrolset.h"
#include "enroldoc.h"
#include "enrolvw.h"

#ifdef _DEBUG
#undef THIS_FILE
static char BASED_CODE THIS_FILE[] = __FILE__;
#endif

/////////////////////////////////////////////////////////////////////
// CEnrollView

IMPLEMENT_DYNCREATE(CEnrollView, CRecordView)

BEGIN_MESSAGE_MAP(CEnrollView, CRecordView)
    //{{AFX_MSG_MAP(CEnrollView)
        // NOTE - the ClassWizard will add and remove mapping macros here.
        //    DO NOT EDIT what you see in these blocks of generated code!
    //}}AFX_MSG_MAP
    // Standard printing commands
    ON_COMMAND(ID_FILE_PRINT, CRecordView::OnFilePrint)
    ON_COMMAND(ID_FILE_PRINT_PREVIEW, CRecordView::OnFilePrintPreview)
END_MESSAGE_MAP()

/////////////////////////////////////////////////////////////////////
// CEnrollView construction/destruction

CEnrollView::CEnrollView()
    : CRecordView(CEnrollView::IDD)
{
```

```
    //{{AFX_DATA_INIT(CEnrollView)
    m_pSet = NULL;
    //}}AFX_DATA_INIT
    // TODO: add construction code here
}

CEnrollView::~CEnrollView()
{
}

void CEnrollView::DoDataExchange(CDataExchange* pDX)
{
    CRecordView::DoDataExchange(pDX);
    //{{AFX_DATA_MAP(CEnrollView)
    DDX_FieldText(pDX, IDC_STUDENT_NAME, m_pSet->m_Name, m_pSet);
    DDX_FieldText(pDX, IDC_STUDENT_ID, m_pSet->m_StudentID, m_pSet);
    DDX_FieldText(pDX, IDC_YEAR_GRADUATES, m_pSet->m_GradYear, m_pSet);
    //}}AFX_DATA_MAP
}

void CEnrollView::OnInitialUpdate()
{
    m_pSet = &GetDocument()->m_enrollSet;
    CRecordView::OnInitialUpdate();

}

/////////////////////////////////////////////////////////////////////////////
// CEnrollView printing

BOOL CEnrollView::OnPreparePrinting(CPrintInfo* pInfo)
{
    // default preparation
    return DoPreparePrinting(pInfo);
}

void CEnrollView::OnBeginPrinting(CDC* /*pDC*/, CPrintInfo* /*pInfo*/)
{
    // TODO: add extra initialization before printing
}

void CEnrollView::OnEndPrinting(CDC* /*pDC*/, CPrintInfo* /*pInfo*/)
{
    // TODO: add cleanup after printing
}
```

```
/////////////////////////////////////////////////////////////////////////
// CEnrollView diagnostics

#ifdef _DEBUG
void CEnrollView::AssertValid() const
{
    CRecordView::AssertValid();
}

void CEnrollView::Dump(CDumpContext& dc) const
{
    CRecordView::Dump(dc);
}

CEnrollDoc* CEnrollView::GetDocument() // non-debug version is inline
{
    ASSERT(m_pDocument->IsKindOf(RUNTIME_CLASS(CEnrollDoc)));
    return (CEnrollDoc*)m_pDocument;
}
#endif //_DEBUG

/////////////////////////////////////////////////////////////////////////
// CEnrollView database support

CRecordset* CEnrollView::OnGetRecordset()
{
    return m_pSet;
}


/////////////////////////////////////////////////////////////////////////
// CEnrollView message handlers
```

As you can see, the CEnrollView class that AppWizard created is derived off the base CRecordView class. One of the most important features of this class is its ability to take data out of (and to put data back into) an ODBC database. Here's the piece of code responsible for this:

```
void CEnrollView::DoDataExchange(CDataExchange* pDX)
{
    CRecordView::DoDataExchange(pDX);
    //{{AFX_DATA_MAP(CEnrollView)
    DDX_FieldText(pDX, IDC_STUDENT_NAME, m_pSet->m_Name, m_pSet);
    DDX_FieldText(pDX, IDC_STUDENT_ID, m_pSet->m_StudentID, m_pSet);
    DDX_FieldText(pDX, IDC_YEAR_GRADUATES, m_pSet->m_GradYear, m_pSet);
    //}}AFX_DATA_MAP
}
```

Notice the DDX_FieldText() calls; this call is responsible for the transfer of data to and from the controls that will display the data and the members of the recordset class. It can transfer ints, UINTS, longs, DWORDS, CSstrings, floats, and doubles (but not all at the same time, of course). Note also that this is *not* the database itself but the object class that maps the elements of the database to fields and records in the database. The job of of mapping the field elements in the database itself to corresponding members in the object class is handled by the CRecordset class (and the ones derived from it, in my case, CEnrollSet). Here's the code for my class:

```
// enrolset.cpp : implementation of the CEnrollSet class
//

#include "stdafx.h"
#include "enroll.h"
#include "enrolset.h"

/////////////////////////////////////////////////////////////////////////////
// CEnrollSet implementation

IMPLEMENT_DYNAMIC(CEnrollSet, CRecordset)

CEnrollSet::CEnrollSet(CDatabase* pdb)
    : CRecordset(pdb)
{
    //{{AFX_FIELD_INIT(CEnrollSet)
    m_StudentID = 0;
    m_Name = "";
    m_GradYear = 0;
    m_nFields = 3;
    //}}AFX_FIELD_INIT
}

CString CEnrollSet::GetDefaultConnect()
{
    return "ODBC;DSN=Student Registration;";
}

CString CEnrollSet::GetDefaultSQL()
{
    return "STUDENT";
}
```

```
void CEnrollSet::DoFieldExchange(CFieldExchange* pFX)
{
    //{{AFX_FIELD_MAP(CEnrollSet)
    pFX->SetFieldType(CFieldExchange::outputColumn);
    RFX_Long(pFX, "StudentID", m_StudentID);
    RFX_Text(pFX, "Name", m_Name);
    RFX_Int(pFX, "GradYear", m_GradYear);
    //}}AFX_FIELD_MAP
}
```

Notice the bolded section of code; this is where the actual SQL query between the database and the members of the class occurs as you can see from the following class definition:

```
class CEnrollSet : public CRecordset
{
DECLARE_DYNAMIC(CEnrollSet)

public:
    CEnrollSet(CDatabase* pDatabase = NULL);

// Field/Param Data
    //{{AFX_FIELD(CEnrollSet, CRecordset)
    long    m_StudentID;
    CString m_Name;
    int     m_GradYear;
    //}}AFX_FIELD

// Implementation
protected:
    virtual CString GetDefaultConnect();      // Default connection string
    virtual CString GetDefaultSQL(); // default SQL for Recordset
    virtual void DoFieldExchange(CFieldExchange* pFX);// RFX support
};
```

AppWizard has created member variables that correspond to the records in the database I'm dealing with. When I was creating the application, I had to specify not only which database source I wanted, but also which of the recordsets I wanted. In this case, I chose the student registration recordset, but there are others, including a class list and professor list. I had to choose these pieces because AppWizard had to be able to create a class that had the appropriate member variables in order to be able to do the proper mapping.

Once this piece is in place, you can use AppStudio to create edit fields for the pieces in the recordset and hook those edit fields up to the fields in the recordset. As I said earlier, you bring up the dialog for this by Ctrl-double-clicking on the edit field you want to work with. (That is, you hold down the **Ctrl** key and double-click the control you want.) You can then map the member variables of the CEnrollSet class (which have been mapped by AppWizard and the created class to the actual field members in the database) to the controls in your dialog. Once this is done, the link between the display and the database is complete—and you haven't written any code!

New Compiler Features in Release 2.0: Templates and Exceptions

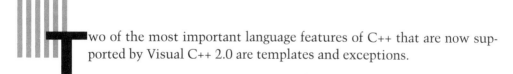

Two of the most important language features of C++ that are now supported by Visual C++ 2.0 are templates and exceptions.

Templates (also known as *parameterized* types) are a method of providing a generic definition of a class. The specific definition of the type of class is created when you instantiate a particular type of that template. Let me give you an example of how this works in real life.

One feature that would be really nice and that is not built into C++ is dynamic arrays, especially of an arbitrary type of class. Wouldn't it be nice to be able to dynamically allocate as many of a particular type of class as you need, and then grow or shrink it in response to some programmatic action?

There is a way of allocating an array of a particular class in C++, and it works like this. Say, for example, that you want to allocate an array of Bitmap objects (one of my classes in UGLY). Remember, the definition of Bitmap looks like this:

```
class
Bitmap {

    // Specifics of the
    // Bitmap class are here (details omitted to
    // keep this down to a manageable size)
};
```

If you want, you can make the following declaration:

```
Bitmap    *      lpBitmaps;
lpBitmaps = new Bitmap [ 10 ];
```

which will give you an array of 10 Bitmap objects. You can refer to one of the elements of this array of Bitmaps like so:

```
lpBitmaps[0].memberFunction();
```

which will reference the memberFunction() of the 0th element of our array, that is, the first Bitmap object.

But suppose that you don't know in advance how many Bitmaps you want to allocate? No problem; you can even use a variable in the declaration of the pointer, in the following fashion:

```
Bitmap    *      lpBitmaps;
lpBitmaps = new Bitmap [ numBitmaps ];
```

where `numBitmaps` is the variable containing the number of Bitmaps that you want to allocate.

If you know how many objects you want in advance, or if you can programmatically calculate it, you can access many objects arbitrarily. However, there's one big catch: after you have allocated this array of objects (in this case, Bitmaps), you cannot resize the array. (You could create a new pointer and do a new with the new number of elements that you wanted, copy all the elements from the old array, and then delete the old array, but that's an *ugly* solution. What we want is a really elegant solution to the problem of creating a dynamic array of Bitmaps.)

Appendix B: *New Compiler Features in Release 2.0: Templates and Exceptions*

Unfortunately, you're out of luck (at least so far as direct support from the language is concerned). There simply isn't a direct C++ mechanism that will let you do this. But you can create a dynamic class array that will let you do this. Let's create a BitmapArray class that will be essentially an encapsulating wrapper around the Bitmap class, letting you create and resize a dynamic array of Bitmaps at will. Listings B.1 through B.4 show the BitmapArray class, as well as the class that it derives from.

Listing B.1 *Array.hpp*

```
//
// Array.hpp
//
//    Implements an array class
//
// Written by Alex Leavens, for ShadowCat Technologies
//
//


#ifndef __ARRAY_HPP

#define __ARRAY_HPP

#ifdef __cplusplus


/*------------------------------------------*/


     class
ArrayObject
{
    protected:

    //----------------------------

        WORD            arraySize;          // Total # of element slots

        WORD            elementSize;        // Size of an element

        LPVOID FAR *    pElements;          // Pointer to elements

    //----------------------------
    //
```

```
// Protected functions (used internally)
//

//---------------------
//
// ValidateArrayPointer()
//
//     Checks to see if the array pointer has anything in it
//
// Returns:
//      true - pointer is non-NULL
//      false - pointer is NULL
//
    Boolean
ValidateArrayPointer ( void );

//------------------------------
//
// Delete array pointer, and clean it up
//

    void
DeleteArrayPointer ( void );

//-------------- PUBLIC --------------------

public:

//
// Constructors and destructors
//

ArrayObject ( );

~ArrayObject ( );

//------------------------------
//
// InitArray()
//
//    Sets up the array to something reasonable
//
// Returns:
//      None
//
    void
InitArray ( );
```

Appendix B: *New Compiler Features in Release 2.0: Templates and Exceptions*

```
//---------------------------
//
// Grow the array by the requested amount,
// and copy over any current elements.
//
//

    Boolean
GrowArray ( WORD elementsToGrow );

//-----------------------------------
//
// Routines to manipulate the array...
//
//-----------------------------------

//
// Get routines
//

    WORD
GetArraySize ( void );

//
// Set routines
//

    void
SetArraySize ( WORD    newSize );

//---------------------------
//
// Routines to access a member of the array
//
//

//-------------------------
//
// InsertElement() - will insert the requested
//      element into the array, growing the array
//      if needed, and moving all members below
//      the insertion point down to accommodate
//      the new element.
//

    void
```

```
            InsertElement ( LPVOID    element,
                            WORD      position );

        //-------------------------
        //
        // SetElement() - Sets the element at position N.
        //      If there is an already existing element
        //      at that position, it is lost.
        //

            void
        SetElement ( LPVOID      element,
                     WORD        position );

        //-------------------------
        //
        // GetElement() - Retrieves the element at position N
        //
        //

            LPVOID
        GetElement ( WORD        position );

        //------------------------
        //
        // DeleteElement()
        //
        //     Deletes the element at position N
        //

            void
        DeleteElement ( WORD     position );

        //----------------------
        //
        // Overloaded operators
        //

            LPVOID
        operator [] (WORD        index )
        {
            return GetElement ( index );
        }
    };

    /*----------------------------------------*/
```

Appendix B: *New Compiler Features in Release 2.0: Templates and Exceptions*

```
#endif          // __cplusplus

#endif          // __ARRAY_HPP
```

Listing B.2 *Array.cpp*

```cpp
//
// Array.cpp
//
//   Implementation of all member functions of the
// array class.
//


#include "cplus.hpp"

//---------------------
//
// ValidateArrayPointer()
//
//    Checks to see if the array pointer has anything in it
//
// Returns:
//   true - pointer is non-NULL
//   false - pointer is NULL
//
    Boolean
ArrayObject::ValidateArrayPointer ( void )
{
    if ( pElements != NULL )
    return true;
    else
    return false;
}

//------------------------------
//
// InitArray()
//
//    Sets up the array to something reasonable
//
// Returns:
//   None
//
    void
```

```
ArrayObject::InitArray ( )
{
    LPVOID   fooPtr;

    //---------------------------

    //
    // Prevent double initialization
    //

    if ( arraySize == 1 &&
     pElements != NULL )
    {
    return;
    }

    //
    // Initialize the array members here
    //

    arraySize = 1;

//     numberOfElements = 0;

    elementSize = 0;

    fooPtr = _fmalloc ( 1 * sizeof( LPVOID ) );

//    fooPtr = farmalloc ( 1 * sizeof ( LPVOID ) );

    pElements = (LPVOID FAR *)fooPtr;

    if ( pElements != NULL )
    {
    _fmemset ( pElements,
               0,
               1 * sizeof ( LPVOID ) );
    }
    else
    {
    CppErrorAlert ( NULL,
                    ID_CPP_CANT_GET_GLOBAL_MEM,
                    11 );
    }
}

//-----------------------------
//
```

Appendix B: *New Compiler Features in Release 2.0: Templates and Exceptions*

```
// Delete array pointer, and clean it up
//

    void
ArrayObject::DeleteArrayPointer ( void )
{
    if ( ValidateArrayPointer() == true )
    {
    _ffree ( pElements );

    pElements = NULL;
    }
}

//----------------------
//
// ArrayObject() - Base constructor
//

ArrayObject::ArrayObject ( )
{
    InitArray ( );
}

//--------------------
//
// ~ArrayObject() - base destructor
//

ArrayObject::~ArrayObject ( )
{
    DeleteArrayPointer();

    arraySize = 0;

//    numberOfElements = 0;
}

//---------------------------
//
// Grow the array by the requested amount,
// and copy over any current elements.
//
//

    Boolean
ArrayObject::GrowArray ( WORDelementsToGrow )
```

```
{
    //
    // If array already bigger, then done
    //

    if ( elementsToGrow < ( GetArraySize() - 1 ) )
        return true;

    //
    // Ok, array smaller.
    //

    //
    // Array currently exists, so we need to grow it
    //

    if ( ValidateArrayPointer() == true )
    {
        LPVOID   newPtr;

        //
        // Reallocate the memory big enough to hold everything
        //

        newPtr = _frealloc ( pElements,
                             ( elementsToGrow + 1 ) * sizeof ( LPVOID ) );

        //    newPtr = farrealloc ( pElements,
        //                          ( elementsToGrow + 1 ) * sizeof ( LPVOID ) );

        if ( newPtr == NULL )
        {
            CppErrorAlert ( NULL,
                            ID_CPP_CANT_GET_GLOBAL_MEM,
                            10 );
        }

        //
        // Set the new pointer back into our pointer
        // (note: this may or may not be the same pointer,
        // depending upon the subsegment allocation stuff...)
        //

        pElements = (LPVOID FAR *) newPtr;

        //
        // Zero out new segment of array...
```

Appendix B: *New Compiler Features in Release 2.0: Templates and Exceptions* **361**

```
        //

        _fmemset ( &pElements [ GetArraySize() ],
                   0,
                   ((elementsToGrow - GetArraySize() + 1) * sizeof ( LPVOID )) );
        //
        // Update size of the array...
        //

        SetArraySize ( elementsToGrow + 1 );

        return true;
        }

        //
        // Array currently does not exist, we need to create
        // it.
        //

        else
        {
        //
        // Create the memory block
        //

        pElements = (LPVOID FAR *) _fmalloc ( ( elementsToGrow + 1 ) * sizeof( LPVOID ) );

        //     pElements = (LPVOID FAR *) farmalloc (
        //                                 ( elementsToGrow + 1 ) * sizeof( LPVOID ) );

        //
        // Zero out the memory block
        //

        _fmemset ( pElements,
                   0,
                   ( elementsToGrow + 1 ) * sizeof ( LPVOID ) );

        SetArraySize ( elementsToGrow + 1 );

        return true;
        }
}

//--------------------
//
// GetArraySize()
```

```
//

    WORD
ArrayObject::GetArraySize ( void )
{
    return arraySize;
}

#ifdef NOELEMENTS

//------------------------
//
// GetNumberOfElements()
//

    WORD
ArrayObject::GetNumberOfElements ( void )
{
    return numberOfElements;
}
#endif

//-----------------------
//
// SetArraySize()
//

    void
ArrayObject::SetArraySize ( WORD     newSize )
{
    arraySize = newSize;
}

#ifdef NOELEMENTS

//--------------------
//
// SetNumberOfElements()
//

    void
ArrayObject::SetNumberOfElements ( WORD      newElements )
{
    if ( newElements <= GetArraySize() )
    {
    numberOfElements = newElements;
    }
}
```

Appendix B: *New Compiler Features in Release 2.0: Templates and Exceptions*

```
#endif

//------------------------
//
// InsertElement() - will insert the requested
//           element into the array, growing the array
//   if needed, and moving all members below
//   the insertion point down to accommodate
//   the new element.
//

    void
ArrayObject::InsertElement ( LPVOID    element,
                             WORD      position )
{
    WORD     oldArraySize;

    //-------------------

    oldArraySize = GetArraySize();

    //
    // If array isn't big enough to accept the element,
    // grow it;  this also means that we don't have to move
    // any elements down, since we're inserting _beyond_
    // the last current element.
    //

    if ( position > (GetArraySize () - 1) )
    {
    //
    // Grow the array to hold the object...
    //

    GrowArray ( position + 1 );

    //
    // Set the number of elements to be exactly this many,
    // since we're putting one in this slot (note that
    // this DOES NOT check to see if any intervening
    // elements are NULL.
    //

    //     SetNumberOfElements ( position + 1 );

    pElements [ position ] = element;
```

```
    return;
    }

//
// Ok, requested insertion position isn't beyond the _end_
// of the array, but it does require that we create a slot
// to hold one more element.
//

    else
    {
    GrowArray ( GetArraySize() );
    }


//
// Now move all the elements below the insertion point
// down
//

    memmove ( (void *)&pElements [ position + 1 ],
         (void *)&pElements [ position ],
         ( oldArraySize - position ) * sizeof ( LPVOID ) );

//
// Add one to the total element count
//

//   SetNumberOfElements ( GetNumberOfElements() + 1 );

//
// And finally insert the new element
//

    pElements [ position ] = element;
}

//-------------------------
//
// SetElement() - Sets the element at position N.
//   If there is an already existing element
//   at that position, it is lost.
//

    void
ArrayObject::SetElement ( LPVOID     element,
                  WORD       position )
```

Appendix B: New Compiler Features in Release 2.0: Templates and Exceptions

```
{
    //----------------

    //
    // If array isn't big enough to accept the element,
    // grow it.
    //

    if ( ( position + 1 ) > ArrayObject::GetArraySize () )
    {
    ArrayObject::GrowArray ( position + 1 );
    }

    //
    // Now put the element into the array
    //

if ( pElements [ position ] != NULL )
{
//MessageBox ( NULL,
//      "Attempting to replace a non-null array element ",
//      "",
//      MB_OK );
}
    pElements [ position ] = element;

    return;
}

//------------------------
//
// GetElement() - Retrieves the element at position N
//
//

    LPVOID
ArrayObject::GetElement ( WORD      position )
{
    if ( position >= GetArraySize() )
    return NULL;

    return pElements [ position ];
}

//----------------------
//
// DeleteElement()
```

```
//
//   Deletes the element at position N
//

void
ArrayObject::DeleteElement ( WORD     position )
{
    WORD    i;

    //----------------------

    //
    // Can't delete something beyond the end of which
    // what ain't thar...
    //

    if ( position >= GetArraySize() )
    return;

    pElements [ position ] = (LPVOID) NULL;

    for ( i = position; i < ( GetArraySize() - 1 ); i++ )
    {
    pElements [ i ] = pElements [ i + 1 ];
    }

    pElements [ GetArraySize() - 1 ] = (LPVOID) NULL;

    SetArraySize ( GetArraySize() - 1 );
}
```

Listing B.3 *BmpArray.hpp*

```
//
// BMPARRAY.HPP
//
//   Bitmap array object class, derived
// from our generic array object class
//

#ifndef __BMPARRAY_HPP

#define __BMPARRAY_HPP

#ifdef __cplusplus
```

Appendix B: *New Compiler Features in Release 2.0: Templates and Exceptions* **367**

```
    //-----------------------------------------

    //---------------------------------
    //
    // BitmapArray()
    //
    //      Dynamically sizeable array of bitmaps
    //

        class
    BitmapArray : public ArrayObject
    {

        //-------------- PUBLIC -----------------

        public:

        //-------------------------
        //
        // BitmapArray()
        //
        //    Non-Default constructor
        // allows us to create two new elements
        // to stick in the first two slots.
        //

        BitmapArray()
        {
            Bitmap FAR * fpSrc;

            WORD                 i;

            //----------------------------

            for ( i = 0;  i < GetArraySize(); i++ )
            {
                fpSrc = new Bitmap();

                SetElement ( fpSrc,
                             i );
            }
    //      SetNumberOfElements ( GetArraySize() );
        }

        //-------------------------
        //
```

```
// ~BitmapArray()
//
//    Non-default destructor,
// which allows us to delete
// the members of the array (which are
// objects of class Bitmap), before
// we delete the array itself.
//

~BitmapArray()
{
    KillSelf();
}

//--------------------------
//
// KillSelf()
//
//    Blows itself away.
//
    void
KillSelf();

//-------------------------
//
// KillBitmaps()
//
//    Will delete the bitmaps out of the array,
// but does NOT delete the array itself.
//

    void
KillBitmaps();

//------------------------
//
// KillBitmapObjects()
//
//    Deletes the bitmap objects, but doesn't delete
// the base pointer.
//

    void
KillBitmapObjects();

//---------------------------
//
```

Appendix B: *New Compiler Features in Release 2.0: Templates and Exceptions*

```
// KillMember()
//
//    Kills an individual member of the bitmap
// array.  The destructor for the particular
// element is called, and the element is then
// nulled out.
//

    void
KillMember ( WORD        memberPos );

//-------------------------
//
// KillBasePointer()
//
//    Deletes the base pointer to the array class.
// USE WITH CAUTION!!  Once this is gone, the
// array has _nothing_ in it.
//

    void
KillBasePointer();

//----------------------------
//
// Grow the array by the requested amount,
// and copy over any current elements.
//
//

    Boolean
GrowArray ( WORD elementsToGrow );

//-------------------------
//
// InsertElement() - will insert the requested
//      element into the array, growing the array
//      if needed, and moving all members below
//      the insertion point down to accommodate
//      the new element.
//

    void
InsertElement ( Bitmap FAR *    element,
                WORD            position );

//----------------------------
//
```

```
// InsertElement()
//
//    Inserts a new (empty) bitmap
// at the requested position, and moves
// all elements beneath it down one slot.
//

    void FAR PASCAL
InsertElement ( WORD     position );

//-----------------------------
//
// InsertElement()
//
//    Inserts a new bitmap at the requested
// position, and then sticks the passed-in
// bitmap into it.
//

    void FAR PASCAL
InsertElement ( HBITMAP  hBM,
                WORD     position );

//-------------------------
//
// SetElement() - Sets the element passed
//     in into the requested slot.  If the slot
//     is non-empty, the old entry is LOST.
//
//     (NO CLEANUP IS PERFORMED!!)
//

    void
SetElement ( Bitmap FAR *element,
             WORD              position );

//-------------------------
//
// GetElement() - Retrieves the element at position N
//
//

    Bitmap FAR *
GetElement ( WORD     position );

//-------------------------
//
// DeleteElement()
```

Appendix B: *New Compiler Features in Release 2.0: Templates and Exceptions*

```
    //
    //    Deletes the element at position N
    //

        void
    DeleteElement ( WORD    position );

    //-----------------------
    //
    // Overloaded operators
    //

        Bitmap FAR *
    operator [] (WORD      index )
    {
        return GetElement ( index );
    }
};

//-----------------------------------------

#endif       // __cplusplus

#endif       // _BMPARRAY_HPP
```

Listing B.4 *BmpArray.cpp*

```
//
// BMPARRAY.CPP
//
//   Bitmap array object
//

#include "cplus.hpp"

//-------------------------------
//
// BitmapArray::KillSelf()
//

    void
BitmapArray::KillSelf()
{
    //
    // Delete all the bitmaps inside the array...
```

```
    //

    KillBitmaps();

    KillBitmapObjects();

    KillBasePointer();
}

//-----------------------
//
// KillBitmapObjects()
//
//    Deletes the bitmap objects, but doesn't delete
// the base pointer.
//

    void
BitmapArray::KillBitmapObjects()
{
    WORD              i;

    //-----------------

    //
    // Now kill all the bitmap things _themselves_.
    //
    // >>NOTE<< : We drive this loop off of the ARRAY
    // size (which is how many slots we have in the
    // array), rather than off of the number of bitmaps
    // that we think we currently have.  This is to ensure
    // that nothing gets left behind...
    //

    for ( i = 0; i < GetArraySize (); i++ )
    {
    KillMember ( i );
    }
}

//----------------------
//
// KillMember()
//
//    Kills an individual member of the array,
// _deaaaad_....
//
```

Appendix B: *New Compiler Features in Release 2.0: Templates and Exceptions*

```
    void
BitmapArray::KillMember ( WORD         memberPos )
{

   Bitmap FAR *      fpBitmap;

   //----------------------

     fpBitmap = GetElement ( memberPos );

     if ( fpBitmap != NULL )
     {
     delete fpBitmap;

     SetElement ( NULL,
                  memberPos );
     }
}

//------------------------
//
// KillBasePointer()
//
//    Deletes the base pointer to the array class.
// USE WITH CAUTION!!  Once this is gone, the
// array has _nothing_ in it.
//

    void
BitmapArray::KillBasePointer()
{
    //
    // Ok, now delete the base pointer object
    //

    ArrayObject::~ArrayObject();

}

//------------------------
//
// BitmapArray::KillBitmaps()
//
//    Will delete the bitmaps out of the array,
// but does NOT delete the array itself.
//
```

```
void
BitmapArray::KillBitmaps()
{
    WORD            i;

    Bitmap FAR *    fpBitmap;

    //-----------------
    //
    // Delete all the elements in the list...
    //

    for ( i = 0; i < GetArraySize(); i++ )
    {
    fpBitmap = GetElement ( i );

    if ( fpBitmap != NULL )
    {
        fpBitmap->DeleteSelf();
    }
    }
}

//------------------------
//
// BitmapArray::InsertElement()
//
//   Will insert the requested
//   element into the array, growing the array
//   if needed, and moving all members below
//   the insertion point down to accommodate
//   the new element.
//

    void
BitmapArray::InsertElement ( Bitmap FAR *    element,
                         WORD               position )
{
    ArrayObject::InsertElement ( (LPVOID) element,
                                position );
}

//-------------------------------
//
// BitmapArray::InsertElement()
//
//     Inserts a new (empty) bitmap
```

Appendix B: *New Compiler Features in Release 2.0: Templates and Exceptions*

```
// at the requested position, and moves
// all the elements beneath it down one slot.
//

    void FAR PASCAL
BitmapArray::InsertElement ( WORD     position )
{
    //-----------------------

    Bitmap FAR *     fpBitmap;

    fpBitmap = new Bitmap();

    InsertElement ( fpBitmap,
               position );
}

//-----------------------------
//
// BitmapArray::InsertElement()
//
//    Inserts a new bitmap at the requested
// position, and then sticks the passed-in
// bitmap into it.
//

    void FAR PASCAL
BitmapArray::InsertElement ( HBITMAP  hBM,
                        WORD      position )
{
    //------------------

    //
    // Use the other version of this call,
    // which creates a bitmap object, and
    // inserts it into the array.
    //

    InsertElement ( position );

    //
    // Now get the bitmap pointer to the newly
    // created object, and put the bitmap handle
    // into it.
    //

    Bitmap FAR *     fpBitmap;
```

```
        fpBitmap = GetElement ( position );

        if ( fpBitmap != NULL )
            {
            fpBitmap->SetHandle ( hBM );
            }
    }

//------------------------
//
// BitmapArray::SetElement()
//

    void
BitmapArray::SetElement ( Bitmap FAR *      element,
                          WORD            position )
    {
    ArrayObject::SetElement ( (LPVOID) element,
                              position );
    }

//------------------------
//
// BitmapArray::GetElement() - Retrieves the element at position N
//
//

    Bitmap FAR *
BitmapArray::GetElement ( WORD        position )
    {
    return (Bitmap FAR *) ArrayObject::GetElement ( position );
    }

//---------------------------
//
// BitmapArray::GrowArray()
//
// Grow the array by the requested amount,
// and copy over any current elements.
//
//

    Boolean
BitmapArray::GrowArray ( WORDelementsToGrow ) // Total size to make array
    {
    WORD    newSlots;          // Number of new slots being
                               // created (if any)
```

```
WORD     oldArraySize;

//-------------------------

//
// Get current size of the array (which we'll need later)
//

oldArraySize = GetArraySize();

//
// Figure out how many _new_ slots we'll need.
//

if ( elementsToGrow <= oldArraySize )
{
//
// Don't need any new slots...
//

return true;
}

//
// Ok, we'll need some new slots.  Figure out how many,
// then grow the array by that amount.
//

newSlots = elementsToGrow - oldArraySize;

//
// Now allocate the new amount of space we'll need...
//

if ( ArrayObject::GrowArray ( elementsToGrow ) != true )
{
return false;
}

//
// Next, we need to create NEW INSTANCES of
// the right object class to go _in_ each one
// of our slots.
//

WORD        i;
```

```
    Bitmap FAR *      fpBitmap;

    for ( i = 0; i < newSlots; i++ )
    {
    fpBitmap = new Bitmap();

    SetElement ( fpBitmap,
                 i + oldArraySize );
    }

    return true;
}

//-----------------------
//
// DeleteElement()
//
//    Deletes the element at position N
//

    void
BitmapArray::DeleteElement ( WORD    position )
{
    if ( position >= GetArraySize() )
    return;

    KillMember ( position );

    ArrayObject::DeleteElement ( position );
}
```

The first thing that you'll see is that the BitmapArray class is derived from a base Array class; this Array class is the abstract form of the class. We'll never actually instantiate an Array class, but derivatives of it. The second thing to notice is that a internal structures of a BitmapArray class look very much like the internal structure of the Array class. I simply took the Array class code, copied it, and made the appropriate changes to it to make it a BitmapArray class. When I made a CursorArray class, I again took the Array class, copied it, and made the appropriate changes to turn it into a CursorArray class.

This might sound like cut-and-paste code, which C++ is supposed to get us away from. What you really want here is a general-purpose solution, one that allows you to define the structure of an array class without defining

Appendix B: *New Compiler Features in Release 2.0: Templates and Exceptions*

specifically what kind of objects are in the array—and that's exactly what a template allows you to do.

Look at the Array member function `GetElement()`:

```
LPVOID
GetElement ( WORD     position );
```

It returns a VOID pointer to whatever is in the array. However, in real life, you don't use this function; you use one derived from it, such as the `GetElement()` member function of the BitmapArray, which looks like this:

```
          Bitmap FAR *
BitmapArray::GetElement ( WORD    position )
{
   return (Bitmap FAR *) ArrayObject::GetElement ( position );
}
```

As you can see, all this function does is wrapper the base class function `GetElement()` with a cast to the pointer of the appropriate type. Similarly, a CursorArray class has this as its `GetElement()` member function:

```
          Cursor FAR *
CursorArray::GetElement ( WORD    position )
{
    return (Cursor FAR *) ArrayObject::GetElement ( position );
}
```

Another type of array would obviously make the appropriate cast to return a pointer to the correct type of object. If you look at the rest of the code for the BitmapArray class and compare it with the base Array class, you'll see that there isn't really anything going on except pointer casts and wrapping. In practical terms, then, this is really all the same code. The difference is what kind of pointer it references.

So how do templates help you solve this problem? Simple—they allow you to define an abstract class once, and then specify (at compile time) what kind of an object this class is going to deal with. Following is how the definition of the Array class might look as a template:

```
template<class T>
class Array {
     .
     .
```

```
        public:

        Array() throw (char *);

               .
               .
               .

                T FAR *
        GetElement ( WORD position )
        {
                if ( position >= GetArraySize() )
                        return NULL;

                return (T FAR *) pElements [ position ];
        }
                };
```

And here's how it would be used in your code to create a Bitmap array:

```
        Array<Bitmap>      bmpArray;
```

You could then reference the `GetElement` member function in the following manner and be assured of getting back a `Bitmap FAR *`:

```
        Bitmap FAR *       bmpPt;
        bmpPt = bmpArray.GetElement ( 0 );
```

You can see the great benefit of this method immediately. You have only one body of code, so you have only one place where you could have errors. If you do discover that your code contains a bug, you can easily correct it for all classes that use it, simply by fixing the bug and recompiling. In contrast, if I were to discover a bug in the base Array class that I have shown you, I would have to fix it there, and then in every class that derived from that class as well: the BitmapArray class, the CursorArray class, and so on. The other obvious benefit of this method is that you don't have to know in advance which classes you're going to use with your Array class. Because you can specify the class that you need at compile time, you can use whatever class you need at the time. By contrast, the explicit method that I have shown you requires that any time you want to use a new class, you have to define and build it before you can use it (this means copying the base Array class, and modifying it to fit the class at hand).

Appendix B: *New Compiler Features in Release 2.0: Templates and Exceptions* — **381**

Templates are one important feature of the C++ language that Visual C++ (2.0) now supports. The other is *exception handling*, which is a very nice way of dealing with errors in your code. The basic idea behind exceptions is that when a piece of code encounters a situation it can't handle, it throws an exception to an exception handler, which catches it. Exceptions are dealt with in blocks of code called *try* blocks, which are the only pieces of code that can catch exceptions. Here's an example:

```
HDC             hDC;

try
{
        hDC = GetDC ( hWnd );
        if ( hDC == 0 )
                throw "Can't allocate a DC"
}

// Do some DC stuff here, since we know it's
// good (if it weren't good, this code wouldn't be
// executing, since the try block would've thrown the
// exception to the handler below.)

//
// end of stuff that we've done with the DC...
//

//
// Here's our exception handler;  this only gets called if
// we have an exception.
//

catch ( char * erString )
{
        MessageBox ( hWnd,
                        erString
                        "GDI error",
                        MB_OK );
}
```

This is a pretty silly example, although it does serve to show the mechanics of exception handling. After all, if you can't get a DC, you don't really need to have an exception handler deal with it. You could just as easily post the message box in the place the error occurred, and then exit the routine. But suppose that you want to do something more complex, like instantiate a couple of classes in your try block, like so:

```
try
{
        Array<Bitmap>     bmpArray1;
        Array<Bitmap>     bmpArray2;
        Array<Bitmap>     bmpArray3;
}

catch ( char * erString )
{
        MessageBox ( hWnd,
                     erString,
                     "Array error",
                     MB_OK );
}
```

Suppose that the implementation of your template class Array is such that the constructor can potentially throw a `char *` as an error. (Look at my partial definition of the Array class, and you can see how this would look). Well, what happens if `bmpArray1` and `bmpArray2` start fine, but `bmpArray3` throws an exception? The catch handler will get the exception that was thrown at it from the constructor of `bmpArray3`, all right, but what happens to `bmpArray1` and `bmpArray2`? Clearly, the destructors for these two instances should be called when the code leaves the try block, since they initialized properly. Just as clearly, the destructor for `bmpArray3` should not be called when the code leaves the try block, because it never properly completed its constructor.

This is the big reason that you need to use exception handling for complex cases like these. It is also why exception handling should be built into the compiler, and not something tacked on. What happens if you're creating an array of objects and some are built and some aren't when an exception is thrown? How about a derived class that inherits from a base class. The base class constructor goes fine, but the derived constructor doesn't? What then? (Just thinking about this stuff makes me glad I'm not a compiler writer.)

Sure, for simple things exception handling is overkill (sort of like hunting ducks with surface-to-air missiles), but then exception handling isn't designed for the simple stuff. It's designed for mind-bending cases like this.

For a more complete discussion of some of the complexities of exception handling, see James O. Coplien's excellent book, *Advanced C++*.

APPENDIX C

OLE Custom Controls

Custom Controls, VBXs, and You: An Object Lesson

One of the most-touted features of the new version of Visual C++ (version 2.0) is the inclusion of the OLE Custom Control Kit, which allows you to develop OLE custom controls (OCXs). OCXs are the Microsoft designated replacement for VBXs.

In order to understand where OCXs fall in the pantheon of things, let's take a brief tour through history, back to 1990 and Windows 3.0. At that time, there existed the standard Windows controls (including BUTTON, LISTBOX, and so forth), which you could add to your dialog boxes via the resource editor. There was also a specification for add-on controls, dubbed custom controls that allowed third-party developers to develop packaged functionality and have it be usable with the resource editor (and, a little later, with Peter Eden's Resource Workshop). A number of companies did this, producing custom controls that extended the Windows functionality and/or appearance. Two of the best-known are the Borland custom controls (which gave many developers the popular "diamond checkbox") and the Blaise Computing Control Palette (which gave developers a host of good-looking plug-in replacements for standard Windows controls).

Two things about these custom controls are important. First, if you followed the design specification, you could be assured that both of the mainstream compilers for Windows (Microsoft C7 and Borland C++ 3.0) would support direct integration of these controls into your projects. As a developer of custom controls, it meant that you could build a control to a known standard and be assured that your customers could use it.

For consumers of these third-party custom controls, it meant that you could use third-party add-in controls in exactly the same way as the built-in Windows controls. You could add them in your dialog boxes, double-click on them to set properties, drag and drop them, and, in general, treat them as additional available functionality. This was extremely important for developers, who didn't have to worry about learning a new paradigm in order to incorporate new and different capabilities in their product.

The second important thing about custom controls is that they provided the first important method of *packaged functionality*. That is, you could use a third-party custom control and immediately gain great added capabilities, without having to understand (or even know) how the control worked.

Although the overall market for custom controls remained relatively small, the controls opened an important doorway because they demonstrated just how much more you could accomplish if you didn't have to write everything yourself. (In that sense, custom controls were just another logical step in leveraging others' work; Windows itself is a perfect example of how much more a developer can accomplish if he or she doesn't have to build an underlying framework first.)

If custom controls opened the door, Visual Basic blew the door off its hinges. With the introduction of VB, two things happend: the market for Windows development tools was expanded far beyond the traditional C/Guru arena into the home hobbyist arena, and an incredible new market for packaged functionality was created.

Visual Basic contained an important interface for developing a special type of custom control, called VBXs, which could be included in Visual Basic programs. Because of the incredible growth of the Visual Basic market, an extremely large base of add-in VBXs was developed, providing support for everything from graphing to charting and more.

Appendix C: OLE Custom Controls

Although VBXs could be used in Visual Basic, they could not easily be used in C or C++—at least not until Visual C++ version 1.0 came out. (Borland also added support for VBXs later.) Visual C++ had AppStudio, a new resource development tool that supported the use of VBXs in C++ programs. There was another important aspect to AppStudio; it did *not* support the original custom control format. That is, third-party custom controls were no longer usable in AppStudio. (AppStudio did provide a mechanism whereby you could add a third-party custom control. But since the control was not drawn (the only thing visible was a grey rectangle indicating the control) and you couldn't edit the properties of the control (except by editing hex values), support for actually using the control was essentially nonexistent.)

This meant that if you wanted to continue to use third-party custom controls, you had to rely on a third-party tool (such as Borland's Resource Workshop) to continue to use the tools that you had been using. Microsoft, the originator of the interface specification for custom controls, had abandoned the interface, essentially leaving it to die. VBXs are developed in great number, while third-party custom controls have become almost nonexistent.

The phenomenal success of Visual Basic and VBXs caught Microsoft somewhat off-guard. In many ways, VBXs weren't designed with future expandability in mind; they were closely linked to Visual Basic, and they were only 16 bit. VBXs didn't work with NT (and probably won't work with Windows 95). To give developers a method of developing a control that would have all the advantages of a VBX without the drawbacks, Microsoft created the OCX, the OLE Custom Control.

An OLE Control is an OLE InProc object (an OLE object that loads into the address space of its container) with some extended functionality. All OLE 2.0–compliant containers can already hold OLE Controls. The controls, however, can only get events in containers that support OLE Control events. This does *not* include most current OLE containers. For example, OLE containers generated by AppWizard don't know how to handle these event notifications. If you put an OCX push button in an OLE container that doesn't support OLE controls, you can push the button to your heart's delight, but the container won't respond, because it doesn't know how.

In an OLE container that *does* support control notification, the OLE control would send events to the container, which would then respond appropriately. Since we need an OLE application that supports control events, let's look at what those would be.

The list is pretty short. The Test Container, which comes with the OCX SDK, is an OLE container that understands control events. It certainly is a good testbed for testing your controls. However, since the Test Container is already built, you can't use it to test the public interface of an OCX; that is, you can't try and program your OCX and see how easy (or difficult) it is to use in real life.

Microsoft Access (version 2.0) supports OCX events; however, because Access was released before the OCX specification was finished, it doesn't work very well as an OLE control container.

The newest version of Visual Basic will support OCXs (by the time you read this, it probably already does). A future version of Microsoft Office will also support OCXs.

Notice what isn't on the list? Visual C++ 2.0. You can *develop* OCXs under Visual C++; you just can't use them. Microsoft has promised that a future version of Visual C++ will support them, the way it now supports VBXs. (See *OLE Controls: State of the Union*, from the January 95 Developer's Network CD.) But if you want to use OCXs now, you're out of luck, at least as far as C++ goes.

What It Means

There are a number of important implications in all this:

- Microsoft wants you to develop OCXs, not VBXs. You'll notice that Microsoft doesn't provide any support for developing a VBX; there's no Wizard support, no MFC classes, nothing. But there *is* a conversion option available if you've already developed a VBX and you want to turn it into an OCX. And there *is* Wizard support—and a whole toolkit—for creating OCXs.
- Microsoft wants VBXs to disappear (and turn into OCXs).
- Microsoft is pushing OLE in a big way.

Let's take a look at how you create an OCX using the OCX toolkit, and let's take a look at a simple example control that I've built.

Appendix C: OLE Custom Controls **387**

Building an OCX

Figure C.1 shows how you to access the Control Wizard from Visual C++ 2.0 via the Tools menu. Click on this menu entry to start up Control Wizard.

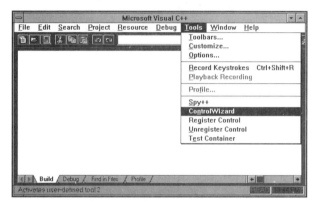

Figure C.1 *The menu entry that starts up Control Wizard. Because Control Wizard is a separate application, it goes into the Tools menu.*

Once you've started Control Wizard, you're presented with the screen shown in Figure C.2. As you can see, the appearance of Control Wizard is very similar to that of the standard MFC App Wizard. Clicking on the **Control Options** button brings up the dialog in Figure C.3. This dialog is where you set the basic behaviors of your control. This is also where you can convert an existing VBX by clicking on the Use **VBX control as template** check box.

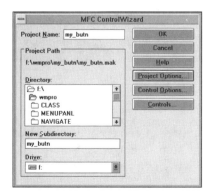

Figure C.2 *The Control Wizard main screen. Note that it looks very much like the standard MFC App Wizard dialog.*

388 *Visual C++: A Developer's Guide*

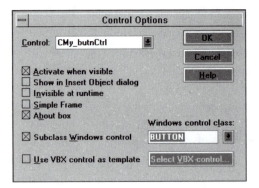

Figure C.3 *The Control Options dialog. This is where you set the properties that you want your control to have.*

Figure C.4 is the net result of my creating a simple OCX control, one that derives from the standard Windows Button class. You can find all the source files for this project on your source disk in the back of the book.

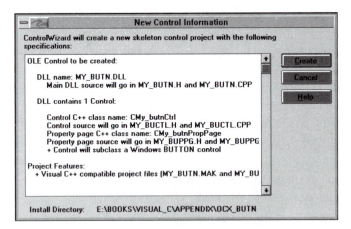

Figure C.4 *The results of my creating an OCX class derived from the Windows Button class.*

Once you've gotten your project created with the Control Wizard, you'll need to build it. But the first step is not what you'd expect: if you click on the **Build** button on the toolbar you'll get this error:

```
Internal make: fatal error U1073: don't know how to make '.\tlb16\circ2.tlb'.
CIRC2.DLL - 1 error(s), 0 warning(s)
```

(This error is from the second circle example included in the OCX SDK). You may be wondering what this error means (I did). Shouldn't you be able to build your project, even if you haven't added any code to it? You would think so, but that's not the case. The extension of the file in question—.tlb—gives a clue as to what you have to do: you first have to run MakeTypeLib on your project. This tool is available on the Options menu; run this first, and you should see the message shown in Figure C.5. Once you've successfully run MkTypLib, you can compile your project.

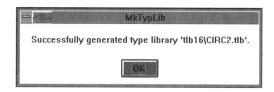

Figure C.5 *The results of successfully running MkTypLib on your custom control project. You must run this before compiling your application.*

Once you've compiled the button sample, you're ready to try it. I know; it doesn't really *do* anything yet—but it still works as an OCX. This is pretty cool, considering that we've spent maybe 5 minutes building the thing. Take a look at Figure C.6, which shows my button control in the test container.

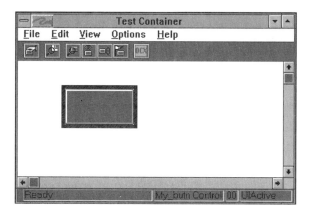

Figure C.6 *The test container showing my button OCX. As a custom control, it's pretty limited—it doesn't actually do anything—but this example shows how quickly you can get a skeleton of an OCX up and running by using Control Wizard.*

In order to implement some actual useful behavior, we need to hook up some properties. One obvious property for our button is a caption text so we can put the appropriate text in our control (I realize that you can already do this with the standard Windows button control, but this is an example).

To add properties to your OCX, it's necessary to edit your property page dialog. Go into App Studio and edit the property page dialog. Initially, this dialog is blank; this corresponds to the blank property page that you'll get if you double-click on the control in the test container. We want to add a text caption, so let's insert both a static text label and an edit control. Save the dialog, and we're ready to add a member variable in Class Wizard that corresponds to this property. I used the member variable m_Caption. Since Class Wizard takes care of hooking up the member variable to the control (via DDX data exchange), no further work is necessary. Before we recompile, though, we need to run MkTypLib again, to update the resource and library information. Once you've done that, we can compile our project again.

This time when you recompile and try the button in the test container, you can see that the property sheet has our caption in it and that you can edit this text. But the caption is still not showing up in our button. In order for that to happen, we need to add code to the OnDraw member function of the control:

```
void CMy_butnCtrl::OnDraw(
                    CDC* pdc, const CRect& rcBounds, const CRect& rcInvalid)
{
    const CString & strCaption = InternalGetText();

    DoSuperclassPaint(pdc, rcBounds);

    pdc->ExtTextOut ( 2,
                2,
                ETO_OPAQUE,
                rcBounds,
                strCaption,
                lstrlen(strCaption),
                NULL );

}
```

The function InternalGetText() allows us to retrieve the caption text that we set in the property page; the only thing we need to do after that is to actually display the text in the control, via the CDC object that we've been given, and the ExtTextOut routine. As you can see in Figures C.7 and C.8, our button now behaves as you would expect it to.

Figure C.7 *The new version of the button control that now actually has a caption...*

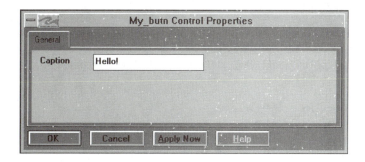

Figure C.8 *...and the property sheet where you can set the caption of the button.*

Listings C.1 through C.9 show the full code for the button control project.

Listing C.1 *my_butcl.h*

```
// my_buctl.h : Declaration of the CMy_butnCtrl OLE control class.

/////////////////////////////////////////////////////////////////////
// CMy_butnCtrl : See my_buctl.cpp for implementation.

class CMy_butnCtrl : public COleControl
{
    DECLARE_DYNCREATE(CMy_butnCtrl)
```

```cpp
// Constructor
public:
    CMy_butnCtrl();

// Overrides

    // Drawing function
    virtual void OnDraw(
                        CDC* pdc, const CRect& rcBounds, const CRect& rcInvalid);

    // Persistence
    virtual void DoPropExchange(CPropExchange* pPX);

    // Reset control state
    virtual void OnResetState();

// Implementation
protected:
    ~CMy_butnCtrl();

    DECLARE_OLECREATE_EX(CMy_butnCtrl)    // Class factory and guid
    DECLARE_OLETYPELIB(CMy_butnCtrl)      // GetTypeInfo
    DECLARE_PROPPAGEIDS(CMy_butnCtrl)     // Property page IDs
    DECLARE_OLECTLTYPE(CMy_butnCtrl)      // Type name and misc status

    // Subclassed control support
    BOOL PreCreateWindow(CREATESTRUCT& cs);
    WNDPROC* GetSuperWndProcAddr(void);
    LRESULT OnOcmCommand(WPARAM wParam, LPARAM lParam);

// Message maps
    //{{AFX_MSG(CMy_butnCtrl)
            // NOTE - ClassWizard will add and remove member functions here.
            //    DO NOT EDIT what you see in these blocks of generated code !
    //}}AFX_MSG
    DECLARE_MESSAGE_MAP()

// Dispatch maps
    //{{AFX_DISPATCH(CMy_butnCtrl)
    //}}AFX_DISPATCH
    DECLARE_DISPATCH_MAP()

    afx_msg void AboutBox();

// Event maps
    //{{AFX_EVENT(CMy_butnCtrl)
    //}}AFX_EVENT
```

Appendix C: OLE Custom Controls

```
    DECLARE_EVENT_MAP()

// Dispatch and event IDs
public:
    enum {
    //{{AFX_DISP_ID(CMy_butnCtrl)
    //}}AFX_DISP_ID
    };
};
```

Listing C.2 *my_buppg.h*

```
// my_buppg.h : Declaration of the CMy_butnPropPage property page class.

//////////////////////////////////////////////////////////////////////
// CMy_butnPropPage : See my_buppg.cpp for implementation.

class CMy_butnPropPage : public COlePropertyPage
{
    DECLARE_DYNCREATE(CMy_butnPropPage)
    DECLARE_OLECREATE_EX(CMy_butnPropPage)

// Constructor
public:
    CMy_butnPropPage();

// Dialog Data
    //{{AFX_DATA(CMy_butnPropPage)
    enum { IDD = IDD_PROPPAGE_MY_BUTN };
    CString m_Caption;
    //}}AFX_DATA

// Implementation
protected:
    virtual void DoDataExchange(CDataExchange* pDX);    // DDX/DDV support

// Message maps
protected:
    //{{AFX_MSG(CMy_butnPropPage)
            // NOTE - ClassWizard will add and remove member functions here.
            //    DO NOT EDIT what you see in these blocks of generated code !
    //}}AFX_MSG
    DECLARE_MESSAGE_MAP()

};
```

Listing C.3 *my_butn.h*

```
// my_butn.h : main header file for MY_BUTN.DLL

#if !defined( __AFXCTL_H__ )
    #error include 'afxctl.h' before including this file
#endif

#include "resource.h"       // main symbols

/////////////////////////////////////////////////////////////////////////////
// CMy_butnApp : See my_butn.cpp for implementation.

class CMy_butnApp : public COleControlModule
{
public:
    BOOL InitInstance();
    int ExitInstance();
};

extern const GUID CDECL _tlid;
extern const WORD _wVerMajor;
extern const WORD _wVerMinor;
```

Listing C.4 *Resource.h*

```
//{{NO_DEPENDENCIES}}
// App Studio generated include file.
// Used by MY_BUTN.RC
//
#define IDS_MY_BUTN                     1
#define IDB_MY_BUTN                     1
#define IDS_MY_BUTN_PPG                 2
#define IDI_ABOUTDLL                    10
#define IDD_ABOUTBOX_MY_BUTN            100
#define IDS_MY_BUTN_PPG_CAPTION         101
#define IDD_PROPPAGE_MY_BUTN            101
#define IDC_Caption                     201

// Next default values for new objects
//
#ifdef APSTUDIO_INVOKED
#ifndef APSTUDIO_READONLY_SYMBOLS

#define _APS_NEXT_RESOURCE_VALUE        201
```

Appendix C: OLE Custom Controls

```
#define _APS_NEXT_COMMAND_VALUE         32768
#define _APS_NEXT_CONTROL_VALUE         202
#define _APS_NEXT_SYMED_VALUE           101
#endif
#endif
```

Listing C.5 *stdafx.h*

```
// stdafx.h : include file for standard system include files,
//      or project specific include files that are used frequently,
//      but are changed infrequently

#include <afxctl.h>         // MFC support for OLE Custom Controls
```

Listing C.6 *my_buctl.cpp*

```cpp
// my_buctl.cpp : Implementation of the CMy_butnCtrl OLE control class.

#include "stdafx.h"
#include "my_butn.h"
#include "my_buctl.h"
#include "my_buppg.h"


#ifdef _DEBUG
#undef THIS_FILE
static char BASED_CODE THIS_FILE[] = __FILE__;
#endif


IMPLEMENT_DYNCREATE(CMy_butnCtrl, COleControl)


/////////////////////////////////////////////////////////////////////
// Message map

BEGIN_MESSAGE_MAP(CMy_butnCtrl, COleControl)
    //{{AFX_MSG_MAP(CMy_butnCtrl)
    // NOTE - ClassWizard will add and remove message map entries
    //    DO NOT EDIT what you see in these blocks of generated code !
    ON_MESSAGE(OCM_COMMAND, OnOcmCommand)
    //}}AFX_MSG_MAP
    ON_OLEVERB(AFX_IDS_VERB_PROPERTIES, OnProperties)
END_MESSAGE_MAP()
```

```cpp
//////////////////////////////////////////////////////////////////////
// Dispatch map

BEGIN_DISPATCH_MAP(CMy_butnCtrl, COleControl)
    //{{AFX_DISPATCH_MAP(CMy_butnCtrl)
    DISP_STOCKPROP_CAPTION()
    //}}AFX_DISPATCH_MAP
    DISP_FUNCTION_ID(CMy_butnCtrl, "AboutBox", DISPID_ABOUTBOX, AboutBox,
VT_EMPTY, VTS_NONE)
END_DISPATCH_MAP()


//////////////////////////////////////////////////////////////////////
// Event map

BEGIN_EVENT_MAP(CMy_butnCtrl, COleControl)
    //{{AFX_EVENT_MAP(CMy_butnCtrl)
    // NOTE - ClassWizard will add and remove event map entries
    //    DO NOT EDIT what you see in these blocks of generated code !
    //}}AFX_EVENT_MAP
END_EVENT_MAP()


//////////////////////////////////////////////////////////////////////
// Property pages

// TODO: Add more property pages as needed.  Remember to increase the count!
BEGIN_PROPPAGEIDS(CMy_butnCtrl, 1)
    PROPPAGEID(CMy_butnPropPage::guid)
END_PROPPAGEIDS(CMy_butnCtrl)


//////////////////////////////////////////////////////////////////////
// Initialize class factory and guid

IMPLEMENT_OLECREATE_EX(CMy_butnCtrl, "MY_BUTN.My_butnCtrl.1",
    0x26026080, 0x1b97, 0x101c, 0x98, 0xab, 0x4, 0x2, 0x24, 0x0, 0x9c, 0x2)


//////////////////////////////////////////////////////////////////////
// Type library ID and version

IMPLEMENT_OLETYPELIB(CMy_butnCtrl, _tlid, _wVerMajor, _wVerMinor)


//////////////////////////////////////////////////////////////////////
// Interface IDs
```

```
const IID BASED_CODE IID_DMy_butn =
        { 0x26026081, 0x1b97, 0x101c, { 0x98, 0xab, 0x4, 0x2, 0x24, 0x0,
            0x9c, 0x2 } };
const IID BASED_CODE IID_DMy_butnEvents =
        { 0x26026082, 0x1b97, 0x101c, { 0x98, 0xab, 0x4, 0x2, 0x24, 0x0,
            0x9c, 0x2 } };


/////////////////////////////////////////////////////////////////////////////
// Control type information

static const DWORD BASED_CODE _dwMy_butnOleMisc =
    OLEMISC_ACTIVATEWHENVISIBLE |
    OLEMISC_SETCLIENTSITEFIRST |
    OLEMISC_INSIDEOUT |
    OLEMISC_CANTLINKINSIDE |
    OLEMISC_RECOMPOSEONRESIZE;

IMPLEMENT_OLECTLTYPE(CMy_butnCtrl, IDS_MY_BUTN, _dwMy_butnOleMisc)


/////////////////////////////////////////////////////////////////////////////
// CMy_butnCtrl::CMy_butnCtrlFactory::UpdateRegistry -
// Adds or removes system registry entries for CMy_butnCtrl

BOOL CMy_butnCtrl::CMy_butnCtrlFactory::UpdateRegistry(BOOL bRegister)
{
    if (bRegister)
            return AfxOleRegisterControlClass(
                    AfxGetInstanceHandle(),
                    m_clsid,
                    m_lpszProgID,
                    IDS_MY_BUTN,
                    IDB_MY_BUTN,
                    FALSE,                          //   Not insertable
                    _dwMy_butnOleMisc,
                    _tlid,
                    _wVerMajor,
                    _wVerMinor);
    else
            return AfxOleUnregisterClass(m_clsid, m_lpszProgID);
}


/////////////////////////////////////////////////////////////////////////////
// CMy_butnCtrl::CMy_butnCtrl - Constructor
```

```cpp
CMy_butnCtrl::CMy_butnCtrl()
{
    InitializeIIDs(&IID_DMy_butn, &IID_DMy_butnEvents);

    // TODO: Initialize your control's instance data here.
}


/////////////////////////////////////////////////////////////////////////////
// CMy_butnCtrl::~CMy_butnCtrl - Destructor

CMy_butnCtrl::~CMy_butnCtrl()
{
    // TODO: Cleanup your control's instance data here.
}


/////////////////////////////////////////////////////////////////////////////
// CMy_butnCtrl::OnDraw - Drawing function

void CMy_butnCtrl::OnDraw(
                    CDC* pdc, const CRect& rcBounds, const CRect& rcInvalid)
{
    const CString &  strCaption = InternalGetText();

    DoSuperclassPaint(pdc, rcBounds);

    pdc->ExtTextOut ( 2,
                            2,
                            ETO_OPAQUE,
                            rcBounds,
                            strCaption,
                            lstrlen(strCaption),
                            NULL );
}


/////////////////////////////////////////////////////////////////////////////
// CMy_butnCtrl::DoPropExchange - Persistence support

void CMy_butnCtrl::DoPropExchange(CPropExchange* pPX)
{
    ExchangeVersion(pPX, MAKELONG(_wVerMinor, _wVerMajor));
    COleControl::DoPropExchange(pPX);

    // TODO: Call PX_ functions for each persistent custom property.

}
```

Appendix C: *OLE Custom Controls*

```
///////////////////////////////////////////////////////////////////////////
// CMy_butnCtrl::OnResetState - Reset control to default state

void CMy_butnCtrl::OnResetState()
{
    COleControl::OnResetState();  // Resets defaults found in DoPropExchange

    // TODO: Reset any other control state here.
}


///////////////////////////////////////////////////////////////////////////
// CMy_butnCtrl::AboutBox - Display an "About" box to the user

void CMy_butnCtrl::AboutBox()
{
    CDialog dlgAbout(IDD_ABOUTBOX_MY_BUTN);
    dlgAbout.DoModal();
}


///////////////////////////////////////////////////////////////////////////
// CMy_butnCtrl::PreCreateWindow - Modify parameters for CreateWindowEx

BOOL CMy_butnCtrl::PreCreateWindow(CREATESTRUCT& cs)
{
    cs.lpszClass = _T("BUTTON");
    return COleControl::PreCreateWindow(cs);
}


///////////////////////////////////////////////////////////////////////////
// CMy_butnCtrl::GetSuperWndProcAddr - Provide storage for window proc

WNDPROC* CMy_butnCtrl::GetSuperWndProcAddr(void)
{
    static WNDPROC NEAR pfnSuper;
    return &pfnSuper;
}


///////////////////////////////////////////////////////////////////////////
// CMy_butnCtrl::OnOcmCommand - Handle command messages

LRESULT CMy_butnCtrl::OnOcmCommand(WPARAM wParam, LPARAM lParam)
{
#ifdef _WIN32
```

Visual C++: A Developer's Guide

```
        WORD wNotifyCode = HIWORD(wParam);
    #else
        WORD wNotifyCode = HIWORD(lParam);
    #endif

        // TODO: Switch on wNotifyCode here.

        return 0;
    }


    /////////////////////////////////////////////////////////////////////////
    // CMy_butnCtrl message handlers
```

Listing C.7 *my_buppg.cpp*

```
    // my_buppg.cpp : Implementation of the CMy_butnPropPage property page class.

    #include "stdafx.h"
    #include "my_butn.h"
    #include "my_buppg.h"

    #ifdef _DEBUG
    #undef THIS_FILE
    static char BASED_CODE THIS_FILE[] = __FILE__;
    #endif


    IMPLEMENT_DYNCREATE(CMy_butnPropPage, COlePropertyPage)


    /////////////////////////////////////////////////////////////////////////
    // Message map

    BEGIN_MESSAGE_MAP(CMy_butnPropPage, COlePropertyPage)
        //{{AFX_MSG_MAP(CMy_butnPropPage)
        // NOTE - ClassWizard will add and remove message map entries
        //    DO NOT EDIT what you see in these blocks of generated code !
        //}}AFX_MSG_MAP
    END_MESSAGE_MAP()


    /////////////////////////////////////////////////////////////////////////
    // Initialize class factory and guid
```

Appendix C: OLE Custom Controls

```cpp
IMPLEMENT_OLECREATE_EX(CMy_butnPropPage, "MY_BUTN.My_butnPropPage.1",
    0x26026084, 0x1b97, 0x101c, 0x98, 0xab, 0x4, 0x2, 0x24, 0x0, 0x9c, 0x2)


/////////////////////////////////////////////////////////////////////////////
// CMy_butnPropPage::CMy_butnPropPageFactory::UpdateRegistry -
// Adds or removes system registry entries for CMy_butnPropPage

BOOL CMy_butnPropPage::CMy_butnPropPageFactory::UpdateRegistry(BOOL
bRegister)
{
    if (bRegister)
            return AfxOleRegisterPropertyPageClass(AfxGetInstanceHandle(),
                    m_clsid, IDS_MY_BUTN_PPG);
    else
            return AfxOleUnregisterClass(m_clsid, NULL);
}


/////////////////////////////////////////////////////////////////////////////
// CMy_butnPropPage::CMy_butnPropPage - Constructor

CMy_butnPropPage::CMy_butnPropPage() :
    COlePropertyPage(IDD, IDS_MY_BUTN_PPG_CAPTION)
{
    //{{AFX_DATA_INIT(CMy_butnPropPage)
    m_Caption = _T("");
    //}}AFX_DATA_INIT
}


/////////////////////////////////////////////////////////////////////////////
// CMy_butnPropPage::DoDataExchange - Moves data between page and properties

void CMy_butnPropPage::DoDataExchange(CDataExchange* pDX)
{
    //{{AFX_DATA_MAP(CMy_butnPropPage)
    DDP_Text(pDX, IDC_Caption, m_Caption, _T("Caption") );
    DDX_Text(pDX, IDC_Caption, m_Caption);
    //}}AFX_DATA_MAP
    DDP_PostProcessing(pDX);
}


/////////////////////////////////////////////////////////////////////////////
// CMy_butnPropPage message handlers
```

Listing C.8 my_butn.cpp

```cpp
// my_butn.cpp : Implementation of CMy_butnApp and DLL registration.

#include "stdafx.h"
#include "my_butn.h"

#ifdef _DEBUG
#undef THIS_FILE
static char BASED_CODE THIS_FILE[] = __FILE__;
#endif


CMy_butnApp NEAR theApp;

const GUID CDECL BASED_CODE _tlid =
        { 0x26026083, 0x1b97, 0x101c, { 0x98, 0xab, 0x4, 0x2, 0x24, 0x0,
          0x9c, 0x2 } };
const WORD _wVerMajor = 1;
const WORD _wVerMinor = 0;



/////////////////////////////////////////////////////////////////////////
// CMy_butnApp::InitInstance - DLL initialization

BOOL CMy_butnApp::InitInstance()
{
    BOOL bInit = COleControlModule::InitInstance();

    if (bInit)
    {
            // TODO: Add your own module initialization code here.
    }

    return bInit;
}



/////////////////////////////////////////////////////////////////////////
// CMy_butnApp::ExitInstance - DLL termination

int CMy_butnApp::ExitInstance()
{
    // TODO: Add your own module termination code here.

    return COleControlModule::ExitInstance();
}
```

Appendix C: OLE Custom Controls

```
///////////////////////////////////////////////////////////////////////
// DllRegisterServer - Adds entries to the system registry

STDAPI DllRegisterServer(void)
{
    AFX_MANAGE_STATE(_afxModuleAddrThis);

    if (!AfxOleRegisterTypeLib(AfxGetInstanceHandle(), _tlid))
        return ResultFromScode(SELFREG_E_TYPELIB);

    if (!COleObjectFactoryEx::UpdateRegistryAll(TRUE))
        return ResultFromScode(SELFREG_E_CLASS);

    return NOERROR;
}


///////////////////////////////////////////////////////////////////////
// DllUnregisterServer - Removes entries from the system registry

STDAPI DllUnregisterServer(void)
{
    AFX_MANAGE_STATE(_afxModuleAddrThis);

    if (!AfxOleUnregisterTypeLib(_tlid))
        return ResultFromScode(SELFREG_E_TYPELIB);

    if (!COleObjectFactoryEx::UpdateRegistryAll(FALSE))
        return ResultFromScode(SELFREG_E_CLASS);

    return NOERROR;
}
```

Listing C.9 *stdafx.cpp*

```
// stdafx.cpp : source file that includes just the standard includes
//  stdafx.pch will be the pre-compiled header
//  stdafx.obj will contain the pre-compiled type information



#include "stdafx.h"
```

The other files for the project, including the makefiles, can be found on the disk in the back of this book. It's too soon to say whether will enjoy the same kind of success that VBXs have enjoyed; certainly, Microsoft is pushing hard to see that they do. In the meantime, however, it's clear that developing a clean OCX will be easier than developing a similar VBX, thanks to the support that MFC and Control Wizard provide.

Index

A

advantages of C++, 47–50

    object class approaches, 49–50

    polymorphism, 48–49

    reusable code objects, 47–48

afxwin.h, 39, 41–42

AppStudio, 20–22, 385

    in version 1.5, 348–349

AppWizard, 22, 348

    in version 1.5, 312

array.cpp, 357–366

array.hpp, 353–357

B

BitmapArray class, 353–381

    array.cpp, 357–366

    array.hpp, 353–357

    bmparray.cpp, 371–378

    bmparray.hpp, 366–371

Bitmap class, 100–111

    bitmap.cpp, 105–111

    bitmap.hpp, 100–105

bitmap.cpp, 105–111

bitmap.hpp, 40, 100–105

bitmaps, deleting, 111

bmbutton.cpp, 40–41

bmparray.cpp, 371–378

bmparray.hpp, 366–371

bugs, xxi

button control project, 389–404

    my_buctl.cpp, 395–400

    my_buctl.h, 391–393

    my_buppg.cpp, 400–401

    my_buppg.h, 393

    my_butn.cpp, 402–403

    my_butn.h, 394

resource.h, 394–395

stdafx.cpp, 403

stdafx.h, 395

C

CEnrollSet class, 344, 347–349

CEnrollView class, 344–346

chains, 232

ClassWizard, 20–21

    in version 1.5, 312, 313

ClientDC() function (CompatibleDC class), 117–119

CMainFrame() function, 260

CMouserDoc, 94–95

CMouserView, 97–99

coding conventions, 2–16

commenting styles, 2

Common Dialog File Open, 27–35

    Flags, 30

    hInstance, 28

    hwndOwner, 28

    lpstrFile, 29

    lpstrFileTitle, 30

    lpstrFilter, 28

    lpstrInitialDir, 30

    lStructSize, 28

    lpstrTitle, 30

    nMaxFile, 29

    nMaxFileTitle, 30

    nFileOffset, 32

    nFilterIndex, 29

common dialogs, 26–27

compatdc.cpp, 123–129

compatdc.hpp, 111–123

CompatibleDC object class, 111–129

    compatdc.cpp, 123–129

    compatdc.hpp, 111–123

Control Wizard, 387–389

cplus.hpp, 39

CppCheckForOurWindowMessage() function, 281–283, 308

Index 407

CppGetOurMessageID() function, 283

CppRegisterWindowMessages() function, 281

cppres.rc (MESG_DLL), 277

CppSndPlaySound() function, 235–237

cppstrng.h (MESG_DLL), 277

cppstrng.h (SICKNESS), 300–301

CreateSelf() function (CompatibleDC class), 127

CRecordSet class, 344

CRecordView class, 313, 344

CursorArray class, 378

D

DBCS (Double Byte Character Support), 313

DefHookProc() function, 232

DefineDrawingMode() function (CompatibleDC class), 128

definitions, function

format for, 4–5

prototype for, 5–8

DeleteSelf() function (Bitmap class), 103, 106–107

deleting bitmaps, 111

DisplaySelf() function (Bitmap class), 103–104, 107–108

Double Byte Character Support (DBCS), 313

DrawChicklet() function, 166–167

dskleton.cpp (MESG_DLL), 266–267

dsklinit.cpp (MESG_DLL), 267

dsklvars.cpp (MESG_DLL), 268

dynamic linking, 235–238

E

EnableSounds() function, 229

enroldoc.cpp, 315–316

enroldoc.h, 314–315

enroll.clw, 340–343

enroll.cpp, 317–320

enroll.def, 330

enroll.h, 316–317

enroll.mak, 336–340

enroll.rc, 330–336

enrolset.cpp, 321

enrolset.h, 320

enrolvw.cpp, 323–325

enrolvw.h, 322–323

environment, development, 17–19

exception handling, xvii, 381–382

existing projects, upgrading, 38–45

F

file headers, format for, 10–11

FindCenteredRect() function (CompatibleDC class), 119–120, 122

FindWindow() function, 305

functions

    definition format for, 4–5

    definition prototype for, 5–8

    naming conventions for, 3–4, 8–10

G

GetBitmap() function (Bitmap class), 105–106

GetBitmapHandle() function (Bitmap class), 104

GetCompatDC() function (CompatibleDC class), 114, 126

GetDCPixel() function (CompatibleDC class), 115, 126–127

GetElement() function (Array class), 379

GetHandle() function (CompatibleDC class), 114–115

GetHeight() function (Bitmap class), 110–111

GetMessage() function, 230

Index **409**

GetModuleHandle() function, 237

GetProcAddress() function, 230, 237

GetSize() function (Bitmap class), 104, 108–110

GetWidth() function (Bitmap class), 110

GetWindowLong() function, 165–166

GetWindowRect() function, 164, 166

H

header files

    example, 13–15

    and source code, 16–17

hookcall.cpp, 215–216

hookcode.cpp, 216–221

hook.def, 226–227

hookdfn.hpp, 222–223

hook.dll, 213

hook.lib, 260

hookmain.cpp, 213–214

hook.mak, 227–229

hookprot.hpp (PLAYER), 250–251, 260

hooks, 209–261

    callbacks, defining, 213–229

        hookcall.cpp, 215–216

        hookcode.cpp, 216–221

        hook.def, 226–227

        hookdfn.hpp, 222–223

        hookmain.cpp, 213–214

        hook.mak, 227–229

        skeleton.hpp, 223

        skelextn.hpp, 225–226

        skelprot.hpp, 224–225

        skelvars.cpp, 221–222

    call to set up, 210–213

    chains of, 232

    and *CppSndPlaySound()* function, 234

    dynamic linking with, 234–238

    functioning of, 210

    message processing by, 230–231

PLAYER application, 238–260

setting up, 229–230

and *SoundSMHook()* function, 232–234

I

IDE (integrated development environment), xvii, 25–45

Common Dialog File Open, using, 27–35

common dialogs, 26–27

document types, choosing, 36–38

existing projects, upgrading, 38–45

interface objects, choosing, 26

\Inc, 43

include files, 16, 17

Universal Graphics Library, 38–39

inheritance, 129–130

InitDocument() function, 95–97

integrated development environment. *See* IDE

interface objects, choosing, 26

InternalGetText() function, 390–391

InterrogateWindowRect() function (CompatibleDC class), 119, 121–123

IsIconic() function, 166

L

large model, 42

LButtonDown handler, 97–100

LibMain() function, 237

M

mainfrm.cpp (ENROLL), 326–329

mainfrm.cpp (MOUSER), 63–65

mainfrm.cpp (PLAYER), 242–243

mainfrm.cpp (TICKER), 139–144

Index

mainfrm.cpp (TICKER2), 172–182

mainfrm.h (ENROLL), 325–326

mainfrm.h (MOUSER), 62–63

mainfrm.h (PLAYER), 243–244

mainfrm.h (TICKER), 138–139

mainfrm.h (TICKER2), 171–172

MDI (multiple document interface), 36–38

medium model, 42

mesg_dll.def, 277–278

mesg_dll.mak, 278–281

message.cpp (MESG_DLL), 268–271

messages, user-defined. *See* user-defined messages

MFC (Microsoft Foundation Classes), 50–100

    with Class Wizard, 21

    limitations of, 25–26

    mainfrm.cpp, 63–65

    mainfrm.h, 62–63

    mousedoc.cpp, 55–57, 80–84

    mousedoc.h, 55, 79–80

    mouser.cpp, 50–53

    mouser.def, 54

    mouser.h, 53–54

    mouser.mak, 66–69

    mouser.rc, 69–75

    mousevw.cpp, 58–62, 85–100

    mousevw.h, 57–58, 84–85

    resource.h, 75–79

    stdafx.cpp, 65

    stdafx.h, 65

    in version 1.5, 311–313

Microsoft Access, 386

Microsoft Foundation Classes. *See* MFC

monster classes, xvi

mousedoc.cpp, 55–57, 80–84

mousedoc.h, 55, 79–80

MOUSER, 94

MOUSER2.TIF, 94

mouser.cpp, 50–53

mouser.def, 54

mouser.h, 53–54

mouser.mak, 66–69

mouser.rc, 69–75

mousevw.cpp, 58–62, 85–100

mousevw.h, 57–58, 84–85

msgprot.hpp (MESG_DLL), 272–273

msgprot.hpp (SICKNESS), 299–300

multiple document interface (MDI), 36–38

my_buctl.cpp, 395–400

my_buctl.h, 391–393

my_buppg.cpp, 400–401

my_buppg.h, 393

my_butn.cpp, 402–403

my_butn.h, 394

MyProj directory, 18

MySendMsgHookProc() function, 230–231

non-client area, 133–207

   access to, 134

      drawing in, 162–167

      mainfrm.cpp, 139–144

      mainfrm.h, 138–139

      resource.h, 149–151

      stdafx.cpp, 151

      stdafx.h, 151

      tickedoc.cpp, 145–147

      tickedoc.h, 144–145

      ticker.cpp, 135–138

      ticker.def, 156

      ticker.h, 134–135

      ticker.mak, 157–160

      ticker.rc, 151–156

      tickevw.cpp, 148–149

      tickevw.h, 147–148

   attaching menu to bitmap in, 167–204

      mainfrm.cpp, 172–182

      mainfrm.h, 171–172

      resource.h, 199

N

naming conventions, function, 3–4, 8–10

Index

tickedoc.cpp, 183–184

tickedoc.h, 182

ticker.cpp, 168–171

ticker.h, 167–168

ticker.mak, 199–202

ticker.rc, 194–199

tickevw.cpp, 186–193

tickevw.h, 185–186

definition of, 133

non-standard MFC messages, hooking up, 160–162

pop-up menu in, creating, 204–207

O

object classes, approaches to, 49–50

\Objs directory, 18, 43

OCXs. *See* OLE custom controls

ODBC, version 1.5 support for, 313–314

off the shelf class libraries, 49–50

OLE, xvii

in version 1.5, 311–312

OLE custom controls (OCXs), 383–404

building, 387–391

button control, 389–404

my_buctl.cpp, 395–400

my_buctl.h, 391–393

my_buppg.cpp, 400–401

my_buppg.h, 393

my_butn.cpp, 402–403

my_butn.h, 394

resource.h, 394–395

stdafx.cpp, 403

stdafx.h, 395

and VBXs, 384–385

OnDraw function, 100

OnNcLButtonDown() function, 203–204

OnNcPaint() function, 162–163

OnOrAbout() function, 207

P

packaged functionality, 384

parametrized types. *See* templates

PLAYER application

    hookprot.hpp, 250–251

    mainfrm.cpp, 242–243

    mainfrm.h, 243–244

    playedoc.cpp, 244–246

    playedoc.h, 246–247

    player.cpp, 238–241

    player.def, 251

    player.h, 241–242

    player.mak, 256–260

    player.rc, 251–256

    playevw.cpp, 247–248

    playevw.h, 248–249

    resource.h, 256

    stdafx.cpp, 249

    stdafx.h, 249

polymorphism, 48–49

pop-up menu in non-client area, creating, 204–207

porting, troubleshooting with, 44–45

PostMessage() function, 284

programming. *See also* IDE

    environment for, 17–19

    methodology for, 1–17

    need for direction in, 19–20

    shell prototypes, using, 20–23

    skills for, xxi–xxii

project manager, 19

prototype. *See* shell prototype

R

RegisterWindowMessage() function, 265–266

resource.h (button control project), 394–395

resource.h (ENROLL), 329

resource.h (MOUSER), 75–79

resource.h (PLAYER), 256

resource.h (TICKER), 149–151

resource.h (TICKER2), 199

Index

RestoreOldBitmap() function (CompatibleDC class), 115–116

RestoreOldDrawingMode() function (CompatibleDC class), 128–129

RestoreOldPen() function (CompatibleDC class), 128

\Rez directory, 18, 43

S

SC_CLOSE, 235

SC_MOVE, 235

ScreenDC class, 130–131

ScreenDC() function (CompatibleDC class), 116–117

SDI (single document interface), 36

SelectObject() command, 41, 42

SelectPenIntoDC() function (CompatibleDC class), 127–128

SendMessage() function, 230, 284

SetHandle() function (Bitmap class), 103

SetupDrawingOffsets() function, 163, 167

SetWindowsHook() function, 210–211, 230, 232

shell prototype

    building, 20–22

    discarding, 22–23

shortcut keys (version 1.5), 313

SICKNESS application, 284–309

    cppstrng.h, 300–301

    msgprot.hpp, 299–300

    sickness.def, 301

    sickness.mak, 301–303

    skeldfns.hpp, 296

    skeleton.cpp, 285–291

    skeleton.hpp, 295

    skeleton.rc, 303–304

    skelextn.hpp, 296–297

    skelincs.hpp, 297

    skelinit.cpp, 291–294

skelprot.hpp, 298–299

skelvars.cpp, 294–295

sickness.def, 301

sickness.mak, 301–303

single document interface (SDI), 36

16-bit Windows, 45, 313

skeldfns.hpp (SICKNESS), 296

skeleton.cpp (SICKNESS), 285–291

skeleton.hpp (HOOK), 223

skeleton.hpp (MESG_DLL), 271–272

skeleton.hpp (SICKNESS), 295

skeleton.rc (MESG_DLL), 278

skeleton.rc (SICKNESS), 303–304

SkeletonRegisterClass() function, 305–306

skelextn.hpp (HOOK), 225–226

skelextn.hpp (MESG_DLL), 274

skelextn.hpp (SICKNESS), 296–297

skelincs.hpp (MESG_DLL), 274–275

skelincs.hpp (SICKNESS), 297

skelinit.cpp (SICKNESS), 291–294

skelprot.hpp (HOOK), 224–225

skelprot.hpp (MESG_DLL), 275–276

skelprot.hpp (SICKNESS), 298–299

skelvars.cpp (HOOK), 221–222

skelvars.cpp (SICKNESS), 294–295

small C++, xvi

SndPlaySound() function, 235, 237

SoundSMHook() function, 233–234

specifications, development, 19–20

Spy, 209

\Src directory, 18, 43

stdafx.cpp (button control project), 403

stdafx.cpp (ENROLL), 330

stdafx.cpp (MOUSER), 65

stdafx.cpp (PLAYER), 249

Index

stdafx.cpp (TICKER), 151

stdafx.h (button control project), 395

stdafx.h (ENROLL), 329

stdafx.h (MOUSER), 65

stdafx.h (PLAYER), 249

stdafx.h (TICKER), 151

T

templates, xvii, 351–352

Test Container, 386

32-bit operating systems, xvi–xvii

32-bit Windows, 45

tickedoc.cpp (TICKER), 145–147

tickedoc.cpp (TICKER2), 183–184

tickedoc.h (TICKER), 144–145

tickedoc.h (TICKER2), 182

TICKER, 134

TICKER2, 167, 203

ticker.cpp (TICKER), 135–138

ticker.cpp (TICKER2), 168–171

ticker.def (TICKER), 156

ticker.def (TICKER2), 194

ticker.h (TICKER), 134–135

ticker.h (TICKER2), 167–168

ticker.mak (TICKER), 157–160

ticker.mak (TICKER2), 199–202

ticker.rc (TICKER), 151–156

ticker.rc (TICKER2), 194–199

tickevw.cpp (TICKER), 148–149

tickevw.cpp (TICKER2), 186–193

tickevw.h (TICKER), 147–148

tickevw.h (TICKER2), 185–186

TrackPopupMenu() function, 207

troubleshooting, with porting, 44–45

try blocks, 381

U

UGLY (Universal Graphics Library), 38–39, 41

Universal Graphics Library (UGLY), 38–39, 41

upgrading existing projects, 38–45

user-defined messages, 265–283

    cppres.rc, 277

    cppstrng.h, 277

    dskleton.cpp, 266–267

    dsklinit.cpp, 267

    dsklvars.cpp, 268

    mesg_dll.def, 277–278

    mesg_dll.mak, 278–281

    message.cpp, 268–271

    msgprot.hpp, 272–273

    skeleton.hpp, 271–272

    skeleton.rc, 278

    skelextn.hpp, 274

    skelincs.hpp, 274–275

    skelprot.hpp, 275–276

VBXs, 384–385, 404

version 1.5, 311–349

    ENROLL database, 313–349

        enroldoc.cpp, 315–316

        enroldoc.h, 314–315

        enroll.clw, 340–343

        enroll.cpp, 317–320

        enroll.def, 330

        enroll.h, 316–317

        enroll.mak, 336–340

        enroll.rc, 330–336

        enrolset.cpp, 321

        enrolset.h, 320

        enrolvw.cpp, 323–325

        enrolvw.h, 322–323

        mainfrm.cpp, 326–329

        mainfrm.h, 325–326

        resource.h, 329

        stdafx.cpp, 330

        stdafx.h, 329

    new features of, 311–313

V

variables, naming conventions for, 3, 9–10

W

WindowDC() function (CompatibleDC class), 120–121

windows, non-client area of. *See* non-client area

Windows Exit Procedure, 229

windows.h, 39, 41–42

WinSight, 209

WM_CALLWNDPROC, 211

WM_CBT, 211

WM_DEBUG, 211

WM_GETMESSAGE, 211

WM_HARDWARE, 212

WM_JOURNALPLAYBACK, 212

WM_JOURNALRECORD, 212

WM_KEYBOARD, 212

WM_MOUSE, 212

WM_MSGFILTER, 212

WM_SHELL, 212

WM_SYSCOMMAND, 234

WM_SYSMSGFILTER, 213

WND_HOOK_STRUCT, 232–233

Get the results you need from Visual C++. Faster.

Visual C++ Developer™ will keep you on top of Visual C++—month after month.

As a programmer using Visual C++, you know it's hard enough just staying on top of client demands, let alone keeping up with the power of Microsoft Visual C++. That's why you need *Visual C++ Developer*, the new technical newsletter for developers using Microsoft Visual C++ and related add-in products.

In each monthly issue of *Visual C++ Developer*, you'll find the tricks and solutions you need to write better programs in less time. You'll get step-by-step articles on a wide range of topics, including:

- Adding instant field validation to programs
- Attaching serial numbers to your .EXEs
- Using MFC container classes
- Reducing the size of your .EXEs
- Using message crackers

The writers who contribute to *Visual C++ Developer* are experts who know Visual C++ inside and out. They'll share their insights and help you exploit the powerful features of Visual C++.

Companion disk with every issue

With each issue of *Visual C++ Developer*, you'll also receive a companion disk packed with source code, objects, libraries, sample databases—even programs and utilities. This handy reference tool lets you put new concepts to work immediately!

Special offer: Save $61

Order today and you'll receive 12 monthly issues of *Visual C++ Developer*—plus companion disks—for just $149. That's $61 off the single-issue rate! (Please mention offer code AHA.)

100% money-back guarantee

"If you ever decide you're not satisfied with *Visual C++ Developer*, you can cancel your subscription and receive a full refund —whether you're in your first month or your last."

Susan Jameson Harker
Publisher

To begin your subscription to *Visual C++ Developer*, call toll-free

800/788-1900

206/251-1900 ▲ Fax 206/251-5057

PINNACLE PUBLISHING, INC.

Pinnacle Publishing, Inc. ▲ 18000 72nd Avenue South, Suite 217 ▲ Kent, WA 98032

Visual C++ Developer is a trademark of Pinnacle Publishing, Inc. Microsoft and Visual C++ are registered trademarks of Microsoft Corporation. Other product and company names are trademarks or registered trademarks of their holders.

About the disk

The disk bound in the back of the book contains the source code for projects discussed herein. The following requirements apply:

Hardware: Minimum 386 PC with hard drive, capable of running Windows 3.1

Software: Windows 3.1 with Visual C++ 1.5.1 or later or Windows NT with Visual C++ 2.0 or later.

All the source code on the disk is contained in subdirectories for each chapter. (i.e., \CHAP2 contains the source code for Chapter 2. The directory \UGLY contains the source code for the Universal Graphics Library, discussed in Chapter 2 and used by the code in Chapter 4.

To install the source code:

Make a directory on your hard drive where you wish to install the source code. For example, you might want to place the code on your C drive in the directory BOOK. Create the directory and change to it.

Copy the contents of the entire floppy with the XCOPY command preserving the directory structure of the floppy disk. For example, if the floppy were in drive A and the directory you were copying to was C:\BOOK, type the following:

```
xcopy a:*.* /s/e/v
```

The /s switch copies subdirectories, /e copies empty subdirectories, and /v verifies the copy.

Run the batch program called expand, now in the base directory of the copy (C:\BOOK in our example).

The batch program will expand the files in each subdirectory. Each directory contains a self-extracting archive that can be executed seperately if necessary.

Using the code

All of the code on the disk was developed under and compiled with Visual C++. Since the place where my compiler lives on my computer is probably different from from the place on your computer, you'll need to edit the path settings appropriately. These settings can be found in the Options Directories menu item. All the code for this book was on my E drive in the directory \WMPRO\MT_BOOK and the various chapters. You may need to change some or all of the include paths as well.

In order to compile the examples in Chapter 4, you'll need to compile the UGLY library first. You'll also need to copy all of the .hpp files from the \UGLY directory to the directory where you're compiling from.